発達的視点から ことばの障害を 考える

ディスレクシア・読解障害・SLI
Developmental Disorders of Language Learning and Cognition

チャールズ・ヒューム、マーガレット・J・スノウリング ◆著
Charles Hulme and Margaret J. Snowling

原 惠子 ◆監訳

大石敬子、原 惠子、石坂郁代、今井裕弥子、長並真美 ◆共訳

Sophia University Press
上智大学出版

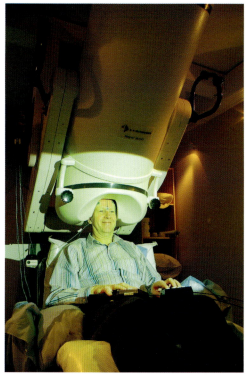

図版1 脳磁図（MEG）の計測。左は、計測装置と計測を受ける人を示したもの。右は、'実際の脳の磁場'の信号がMEGで処理され記録され、ディスプレイ上に脳活動のパターンが示されている。

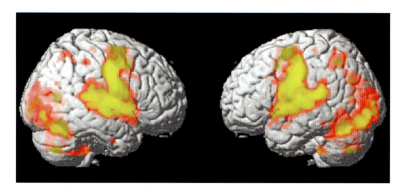

図版2 音読時に活性化される主な領域を示すfMRI画像。（Price, C. J. & McCrory, E. (2005) Functional brain imaging studies of skilled reading and developmental dyslexia. Snowling, M. J. & Hulme, C. (Eds) *The Science of Reading: A Handbook* (pp.135-154). Oxford, Blackwell. より）

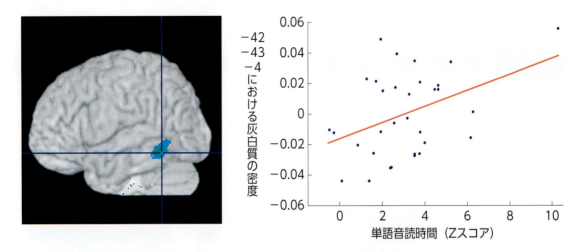

図版3 ディスレクシアのある人の灰白質の密度の増加と読みのパフォーマンスの関係
(Silani, G., Frith, U., Demonet, J-F., Fazio, F., Perani, D., Price, C. et al. Brain abnormalities underlying altered activation in dyslexia: A voxel-based morphometry study. *Brain* (2005), 128, 2455-2461, Oxford University Pressの許可を得て掲載)

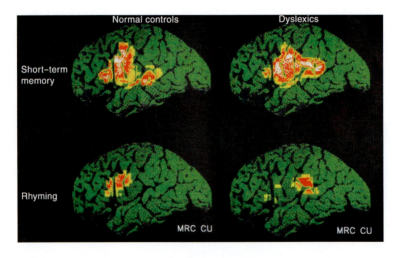

図版4 陽電子放射断層撮影（PET）によって示された言語性短期記憶課題と押韻判断課題における、健常な読み手とディスレクシアのある読み手の脳活動パターン。ディスレクシアのある読み手の脳では、これらの言語課題遂行中の脳活動レベルは、健常者より低くなっていることがわかる。
(Paulesu, E., Frith, U., Snowling, M., Gallagher, A., Morton, J., Frackowiak, F. S. J., et al. Is developmental dyslexia a disconnection syndrome? Evidence from PET scanning. *Brain* (1996), 119, 143-157.)

Developmental Disorders of Language Learning and Cognition

by

Charles Hulme and Margaret J. Snowling

©2009 Charles Hulme and Margaret J. Snowling
Japanese edition ©2016 Sophia University Press
All Rights Reserved. Authorized translation from the English language edition published by John Wiley & Sons Limited. Responsibility for the accuracy of the translation rests solely with Sophia University Press and is not the responsibility of John Wiley & Sons Limited. No part of this book may be reproduced in any form without the written permission of the original copyright holder, John Wiley & Sons Limited.

Japanese translation rights arranged with Johon Wiley & Sons, Ltd., Chichester, West Sussex, UK through Tuttle-Mori Agency, Inc., Tokyo

目　　次

日本語版の出版に寄せて　　ii

監訳者序文　　iv

原著謝辞　　vi

第1章　発達性認知障害の理解……………………………………………　1
第2章　読み障害Ⅰ：発達性ディスレクシア……………………………　36
第3章　読み障害Ⅱ：読解障害……………………………………………　87
第4章　特異的言語障害（特異的言語発達障害）………………………　123
第5章　発達性認知障害の理解：これまでの成果と今後の展望………　164

用語集・用語解説……………………………………………………………　191
参考文献………………………………………………………………………　198
索　　引………………………………………………………………………　224

日本語版の出版に寄せて

　この本は、子どもたちの言語、学習、認知に影響を与え、もし、そのまま何の手だても施されなかったら、期待されるような教育成果をあげることができない障害を扱っています。英語でこの本が最初に出版されて以来、教育水準の向上が、グローバルな課題となっています。その状況を踏まえると、なぜ学習がうまくいかない子どもたちがいるのかその原因を明らかにし、様々な知見を異なる文化・水準と関連付けて解釈するためには、口頭言語（oral language）とそれに関連した認知的なスキルがいかに学習の基盤を形成しているかをきちんと理解することがより重要です。本書は、'neurodevelopmental disorders（神経発達症群／神経発達障害群）' と総称されている障害に対して、認知レベルでの因果説明を展開しようとするものです。'Neurodevelopmental disorders' というのは、極めて遺伝性が高く、発達初期に兆候が見られ、一生涯持続するということを意味します。本書では、各障害の特性が強調されていますが、最終章ではいわゆる 'specific（特異的）' 障害といわれるものは明確な 'カテゴリー' を形成するわけではないという事実にも言及しています。本書の出版からこの翻訳が出るまでの間に、neurodevelopmental disordersは、併存症を発症する率（2つ以上の疾患を同時に発症する率）が極めて高いことが一層明らかになってきました。それにともなって、研究のテーマも各障害に関係する近因を明らかにすることと同様に、障害間に共通するリスク要因を解明することへ移りつつあります。この領域では、発達の障害の研究に適している縦断研究が、病因を検索する遺伝学的なアプローチや脳の構造と機能を調べる神経科学的アプローチとともに包含されつつあります。また、今や標準（norm）についての考え方も変わりつつあります。言語、学習、認知の障害を考えるとき、'定型' と '非定型' 間に明確な区分を設けずに、次元的に（dimensional）捉えます。障害を複数のリスク要因が蓄積された結果として捉えます。'診断（diagnosis）' は、その結果が閾値に達したときに導かれるのかもしれません。そして、遺伝・環境相関のみならず、個人に影響を与える環境が決定的な重要性を持つという認識が高まっています。これらの変化の多くが2013年に出版された『精神疾患の診断・統計マニュアル』（DSM-5）における近年の研究知見に基づいた分類システムの改訂に反映されています。最後に介入研究の動向について述べます。ランダム化比較試験を重視した、発達性の障害の行動の問題を改善しようとする介入法の研究が発展しつつあります。ランダム化比較試験は、医療分野から取り入れられて教育の場で適用されてきました。しかし、現在のところ、強固なエビデンスは少なく、'何が有効なのか' についての知識は不十分です。

　このたび、我々の本の日本語版が出版されることを嬉しく思っています。そして、この本が、臨床家にとって役立ち、この分野の次世代の専門家の皆さんに刺激を与えるものになるよう願っています。それ以上に、私たちは、本書で論じられている障害が、異なる文

化においても共通していることが明らかにされるだけでなく、我々が提唱した原因モデルが文化の異なりを超えた普遍性を持つことを検証するために研究がさらに一層推進されることを強く望んでいます。

  2016年4月

      チャールズ・ヒューム、マーガレット・J・スノウリング

監訳者序文

　本翻訳書はCharles Hulme博士、Margaret J. Snowling博士の*Developmental Disorders of Language Learning and Cognition*から「ディスレクシア（Reading Disorders I：Developmental Dyslexia）」、「読解障害（Reading Disorders II：Reading Comprehension Impairment）」、「特異的言語障害（特異的言語発達障害）（Specific Language Impairment）」の3章に総説ともいうべき最初（Understanding Developmental Cognitive Disorders）と最後の章（Understanding Developmental Cognitive Disorders：Progress and Prospects）を加えた日本語訳です。原著は、上記の章の他に、「算数障害（Mathematics Disorder）」、「発達性協調運動障害（Developmental Coordination Disorder）」、「注意欠如多動性障害（Attention Deficit Hyperactivity Disorder）」、「自閉症（Autism）」を含めた全9章からなっています。

　今回の翻訳で取り上げた3つの障害は、言語の問題であり、「聞く、話す、読む、書く」学習障害（LD）と密接に関わっています。特別支援教育が始まり、知的遅れのない発達障害が対象となり、発達障害への理解が進みました。しかし、教育の現場では、発達障害の中で、自閉症スペクトラム障害やADHDのような行動の問題が目立つ障害が注目され、静かに人知れず困っている学習障害（LD）の子どもたちは見過ごされがちです。原著で展開されている知見は、綿密な文献考察と精緻な研究成果に基づくもので、私たちを障害について深い理解へ導いてくれます。

　原著の各章を貫くものは、障害を考える発達的視点です。発達の過程は、様々な領域が相互に関連する絶えざる変化の連続で、発達初期のある領域での障害は、他の領域に影響を与え、発達の各時期ごとに全体の様相が変わり、一人ひとり異なる発達の軌跡を生み出します。発達の障害に成人の障害モデルを適用することは、必ずしも適切とはいえず、むしろ、解明されるべき発達の軌跡の多様性を捨象してしまう危険性があることが述べられています。このことは、専門領域を問わず、発達障害に関わるものすべてに大きな示唆を与えるものです。

　原著者であるHulme博士とSnowling博士は、2010年に、国際発達性ディスレクシア講演会のため来日され、その折、上智大学言語聴覚研究センターでもご講演いただきました。上智大学大学院言語科学研究科（旧外国語学研究科）言語聴覚研究コースは、言語聴覚障害学の研究と、言語聴覚障害のある方々の支援をする国家資格である言語聴覚士の養成を行っています。小児の言語臨床に関わっている修了生の有志で、本書の講読を始めました。本書の翻訳を行ったのは、全員言語聴覚士および障害児教育に携わるものです。

　医学的な事柄に関しては、発達障害を専門とするクリニック・かとう院長、前LD学会理事の加藤醇子氏が監修してくださいました。氏は、2010年の国際発達性ディスレクシア講演会の実行委員長として、Hulme博士とSnowling博士を招聘されました。統計的な事柄については、上智大学非常勤講師山本崇博氏にご助言いただきました。翻訳者の一人で

もある今井裕弥子さん（国立成育医療研究センター）は、すべての図・表の掲載許可申請をしてくださいました。皆様のご協力に深く感謝いたします。

　日々の業務の中で翻訳作業を進めることは思いのほか時間を要し、当初の予定をはるかに超える時間をかけてようやく出版の運びにいたりました。上智大学出版事務局、出版社ぎょうせいの皆さんは、企画が持ち上がってからずっと、遅れがちな原稿にお付き合いくださり、出版まで一歩一歩、歩みをともにしてくださいました。心より感謝申し上げます。

　なお、原著はDSM-Ⅳに基づいて書かれており、本翻訳もそれに従っています。翻訳作業進行中にDSM-5が発刊されました。DSM-5では、障害の分類方法や名称等に変更がなされています。

　この日本語版が、研究・臨床など様々な分野で、子どもたちのことばの障害に関わっておられる方たちにとって役立つものとなることを願っています。

2016年5月

原　　惠　子

Contents（原著目次）

1　Understanding Developmental Cognitive Disorders
2　Reading Disorders I: Developmental Dyslexia
3　Reading Disorders II: Reading Comprehension Impairment
4　Specific Language Impairment
5　Mathematics Disorder
6　Developmental Coordination Disorder
7　Attention Deficit Hyperactivity Disorder
8　Autism
9　Understanding Developmental Cognitive Disorders: Progress and Prospects

原著謝辞

　本書を書くにあたって、非常に多くの友人や同僚からの助力やサポートを受けました。新旧の協力者が、原稿作成の様々な段階で、重要なコメントをくださいました。なかでも、Paula Clarke, Debbie Gooch, Sue Leekam, Helen Likierman, Valerie Muter, Kate Nation, Linda Pring, Silke Goebel, David Sugden, Eric Taylor各氏のご協力に感謝いたします。この分野で最も著名な２人の研究者Dorothy Bishop氏とMichael Mutter氏がそれぞれ、本書のすべての草稿を読んで、鋭く刺激的なコメントをくださったことは、この上ない幸運と思っています。イラストレーターのDean Chesher氏は、図に対して、たくさん修正をお願いしましたが、常に前向きに落ち着いて対処し、素晴らしい仕事をしてくださいました。読字・言語センター（The Center for Reading and Language）の我々の研究グループメンバーである、Leesa Clarke, Piers Dawes, Fiona Duff, Lorna Hamilton, Becky Larkin, Emma Hayiou-Thomas, Lisa Henderson, Sophie Brigstocke, Emma Truelove に感謝します。彼らは、各章についてコメントをくださり、最終修正の段階で手伝ってくださいました。用語集の項目に関して手伝ってくださった大学院生Nabilah Halah, Anna Jordan, Maria Markogiannaki, Silvana Mengoni, Zoi Pappa, Noah Wangの皆様にお礼申し上げます。Susannah WittsとGeraldine Collinsは経営管理面のサポートをしてくださいました。Peter Bailey, Kim Manderson, John Hobcraft, Anne Hillairet de Boisferon, Cathy Priceは様々な局面で助けてくださいました。本書のうちいくつかの章は、Margaret J. SnowlingがBritish Academy Research Readershipを受けて書かれたものです。The British Academy, ESRC, Nuffield Foundation, The Health Foundation, the Wellcome Trustからこの本の準備過程の様々な段階での研究に対して支援を受けました。最後になりましたが、2006年に私たちがthe Unverisity of Southern Queenslandに研究訪問した際に受け入れてくださったGerry TehanとBill Lovegroveに感謝いたします。その訪問は本書の執筆において大変役立つものでした。私たちを助け、お支えくださり、友情を示してくださったすべての皆様に感謝申し上げます。

　著作権が関わるものの使用に関しては著作権者を探し、使用許可を得るべくできるだけ努めました。上記のリストに誤りや漏れがありましたら、お詫び申し上げます。また、修正箇所がありましたらお知らせください。今後、再版、あるいは改訂の折に参考にさせていただきます。

… 1 *Understanding Developmental Cognitive Disorders*

第1章
発達性認知障害の理解

　ジョン、ピーター、アンの3人は異なる障害のある7歳の子どもである。ジョンの両親と教師は、彼の読みの学習の進み具合について不安を抱いていた。ジョンは、聡明で、概念理解もよく、フォーマルな検査では、動作性IQが言語性IQをやや上回っており、全体では120という高い知能指数を示した。しかし、単語音読検査では、簡単な単語が数語読めただけで、読み能力は5歳半レベルであった。ジョンには、アルファベット26文字の中で、文字名やその文字が表す音がわからないものがあった。口頭でのコミュニケーションの力は優れていたが、時々、喚語困難があり、また、長い単語の発音を誤ることがあった。ジョンの問題は、ディスレクシアである。

　ピーターもまた賢い少年であり、IQは110だったが、動作性IQが言語性IQに比べて著しく低かった。彼には、読みの学習の問題はなく、ジョンと同じ単語音読検査で正確に読めた単語の総数は、8歳児の平均的な成績に相当した。しかし、彼は、学校でのゲームやスポーツ、特にボールを使う遊びに深刻な問題を抱えていた。彼はとても不器用で、よく物を落としたり、食べこぼしや飲みこぼしをした。絵を描くことや写すことがとても苦手で、手書きの文字はゆがんで、読めないほどだった。ピーターの問題は、発達性協調運動障害である。

　最後に紹介するアンは、引っ込み思案な子どもである。彼女は学校では、他の子どもたちとの関わりを極力避けている。ロッキングを繰り返したり、教室の窓の外をぼうっと見ている姿がよく観察された。彼女はコミュニケーションスキルがとても乏しく、自分にいわれたことを理解するのが困難で、それが抽象的な内容のことなら、全く理解できないようであった。フォーマルな知能検査を行おうとしたが、非協力的で、検査を最後まで続けることができなかった。なんとか施行できた検査の一部からは、IQはとても低いと推測された。アンは車が大好きで、車の写真を切り抜くことで何時間でも過ごすことができ、切り抜きのコレクションがどんどん増えている。アンの問題は、自閉症スペクトラム障害である。

　これらの7歳児3名の事例は、子どもたちの中に観察される多様な認知面の問題の一部を示したものである。本書は、子どもたちの認知発達の障害（cognitive disorder）の主なものを概観し、それらの障害を最もよく説明する理論的枠組みを提示しようとするものである。障害についての理解を深めることは、最適な対応方法を見出すことにつながると期

待される。我々のアプローチは、発達的観点に基づくものである。定型発達で、こうしたスキルがどのように発達するのかを熟知してはじめて、これらの障害を十分に理解できる。本書で我々が検討する内容の多くは、認知レベルに焦点をあてている。ここでいう認知レベルとは、当該のスキルを、脳がどのように学習し、そのスキルを使う（perform）のかという機能的なレベルのことである。可能な場合には、これらの認知レベルについての説明と、発達の生物学的メカニズム（遺伝的、神経的メカニズム）に関する知識とを関連付けていくつもりである。行動面に現れる遺伝的側面、神経的側面、認知的側面の相互作用は、現在盛んに研究され、注目されている領域である。

認知の障害（cognitive disorders）を分類するための用語

　本書では、言語、学習、認知に影響する発達障害（developmental disorders）について幅広く考察していく。それらは、言語、読み、算数、運動スキル、注意、社会的相互作用（自閉症スペクトラム障害）に関する障害である。これから論じる障害には、共通する多くの特徴がある。それらは、よく起こるものであり、教育やその後の成人期の生活に重大な影響を及ぼす。その一方で、これらの障害には、発達途上にある脳と心的機能（mind）が遺伝と環境から影響を受けていることを示す有力な証拠もある。

　まず、特異的困難（specific difficulties）と全般的困難（general difficulties）の区別について述べることから始めよう。特異的困難とは、単一の、あるいは、ごく少数のスキルにおいては障害があるが、他の領域の機能は問題がないものをいう。一方、全般的困難は、すべてとまではいかなくても、ほとんどの認知機能において障害が認められるもののことをいう。この領域の用語はイギリスとアメリカで異なっている。この章では両方を扱うが、本書のこれ以降のセクションでは、主にイギリスで用いられる用語を使用している。

　イギリスでは、ある能力を獲得する過程で見られる特定の困難のことを「特異的学習困難（specific learning difficulty）」と呼んでいる。この学習困難（learning difficulty）という用語は、私たちの様々なスキルは学習されるものであることを明確に示すものである。特異的というのは、その困難さが、ある限局された領域で生じるという意味である。ディスレクシアは、特異的学習困難の中で最もよく知られ、理解されているものの一つである。ディスレクシアのある子どもは、読み書きの学習に特異的な困難を有するが、概念理解には問題がなく、科学やスポーツ、芸術といった、他の多くの領域で才能を発揮することがある。アメリカでは（DSM-Ⅳ、アメリカ精神医学会の『精神疾患の診断・統計マニュアル』によると）このような特異的困難は学習障害（learning disorders）と呼ばれている。

　特異的学習困難は、全般的学習困難（アメリカでの用語は知的障害（mental retardation））と対比される。全般的学習困難とは、広範なスキルの獲得に困難を示すものをいう。例えば、染色体異常によるダウン症のある人々は、全般的学習困難を有し、すべての学業スキルの習得が難しく、ほとんどの領域で理解に困難を生じる。本書は、特異的学習困難に焦点をあてて取り上げる。

　特異的学習困難（specific learning difficulties）と全般的学習困難（general learning difficulties）は、主に標準化されたIQテストの結果に基づいて区別される。IQテスト（一般的知能検査）は、対象児があらゆる環境において、求められることをどのくらい達成できるかをかなり正確に予測する。母集団に対する平均的IQは100（1標準偏差は15）である。イギリスでは、IQが50から70の人は軽度の学習困難を有しているとされ、IQ50以下は重度の学習困難と判断される。一方アメリカの場合は、知的障害を、軽度（50～70）、中等度（40～50）、重度（25～40）、最重度（20以下）に分類している。多くの場合、特異的学習困難の診断では、IQは平均値の範囲内（IQ85かそれ以上）のものを扱う。

　したがって、操作上は、特異的学習困難と全般的学習困難の区別はとても明確である。特異的学習困難を持つ子どもたちは、IQが平均か、もしくはそれに近いスコアだが、全般的学習困難の子どもたちはIQ70以下である。しかし、概念的には、この区別には、まだあいまいな部分が残されている。算数だけが重篤に障害されているような極めて限局的な困難さのある子どもたちから、スピーチの理解と表出に重度の言語困難のある子どもたちのように、より広い範囲にわたる困難がある場合がある。さらに、IQ40で、話しことばにも読み書きにも問題があり、同時に、知覚、運動コントロール、一般的な概念理解も難しい子どものような全般的困難のあるケースまで様々な姿があり、障害は連続体をなしていると理解することが重要である。本書の目的の一つは、異なるタイプの学習困難のある子どもたちの研究は、脳の広範なシステムが学習にいかに関わっているかを解明するために、大いに役立ってきたことを伝えることである。発達途上にある心的機能（mind）がどのように組織化されていくのか、そして、ある子どもたちにとっては習得が難しいスキルが、定型発達ではどのように獲得されてゆくのかということを理解するために、様々な学習困難の様相は、重要な手がかりを与えてくれる。

発達性認知障害研究における解釈のレベル

　認知発達の障害（developmental cognitive disorders）を説明するための枠組みとはどのようなものだろうか。その説明にはいくつかの異なるレベルがあることを明確にしておくことが重要である。MortonとFrith（1995）は、発達障害（developmental disorders）を理解するためには異なるレベルの説明があり、それぞれを区別することが重要であるということを、実に論理的かつ明確に示している。彼らは、認知発達の障害を説明するには、生物学的レベル、認知レベル、行動レベルの3つの主要なレベルがあると主張している。一人の子どもの中で、各レベルの根底にあるプロセスが様々な環境的影響と相互に作用し合って、観察される姿（臨床像）が生み出される。

　異なるレベルでの説明とはどういうことかについて、行為障害（conduct disorder）、すなわち社会的・情緒的発達の障害を取り上げて説明しよう。この障害については、本書では詳しく扱わない。近年、行為障害は様々なレベルで理解が進んでおり（Viding & Frith, 2006）、発達性の障害研究で、異なるレベルでの説明とはどのようなものかを示すのにふさわしい例と思われる。行為障害は、DSM-IVにおいて、年齢に適した標準的社会行動ができず、他者の基本的権利を侵害するというような、持続性の反社会的行為が見られると

されている（American Psychiatric Association, 1994）。この障害名の代替用語としてよく使われるのが、「反社会的行為」や「素行の問題」である。以下の図1. 1は、VidingとFrithによって示された行為障害の一つのモデル―反応的攻撃性（reactive aggression）―である。

　このモデルは、生物学的レベル、認知レベル、行動レベル、それぞれのレベルにおけるプロセスを表している。生物学的レベルでは、神経伝達物質セロトニンの作用を制御する遺伝子の特異的な異なりが、暴力行為を起こす性質を生じさせる。より限定的にいえば、モノアミンオキシダーゼインヒビターA（MAOA）に対して特定のアミノ酸を指定する遺伝子の変異（対立遺伝子）は、高活動性MAOA（MAOA-H）か、低活動性MAOA（MAOA-L）のどちらかであると確認されている。MAOA-Lの遺伝子を有していると、幼児期に虐待を経験した場合、暴力的行為を示す原因となる可能性があるという（Caspiら、2002）。（このことは、遺伝と環境の相互作用を示す例であり、非常に重要な発見である。行為障害の要因が、遺伝だけでも被虐待経験だけでもないということが示されただけでなく、双方が相まって行為障害のリスクを著しく高めることが見出された。）これらの遺伝的、環境的リスクは、感情を制御する脳のシステムの発達に影響を与えると考えられている。特に、低活動性MAOA-L遺伝子は、感情が喚起される際の、扁桃体の過剰反応と、感情的反応を制御する前頭前野の活動低下と関連すると考えられている。この脳の障害パターンは、特定の環境条件によ

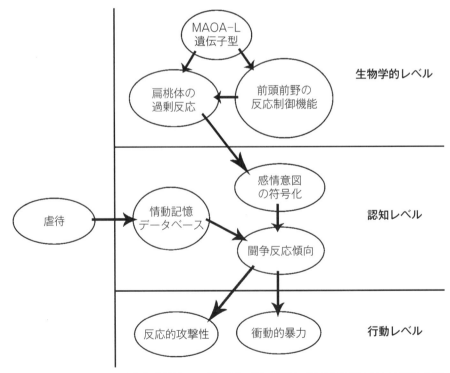

図1.1　MAOA-Lから反応的攻撃性への遺伝子－脳－認知－行動の経路を表す因果モデル
(Viding, E. & Frith, U. Genes for violence lurk in the brain. Commentary. *Proceedings for the National Academy of Sciences, 103*, 6085-6086. Copyright (2006) National Academy of Sciences, USAの許可を得て転載)

る刺激に対して（日常的な用語では、刺激されて「理性を失う」あるいは「我を失う」と表現されるが）、過剰に感情的で、暴力的な反応を示すことの生物学的な基盤と考えられる。

VidingとFrithは、このような脳の異なりは、認知レベルで、感情意図の符号化（emotional intent encoder）というメカニズムに現れ、闘争的傾向に関連すると考えている。興味深いことに、VidingとFrithは、このモデルにおいて、幼児期の被虐待体験は情動色の強い記憶表象を多く生み出し、認知レベルで、相互作用的な影響力を持つと明確に述べている。これは、興味深く検証されるべき仮説である。そのような影響は、生物学的レベルでも同様に起こりうる。あるいは、認知レベルではなく、むしろ生物学的レベルでこそ起こりうるのかもしれない。

このモデルの最後のレベルは行動レベルである。行動レベルでは、闘争反応傾向のメカニズムにより、衝動的暴力と反応的攻撃性が生じる可能性がある。

ある障害について完璧に説明しようとするには、少なくともこれら3つのレベルでの記述が必要になるだろう。行為障害（conduct disorder）の一つ、反応的攻撃性に関していえば、遺伝子は、虐待のような幼少期における特定の環境での経験と相互に作用し合い、その障害を生じさせるリスクを著しく高めるようである。これらの遺伝子の効果は、経験や情動の制御、特に怒りの制御に関わる脳の回路の発達に影響を及ぼす。さらに、暴力と関連する経験の記憶と相互作用して、逃げたりおびえたりする傾向ではなく、闘争的な傾向を生じさせると考えられる。行動レベルでは、この闘争的な傾向は、挑発されたときの暴力的反応や、あるいは、挑発されなくても衝動的な暴力行為を引き起こす可能性がある。

MortonとFrith（1995; Morton, 2004）は、彼らが因果モデルと名付けた手法で、こうした論理的説明を図式化することを提案している。先に示したVidingとFrithの図式（図1.1）はその一つの例である。そのような図式では、矢印は仮説での因果関係を表している。このモデルによれば、遺伝的影響が脳の変異（異常性）を引き起こし、脳の変異が認知的（情動的）な欠陥を生じさせ、それが暴力傾向という行動パターンに現れるという。注目すべきなのは、この枠組みでは、それぞれのレベルにおいて、環境の影響が作用する可能性が考慮されていることである。例えば、ウイルス感染や発達初期の脳損傷も、脳の異常を引き起こし、それが感情コントロールの問題を生じさせるが、愛情豊かで穏やかな養育スタイルで育てられるというようなポジティブな経験が、感情コントロールの問題を抑制する可能性がある。アンガーマネージメントのような治療も、認知レベルでの直接的な効果はないにしても、行動レベルでは効果がある。怒りの感情や、殴りかかろうとする衝動はなくなりはしないが、そうした感情をコントロールする方法を身につけ、激しい暴力的な爆発を抑制することができる。

これら3つのレベルで記述することが、障害の理解に役立つことは強調されるべきことである。各レベルにおける説明は相互に関連しているはずだが、あるレベルでの説明を単純化したり、あるいはより低次のレベルでの説明に置き換えることはできない。例えば、感情の符号化（emotional encoding）のような認知レベルの説明は、神経系の説明（例えば、扁桃体の問題）によって置き換えることはできない。ここで'認知'レベルといっているものは、MortonとFrithに従って、脳と行動との中間にあるものを表している。認知とは、

もともと思考の様々なプロセスを意味するので、このような意味で'認知'という用語を用いると、あまりに意味を狭めてしまうように思われるかもしれない。しばらくはこの意味でこの用語を使うが、後に述べる障害においては（行為障害もそうなのだが）、単純に認知として一括りにできないような他の精神プロセス、特に感情や動機のプロセスを扱う。その際には、この用語の意味をより広く拡大して考えることも必要になろう。しかし、大切なことは、脳と行動の間に介在するものを説明するために、'心的機能（mind）'や'精神プロセス（mental process）'というレベルが必要であるということだ。発達障害（developmental disorders）に関する最近の進歩を踏まえると、図1.1のような因果関係モデルは、発達というものの持つ相互作用的な性質を表すには一方向的すぎるということも指摘しておこう。低いレベルから高いレベルへ向かう反対向きの矢印を想定することも必要である。低次から高次へという反対方向の作用と聞くと、直観に反するように思えるかもしれないが、いくつかの例を見れば、その必要性が理解できる。

　行動レベルでの変容は、認知レベルでの変容をもたらすだろうか。その答えは、ほとんど確実にYesである。上述したようなアンガーマネージメントの指導を例とすると、訓練によって、感情の符号化に関わる認知的メカニズムが修正されて、その効果が発揮されると考えられる。例えば、相手が歯を見せて笑う姿を見たとき、自分を侮辱するつもりだと考えず、単純に嬉しさの表現であると解釈するようになる。では、認知レベルでのそのような変容は、その基盤にある脳のメカニズムの変容によるものなのだろうか。この答えもやはりYesだ。おそらく神経細胞の結合の仕方が経験によって修正され、そのことが、感情の符号化や制御をつかさどる回路の構造面および機能面に持続的な変化をもたらすと考えられる。

　最後に最も驚くべきことだが、私たちは、行動レベルや認知レベルでの変容が、遺伝レベルに影響を及ぼすかどうかを検討することすら可能なのだ。多くの人々は、おそらくこれに対しては懐疑的であろう。私たちの遺伝子の構造は確固として決まっている（受精のときにDNAを受け継ぎ、経験がそれを修正することはない）ということは真実であるが、経験が遺伝子の発現の仕方を変える可能性があるという証拠がある。遺伝子（DNA内の塩基対の配列）は、発達を直接制御するわけではない。むしろ遺伝子は、メッセンジャーRNA（mRNA）の生成をコントロールし、mRNAは細胞内のたんぱく質の生成をコントロールする。さらに、mRNA分子はすばやく分解するため、より多くのたんぱく質が必要な場合、細胞はより多くのmRNAを作り続けなければならない。したがって、遺伝子がmRNAを生成する率の変化は、ある細胞内でのたんぱく質生成率の変化をもたらす。近年、分子生物学者によって概念化された細胞内の制御レベルを、図1.2に示す。この図においても、異なるレベルでの説明がなされている。上からゲノム（DNA内の塩基対配列を構成している遺伝子）、トランスクリプトーム（DNA内の塩基配列の制御の下で生成された細胞中に存在するすべてのmRNAの総体）、プロテオーム（mRNAの制御の下で生成されるたんぱく質の総体）、メタボローム（細胞内の新陳代謝によって作られるたんぱく質や他の化学物質や代謝回路の総体）、そしてフェノム（体内環境での細胞の機能、表現形質の総体）である。

　図1.2に示されるように、上下両方向の矢印（DNAから機能に向かう矢印の流れは一方向

第1章　発達性認知障害の理解

だけではない）が異なるレベルをつないでいる。経験がゲノムの発現に影響を及ぼす方法の一つは、制御遺伝子の作用を通じてである。制御遺伝子は、他の遺伝子をオンにしたりオフにしたりする（すなわち、遺伝子を作るということは、mRNAを生成するか生成を中止させるかのどちらかである）ことによって、他の遺伝子を操作する。現在のところ、制御遺伝子は、体内や体外の環境の変化に応じて、他の遺伝子をオフの状態にするのではないかと考えられている。このことに関する注目すべき例として、ネズミの髭を引っ張ることによって、感覚皮質の遺伝子発現に変化が生じるという現象が挙げられる（Mack & Mack, 1992）。同様に、鳴き鳥が仲間のさえずりを聞くと、この経験が遺伝子の発現の変化を脳で生じさせるのではないかということが報告されている（Mello, Vicario & Clayton, 1992）。このように環境的影響が、遺伝子の発現に変化を生じさせるということは認めざるをえないことである。遺伝子発現の変化は、遺伝子の制御を受けている神経の構造にも長期的な変化をもたらすかもしれない（詳細は、Plomin, DeFries, McClearn, & Rutter, 1997参照）。

　このような動物における研究知見は、人間の一卵性双生児で、遺伝子の発現パターンにかなり違いがあることと軌を一にしている。一卵性双生児での遺伝子の発現の違いは、年齢とともに増加する。また、長い間別々に暮らしていて、ライフスタイルや健康面での違いが大きい双生児ほど、遺伝子発現パターンの違いも大きくなる傾向がある（Fragaら、2005）。これらのことは、経験の違いが遺伝子発現パターンの違いを生み、それが、健康面や脳の発達の異なりを生じさせ、さらには、行動に影響を及ぼすことと深く関わること

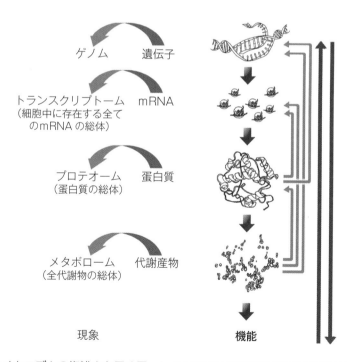

図1.2　遺伝的なメカニズムの複雑さを示す図。レベル間では双方向の相互作用があり、どのレベルにおいても、また、多数の相互作用がある。発達の各段階や身体の各組織ごとにこれらの変数は異なる。
(*Metabolomics*, Metabolomics-the way forward, 1, 2005, p. 2, Goodacre, R., fig. a. Springer Science and Business Media の許可を得て転載)

を示している。

まとめ

　私たちは、環境がどのようにして遺伝子の発現に影響するのかを明らかにしたい。細胞内の遺伝子発現パターンは、組織によって、また、発達ステージによって異なる。行動の違いに最も密接に関係する組織は、神経と内分泌（ホルモン）のシステムである。目下の議論で最も重要な点は、経験が遺伝子発現プロセスに影響を及ぼしていることである。このような観点から考えると、ゲノムの作用は、発達の過程を通して、ずっと固定しているわけではないのである。むしろゲノムは、脳を含む体内のいろいろな組織の遺伝子のオン・オフを決める環境からのシグナルを受けとっていると考えられる。私たちの経験は、脳の発達をコントロールする遺伝子の発現に大きな影響を及ぼしているかもしれないのである。

　本書の内容のほとんどは、発達障害（developmental disorders）における、行動レベルで観察される障害（impairments）と認知レベルでの欠陥（deficits）との関連を探るものになっている。そのような認知的な解明が、重要であり有効なものであると信じている。ある障害を認知的に解明するとは、特定のスキルが、どのように学習され実際に機能するのかを明らかにし、そしてこの機能がどのようにして阻害されるのかを明らかにすることである。障害の解明はまた、実用的な重要性も有する。というのは、障害の解明は、間接的にではあっても、障害のアセスメントや治療と、密接に関係しているからである。だからといって、生物学的レベルでの説明が重要ではないといっているわけではない。私たちは、必要に応じて、認知レベルの基盤にある生物学的メカニズムに関する証拠についても扱ってゆく。特に、生物学的証拠が、有力な認知レベルの説明に制約をかける場合には、生物学的メカニズムを扱う。上述した行為障害の研究に関する説明からわかるように、発達性認知障害（developmental cognitive disorders）の研究と特に関係すると思われる生物学的メカニズムには2つのレベルがある。すなわち、遺伝子と脳のメカニズムである。以下、非常に簡単にではあるが、これらのメカニズムに関する研究について概観する。

遺伝子のメカニズム

　障害に関する遺伝子の基礎的な研究には2つのレベルがある。一つは集団遺伝学である。集団遺伝学は、集団内での障害の遺伝のパターンを調べるものである。もう一つは分子遺伝学である。分子遺伝学は、障害の進展と関連した特定の遺伝子（DNAの配列）、または遺伝子マーカーを特定するものである。行為障害には、集団遺伝学、分子遺伝学の双方による分析が適用されてきた。

　集団遺伝学は、表現型の類似度（観察された特徴）と遺伝的な変異を遺伝学的に関連付ける研究である。もしある特徴が遺伝するとすれば、遺伝学的に近いもの同士は、その特徴も似ているはずである。そのような証拠を得るための方法の一つが、双生児研究である。双生児研究では、双生児に2つの異なるタイプ、すなわち、一卵性双生児と二卵性双生児があるという事実を利用する。一卵性双生児（MZ）は、一つの受精卵から発育する。一方、

二卵性双生児（DZ）が生まれるのは、2つの別個の受精卵が同時に子宮に着床するときである。一卵性双生児は、彼らのすべての遺伝的物質を共有するが、二卵性双生児は、他の兄弟姉妹と同じ程度しか遺伝的類似性を共有しない（二卵性双生児は、平均して、分離または多型遺伝子の50％を共有していると考えられる。これらの分離遺伝子は、個々人で異なるDNAのコード配列であり、個人ごとの違いをもたらすものである。そのような分離遺伝子は、DNAの中ではごくわずかである。人間の遺伝子配列は、98％がチンパンジーと同じであると報告されている）。双生児研究では、ある障害が現れる頻度を、一卵性双生児と二卵性双生児で比較することがよく行われている。双生児の双方が同じ状態であるとき、彼らの遺伝子や遺伝形質は一致しているという。もし遺伝的要因が重要ならば、一致率は二卵性よりも一卵性の方が高くなるはずである。

　ある特徴の有無を研究するとき、一致率は実に役立つ。例えば、もし遺伝的要因が乳がんの発生に影響するなら、一卵性双生児の方が二卵性双生児より乳がんのリスクが高いと予測できる。しかし、本書でも後に扱うが、多くの認知障害（cognitive disorders）は、障害の有無の境目を明確に定めることが難しい。なぜならば、認知障害は次元的（dimensional）に捉えることができ、障害の程度は個人個人で異なるからである。したがって、障害をカテゴリーで分類するのではなく、次元ごとに量的に測定するとき、一組の双生児間の類似性の度合いを研究する方法が必要になってくる。DeFriesとFulker（1985）が、その方法を開発した。ある形質が遺伝的要因によるものかどうかを判断するために、回帰方程式を用いたのである。もし遺伝子が、ある連続的な量的形質（例えば身長のような）の決定に重要な影響力を持つのならば、一卵性双生児間では二卵性双生児間より、より似た傾向が見出されると考えられる。

　ある形質における遺伝的影響の度合いは、遺伝率推定によって表される。遺伝率とは、ある集団における人々の間の相違が、どの程度遺伝によって決定されるかを示すものである。遺伝率推定が0であることは、ある形質に関する人々の間の相違を説明するのに、遺伝的な要素は全く関係していないということを意味する。遺伝率推定が1.0とは、観察される形質の異なりは、すべて遺伝的相違によると考えられることを意味する。実際には、遺伝率推定は、中程度であることが多いが、発達障害（developmental disorders）では、遺伝的要因が強く、遺伝が障害の進展に重要な役割を果たしていることが多い。先に述べた行為障害のケースでは、障害の進展に遺伝的要因が強く関わることを示す有力な証拠がある。例えば、Blonigenら（2005）は、多数の双生児サンプルにおいて、衝動的な反社会性に関する遺伝率推定がおよそ0.5であると報告している。これは、研究対象となった人たちの衝動的反社会性において見られる個々人の相違は、50％が、遺伝的な相違で説明されるということを意味する。

　分子遺伝学は、障害の進展に関わると推定される遺伝子を特定しようとしている。現代の技術によって、個々のDNA内の塩基対の配列を急速に解析することが可能となった。現在の問題は、解析によって生み出される莫大な量のデータを選別することである。ここではその方法の詳細について、これ以上立ち入ることはしない。しかし、基本的なアプローチについてだけ一言述べておこう。それは、ある障害のある近親血縁者にあって、その障

害のない近親血縁者にはないDNA配列を見つけ出すことである。そのような研究は、膨大な量のデータをふるい分けることが必要で、その結果、特定の遺伝子というより、むしろ、多くの遺伝子から構成されるかなり大きなDNA配列が特定されるだろう。複雑な量的形質の発現（例えば読み能力）と関係すると思われる一群の遺伝子を、量的形質遺伝子座（QTL）という。なかには、特定の候補遺伝子が、障害を発現させる原因として特定されることもある。先述した行為障害の例では、モノアミンオキシダーゼインヒビターA（MAOA-L）の低活動性に関与する遺伝子の変形（対立遺伝子）の一つが、暴力行為を生じさせる原因と考えられている（ただし、これは幼少期に虐待を経験した場合に限る）。

発達の要因 —氏（遺伝）とともに働く育ち（環境）—

　発達心理学において最も古く、かつ最も中心的な議論は、発達を決定付ける上での遺伝（氏）と環境（育ち）の役割についてである。本書で後に詳述するが、多くの発達障害（developmental disorders）に遺伝的要因が大きな影響を及ぼすことに関して、極めて多くの証拠がある。どんな合理的な疑いが示されようと、その結論は確固としてゆらぐことはない。しかし、だからといって、障害が生得的なものであるということではない。

　生得の（innate）とは Shorter Oxford English Dictionary では、「後天的の逆の意味で、ある人（またはある生物）に、生まれつき、先天的に存在している性質（特に精神）のことである」と説明されている。しかし、この定義が表す考え方は、近年の遺伝学や発達生物学における考え方とは全く異なっていることを認識しておく必要がある。肝心な点は、遺伝子には、直接発達に関わる情報が含まれているが、発達そのものはすべて環境の中で起こり、環境からの情報は、遺伝的な「青写真」と複雑に相互作用していることである。発達は、遺伝と環境からの入力との相互作用の結果である。これは後成説といわれる。さらに、確立論的エピジェネシス（後成説）（Gottlieb, 1992; Johnson, 1997）によれば、異なるレベルの間で双方向に影響を及ぼしている可能性がある。例えば、脳を含む身体の発達を規定する遺伝子は、身体構造の影響も受けていて、このように両者は相互に影響し合う関係にある（図1.3参照）。

　同様に、学習（すなわち環境からの影響）が、遺伝子のコントロールで発達した脳の構造を変化させ、その後の学習に影響を与えることもあるだろう。

　発達は、変化と相互作用の、極めて複雑なプロセスである。本書で扱うすべての認知障害（cognitive disorders）は、脳機能系（どのような働きをするかによって明確になるシステム）に由来するものであり、これらのシステムがいつも、遺伝子に組み込まれている情報を直接受けて始動すると考えることは賢明ではない。実際には、いかなる認知的活動にも、一つもしくはそれ以上の脳回路が関わっており、それらの回路は、互いに情報を伝達し合う何千もの神経細胞の複雑な集合体から構成されている。そのような脳回路には、遺伝的影響を受けて発達する部分もあれば、環境との相互作用を通した学習によって形成される部分もある。

　遺伝子は、たんぱく質の産生をつかさどる。それは、脳のような身体構造が発達する過

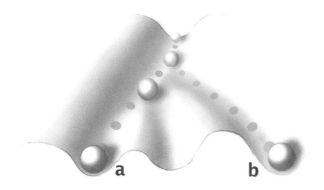

図1.3 Waddingtonの後成説の図は、遺伝子が発達をどのように制御するかを示す模式図である。丘を転がり落ちている玉は一つの細胞を表していて、いくつか走っている溝は、異なる発達の軌跡を示している。異なる溝を転がり落ちる細胞は、それぞれ異なる最終状態となる。環境の相違は、細胞の軌跡を決定する役割を担うことになる。より高いレベルでは、玉がすべての有機体を表していて、発達の最終地点は、やはり、遺伝と環境の両方の影響を受けると考えられる。

程に、複雑で間接的な影響を与える。さらに、すでに述べたが、脳の構造面と機能面の発達をコントロールする遺伝子のスウィッチのオン・オフの決定に、経験が関与している可能性がある。要するに、脳機能系（脳回路）は、遺伝的情報と、様々な環境的影響との複雑な相互作用で発達するのである（この場合、環境とは、心理的な経験だけでなく、気温、栄養、毒素、放射能など、発達へ影響を与える多くの物理的なものも含む）。

　発達が遺伝的な影響を受けると認めることは、環境の重要性を否定することではない。このことは、発達障害（developmental disorders）に関係するよく知られている例によって示すことができる。フェニルケトン尿症（PKU）は、単一の遺伝子によって起こる遺伝的な障害である。この遺伝子の劣性の対立遺伝子を2つ受け継いだ子どもたちは、フェニルアラニン（多くの食べ物の中に存在するアミノ酸）の代謝がうまくいかず、体内に蓄積して、脳の発達が阻害され、全般的な学習困難（精神遅滞）が引き起こされる。しかし、PKUは、新生児のかかとから採取された簡単な血液検査で検出することができ、フェニルアラニンが少ない特別な食事療法を行うことにより、脳へのダメージを防ぎ、学習困難の発現を抑えることが可能になっている。遺伝と環境との複雑な相互作用が、行動に影響を与えることに関しては、Rutter（2005b）が明確に論じている。

脳のメカニズム

　人々の間の遺伝的な相違は、環境の影響ともからみ合って、発達のプロセスを決定する。その中には脳の発達も含まれる（これは、後成説の考え方である）。認知発達障害（developmental cognitive disorders）に関して、子どもたちに観察される問題は、おそらく、脳の組織の構造的な異なりと機能的な異なりの双方を反映していると考えられる。ここ20年ほどで、脳、行動、そして認知の関係についての研究が爆発的な勢いで展開されてきた。これらの研究のほとんどは、脳機能に焦点があてられているが、脳の構造異常と多様な学習

困難との関係を追及し続けている重要な研究もある（Leonard, Eckert, Given, Berninger & Eden, 2006)。

　思考しているときの脳の組織と働きの研究は、脳画像技術の出現によって一変された。ポジトロン断層法（PET）と機能的磁気共鳴画像法（fMRI）は、認知的な課題を行っている間に、神経の活性化パターンを研究するために使われる技術である。PETとfMRIはどちらも、ある課題が行われているときの脳の特定の領域に現れる血流の変化を検出するものである。脳のある領域が活動しているとき、代謝エネルギーが必要とされ、より多くの酸素が必要になるので、血流量も増大する。これらの技術はどちらも、脳の活動のゆっくりとした変化を示すものである。通常は、一つの実験で何回も試行を行い、その結果を平均して求めるのだが、それによって、この技術は、脳の部位について極めて正確な情報を与えてくれる。もう一つの方法論上のしかけは、ある課題で、活性の増加を測定するために'基準値（baseline）'を設定しなければならないということである。そのためには、ある課題と類似する課題（できれば、実験課題の中で、特に関心を抱いている構成要素以外すべて同じ課題がよいのだが）で得られた活性化のレベルから、実験課題で得られた活性化のレベルを差し引くことを行う。例えば、被験者に単語列を提示して、被験者はその単語列を黙読する条件と、その単語が表す絵を提示して、被験者は声に出さずにそれらを呼称する条件で実験を行い、脳の活性化の度合いを比較するようなことである。文字列を黙読しているときに活性化に増加が見られる脳の部位は、絵条件と比較すると、書かれた単語の処理（文字処理：orthographic processing）と、つづり（orthography）（活字）から音韻（言語音：speech sounds）への変換処理に関わる部位であろうと推測される。減算法の詳細は複雑だが、ポイントは、画像解析は、常に厳密に対応させた課題間の比較をもとにして、何らかの推測を含んでいるということである。

　脳電図（EEG）と脳磁図（MEG）は、脳活動パターンの時間分解能には優れているが、活動部位の情報に関しては弱い。EEGは電極を頭皮につけ、電極間の電位差とその電位差が時間経過でどのように変化するかを測定するものである。電位差は、脳内の多数のニューロンの興奮パターンを反映し、その変化は、ミリセカンド（0.001秒）の精密さで計測できる。特に有用なEEG技術に、事象関連電位（ERPs）がある。ERPsとは、一つの特定の刺激（あるいは一組の刺激）に対するEEGの記録であるが、一定の活動パターンを検出するため何回かの試行結果の平均をとって結果を出す。MEGも同じく脳内のニューロン活動の変化を測定するものであるが、EEGよりも方法論的に優れた技術である。MEGは、脳内の電気的な活動によって生じる磁場を、超電導量子干渉素子（SQUIDs）を用いて測定するものである。SQUIDsは、頭にぴったり合うヘルメットのような被り物の中に納められている（口絵図版1参照）。EEGのように、MEGは、刺激に対するニューロン反応の時間分解能に優れているが、空間分解能にはやや粗さがある。MEGは、脳活動研究にとって、とても有力な技術になると思われる。MEGとfMRIを用いることで、脳活動パターンについて、空間分解能と時間分解能の双方に優れた情報を得られることが期待される。

心的機能の複数のシステム ―モジュール性と発達―

　本書ではこれ以降、様々な発達性認知障害（developmental cognitive disorders）の特質、原因、そして治療法について概観してゆく。特異的な発達障害（specific developmental disorders）の多様性（例えば、言語に困難を持つ子どもたちがいる一方で、運動のコントロールに問題を持つ子どもたちがいるという事実）から、人間の心的機能（mind）は、異なる機能をつかさどるシステム、もしくはモジュール（上記の例でいえば、言語と運動コントロールのシステム）から成り立っていると考えることができる。

　心的機能をモジュールからなるシステム（すなわち、心的機能は複数の下位システムを持つシステム）であるとする考え方は、少なくとも古代ギリシャの哲学者たち（Arbib, Caplan, & Marshall, 1982）にまで遡るとても長い歴史がある。近いところでは、モジュールの考え方はGallの疑似科学的な骨相学に見られるが、それは今や信頼を失っている（図1.4参照）。Gallは、脳の異なる領域の相対的な大きさ（頭蓋骨の形を触って計測する）から、「欲張り」、「秘密主義」といった人々の特性を推測できると主張した。モジュール性の考え方が現代の心理学において重要視されるようになったのは、Fordor（1983）やMarr（1983）の業績による。

　成人の認知についての研究、特に成人の認知神経心理学における研究は、心的機能をモジュールシステムとして考えるアプローチによって発展してきた。認知神経心理学は、脳損傷の結果として生じる精神的（認知的）障害を研究することによって、定型的な心的機能に関する理論を構築しようとするものである（Shallice, 1988参照）。モジュール性とは、身体が循環器や呼吸器、消化器などの異なるシステムから成り立つと考えるように、心的機能もまた、異なる複数のシステム、あるいはモジュールから構成されていると考えるものである。モジュールの概念を、コンピューターを使って考えてみよう（図1.5参照）。デスクトップコンピューターは、通常、相互に連結した多くのコンポーネントから成っている。それらのうちのいくつか（モニターやキーボード）は物理的に分離しているが、その他のもの（プロセッサー、ハードディスク、CDドライブ、サウンドカード、ビデオカードなど）は同じ箱の中に入っている。そうしたシステムで何か問題が起こると、すぐに見つけて、コンポーネントを取り外したり交換したりして、修正することができる。例えば、もし、モニターが作動しなくなったら、原因として多くのコンポーネントが考えられる。モニターそのものや、コンピューターとつなげているケーブル、またはコンピューター内部のモニターをコントロールする信号を出しているビデオカードなどが原因かもしれない。これらのコンポーネントを、次々に、一つずつ試せば、やがて、故障を引き起こしているものを見つけ出すことができよう（ただし、それには時間がかかるし、イライラするけれど）。

　本書でこれから述べていく研究は、このようなコンピューターシステム内の欠陥を見出す過程と類似している。例えば、ディスレクシアの子どもたちは、単語を個々の音に分解する課題はほとんどできないが、その視覚版ともいえる複雑な視覚刺激の中から、個々の形を切り出すことは他児に劣らずよくできるとするなら、ディスレクシアのある子どもたちは言語音を扱う脳内システムは障害されているが、複雑な視覚的パターン知覚に関係す

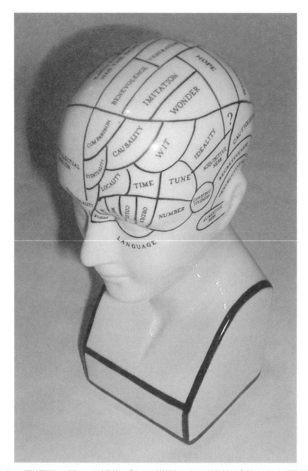

図1.4 骨相学で用いる部位ごとに推測される機能が書かれた頭部模型

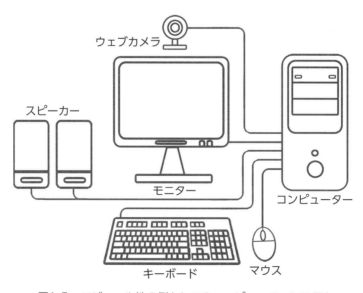

図1.5 モジュール性の例としてのコンピューターシステム

る脳内システムは障害されていないと推測できよう。しかしながら、発達途上にある心的機能（mind）の障害を理解することは、コンピューターシステム内の欠陥を見出すことよりもはるかに複雑であり、多くの時間が必要とされる。

　成人における認知神経心理学は、脳損傷の影響によって、限局的に、ある認知システムが障害されたと考えるアプローチを採用して、大きな発展を遂げてきた。最も単純な言い方をすれば、モジュール性とは、心的機能は複数の独立したサブシステムから構成されていると表現することができる。視覚や聴覚をつかさどるシステムが脳内にそれぞれ独立して存在していることは、そのわかりやすい例である。後頭葉にある第一次視覚中枢の損傷は視覚障害を引き起こすが、側頭葉にある第一次聴覚中枢に損傷を受けると、音の周波数の識別が困難となる（Tramo, Shah, & Braida, 2002）。これらを考えると、脳内では、それぞれ独立したシステムが聴覚や視覚をつかさどっており、聴覚障害がなく視覚障害があるということが起こりうるし、またその逆もありうるということについては議論の余地はないだろう。これは、認知神経心理学で、二重乖離と称されるものである。すなわち、第一次視覚中枢に損傷がある患者は視覚に問題が生じるが、聴覚は正常で、第一次聴覚中枢に損傷がある患者は聴覚に問題が生じるが、視覚は正常である。二重乖離は、モジュール性、すなわち、個々に神経的に独立したシステムが存在するということを支持する極めて重要な概念であると考えられてきた。

　これから示す例は、議論の余地がないくらい明確なものである。しばらく、これから紹介する2人の患者について、論理的な思考をめぐらせることにしよう。2人の患者は、視覚や聴覚の課題で重度の障害を持っているが、障害のない部分は完全に正常であるとする。1人は、重度の視覚障害があるが聴覚は正常で、他方は、重度の聴覚障害があるが視覚は正常である。このような事例では、両者の視聴覚の障害の様相は、様々な他の証拠（例えば、第一次視覚中枢は目の網膜細胞からの入力を受け取り、目が光刺激を受けると第一次視覚中枢での神経活動が引き起こされること）とあいまって、視覚システムは、機能的にも、神経的にも、聴覚システムとは独立しているという理論を支持するものである。しかしながら、このような明確な区分を示せる事例は、極めて例外的である。成人の限局された部位への脳損傷事例研究においてさえ、極めて珍しく、ましてや、記憶のようなより'高次'の認知プロセスで、明確な区分を示すことは、一層難しい。さらに、これから見ていくように、認知障害（cognitive disorders）のある子どもたちの研究においては、そのような限局された障害パターンを見出すことは極めて難しい（このことはそれ自体が興味深い点であり、その点について後で述べることとする）。

　実際には、二重乖離の研究によって、複数の認知システムが独立して存在していることについて理論を構築することは、論理的にも実践的にも複雑で、これまでもさかんに議論されてきたことである（Coltheart & Davies, 2003; Dunn & Kirsner, 1998; 2003; Gurd & Marshall, 2003; Jones, 1983; Van Orden, Pennington, & Stone, 2001）。このことに関して、論理的かつ統計的な事柄をめぐる議論がある。論理的には、どのような二重乖離パターンにおいても、様々な論理的解釈ができると考えるのは理にかなっていると思われる。別々の独立したプロセスがあるとする主張は、それらのプロセスに関して明確な理論を構築し、独立性を支持す

る証拠を見出さなければならない（上述した例では、視覚における視覚中枢の役割に関する証拠が次々呈示されるように）。

　課題間の乖離を立証するために、どうやって行動を評価するのかという純粋に統計的な、あるいは方法論的な論点もある。課題間の乖離を示すことは、それぞれの課題が独立した異なるメカニズムによるものだという推論を導くために必要不可欠なものである。一つの領域だけが障害されていて、他の領域には障害がないような障害概念を確立することは、ChapmanとChapman（1973）が特異的欠陥（differential deficit）と名付けた障害を同定することでもある。彼らが指摘するように、特異的欠陥を同定するには、測度の統計的な特性が大きく関与する。ある課題において真値の分散が大きければ大きいほど、臨床グループが、その課題に障害を持つことを容易に示せるものである。課題の信頼性と分散（値の範囲）が増加するにつれて、真値の分散も増加する。課題の信頼性とは、測度の誤差の範囲のことである。ある課題から得られた得点の分散は、その課題の難易度によって変化する。つまり、課題が難しすぎる場合（床効果傾向）、もしくは簡単すぎる場合（天井効果傾向）、その課題の得点の分散は小さくなる。特異的欠陥を明らかにするために必要な統計的手法は、よく知られているが、実際にこれらを行うのは手間がかかり、厳密に実施されることはめったにない。

　観察された乖離現象から推論を導き出そうとするとき、二重乖離に関しては、厳しい制約がかかってくる。実際に、私たちが直接観察するのは、課題遂行中に見られる乖離である（例えば、患者Aは課題1の成績は悪かったが、課題2はよくできた。一方、患者Bは、課題1の成績はよかったが、課題2の成績は悪かった、というように）。私たちは、こうした観察された現象を、理論的なシステム（モジュール）で解釈しようとする。ときには、課題からプロセスに関する仮説を構築することは十分可能に思えることもある。上述した例（ある患者は、視野のある部分に呈示された光がわからず、また別の患者は音の同定に問題があるという例）においては、彼らはそれぞれ、視覚あるいは聴覚システムに障害があると推論してもよいように思える（しかも、この主張は他の様々な証拠や理論とも関連しているように思える）。しかし、このような'末梢'の感覚システムの研究から、より'高次'の精神的プロセスの研究に目を転じると、ことはもっと複雑になる。

　独立した高次の心理プロセスを特定する困難さを、有名な例によって示そう。成人患者で、過去の記憶は保たれているが、聞いた単語リストの即時再生に特異的な困難さが認められた例である（Warrington & Shallice, 1969の患者KF）。このことは、長期記憶の貯蔵（長期間にわたり膨大な情報を保持するシステム）には何の障害もないが、短期記憶システム（情報を1～2秒間保持するシステム）の障害を示す証拠として解釈されてきた。対照的な例として、例えば、図1.6のように、両側性の海馬損傷があったScovilleとMilner（1957）の患者HMのように、過去の出来事の記憶は著しく困難であったが、単語リストの即時再生は比較的良好であった患者が挙げられる。このことは、短期記憶システムは損なわれず、長期記憶に障害がある証拠として解釈されてきた。しかしながら、これらのケースにおいて課題の結果からシステムについての仮説を導き出す推論は、先に取り上げた感覚障害の事例よりかなり間接的なものであることに留意する必要がある。

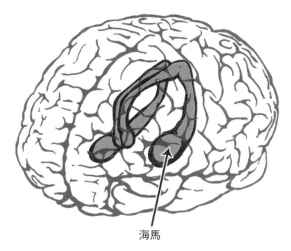

図1.6 海馬：脳の内側にある両側性の構造体で、脳の記憶機能について重要な役割を担っている。患者HMは難治性のてんかん発作を緩和するための脳手術によって、両側の海馬が損傷された。

　これらの患者の障害を観察しただけでは、短期記憶と長期記憶システムがそれぞれ別個に独立して存在するということは立証できない。即時記憶システムと遅延記憶システムという対照的なシステムがそれぞれ独立して存在するのかもしれないし、これらの障害パターンを説明しうる他の方法があるかもしれない。例えば、KFのような患者は、無作為の単語リストの即時再生に必要な音韻コード（音声）の情報保持に問題があり、一方HMのような患者は、意味的情報（事象の意味）の想起の問題と考えることもできるかもしれない。このことは、記憶は単一のプロセスではなく、上述の解釈は、情報を保持する時間の長さの違いで区別するのではなく、情報のコード化の異なりで区別していると考えられよう。しかし、乖離の解釈は、さしあたって重要ではない。重要なことは、異なる課題の遂行で、乖離が見られたときに、根底にある心理的システム、あるいはモジュールを考えると、様々な異なる理論的解釈が可能だということである。

　ここで、心理学におけるモジュラリティとは何か、厳密に（少なくとも、より厳密な意味で）考える必要がある。出発点として、コンピューターシステムを例にすると、直観的にわかりやすく説明できるだろう。現代のコンピューターは、モニター、キーボード、CDドライブ、プロセッサー、サウンドカード、ビデオカードなどの異なるコンポーネントから構成されていて、それぞれが異なる機能に特化されているという点で、モジュールシステムということができる。残念なことに、脳内画像処理技術のような現代の科学技術をもってしても、脳内における独立した個々のコンポーネントを直接同定することはできない。Fodor（1983）は、認知的なモジュールとはどのようなものかについて理論化の試みを始めた。彼は、典型的なモジュールの特質と思ったものを列挙した（必ずしも典型的とはいいきれないのだが）。彼は、モジュールの特性は'領域特化'、すなわち、あるモジュールは文字の特性に関する'演算'だけを行い、また別のモジュールは話された単語の特性に関する'演算'だけを行うといったように、ある一つのモジュールは限定特化された入力のみを受け取ると推測した。それに従えば、最初の仮説モジュール（文字特性に関わるモジュー

ル）は、文字の形態特性だけに関わる視覚情報（文字の色彩や明度には関わらない）のみを扱い、第二の仮説モジュール（単語特性に関わるモジュール）は限られた聴覚情報のみを入力として扱うということになる。このことは、コンピューターのサウンドカードとビデオカードになぞらえることができよう。サウンドカードは情報をモニターへ伝えることに関しては、役立たないし、ビデオカードは、スピーカーに音の信号を伝えることに関して、何の役にも立たない。

　Fodorによると、モジュールはまた、'情報のカプセル化（informational encapsulation）'という特性を有するという。それは、より高次の'意識'レベルのシステムは、モジュール内で作動しているプロセスへのアクセスが制限されるというものである。モジュールにはまた、'計算的自律性（computationally autonomous）'という特性があり、モジュールは注意のような汎用的資源を共有しないことを意味する。Fodorによれば、これらの3つの特性が、モジュールがすばやく簡単に作動できるという利点を生み出すのだという。

　Fodorは、モジュールは先天的に備わっているのものだと考えている（'先天性'ということは、すでに否定してきた考え方であるが）。Fodorが考えたモジュールの特徴についてこれ以上細かく考えることはしないが、いろいろ議論と批判を浴びてきたテーマではある。しかし、ポイントは明らかである。Fodorは、心的機能内には、意識的に注意を向けたり、努力することをしなくても作動し続け、素早い処理を行う独立性の高い一連のシステムが先天的に備わっているのだと考えていた。また、モジュール組織を裏付ける最も明確な証拠は、入力と出力システムにおいて見出されることも述べている。さらに、彼は、推論と問題解決をつかさどる'中央システム（central systems）'があり、それはおそらくモジュール性ではないし、正確に理解することはとても難しいだろうということも想定していた。Fodor（2000, 2005）は、精神生活が大きなモジュールの集合（「大規模モジュール化（massive mojularity）」）として説明されうるという考えは、見当違いで楽観的すぎると論じている。彼の見解によれば、より高次の認知プロセスの基盤にはモジュール性でないシステムが想定され、そうしたモジュール性でないシステムの概念化が、認知心理学における大きな課題として残されているということになる。

　心理学者にとっては、心的機能が個々に独立した、しかし、相互に強く作用し合う多数のシステムから構成されていると想定することは都合がよい（Fodorからすると、都合がよすぎるというだろうが）ことである。この想定なしに、心的機能を理解しようとするのは、想像できないくらい複雑なことであろう。Fodorがいうように、この考えは、上述した視覚と聴覚の根底にそれぞれ異なるシステムが関与しているという例のような、最も末梢の入力または出力システムで考えると一番わかりやすい。より'中央（central）'のプロセスに近づくほど理解は難しくなる（異なる記憶システムはいくつあるというのかということすら明確ではないのだから）。心理学者は、特定のスキルや課題の基にある独立したモジュールの数についての理論を支持する、あるいは、否定する証拠を得るため様々な手を尽くす。独立したプロセスが存在するということに対する証拠の一つは（必ずしも唯一のというわけではないが）、異なる別個の障害が存在するということである（視覚障害があるが聴覚障害はない人がいれば、その逆もありえるということだ）。

要するに、成人の研究での作業仮説は、異なる機能を担う独立したモジュールまたはサブシステムが、心的機能の中に存在しているということである。この理論は、箱と矢印を使った図で説明されることもあるし、それぞれの箱で表されるプロセスがコンピュータープログラムとして実行されることもある。

発達障害と定型発達とを関連付ける必要性

　認知発達の障害を私たちはどのように理解したらよいのか。これまで多くの異なるアプローチが採用されてきた。そのうちの一つが、発達障害（developmental disorders）を成人の脳損傷後の障害パターンと関連付けて考えることである（Temple, 1997）。しかし、この方法は誤りであると思われる。なぜなら、このアプローチは、成人の認知モジュールは、本質的に生得的なものであるという見解に基づいているからである。これとは対照的に、我々は、発達障害を理解する唯一の方法は、発達障害と定型発達の研究との関連で考えることであると主張したい。もし発達性ディスレクシアのある子どもたちの読みの問題について理解したいのであれば、読みの問題を定型発達のパターンに照らし合わせて考える必要がある。読みの発達の理論では、定型発達の子どもたちがどのように読みを学習するかを明らかにする必要がある。発達性ディスレクシアの理論は、読みの定型発達に見られるプロセスが、どのように、そしてなぜディスレクシアのある子どもたちにおいては障害されるのかを明らかにするであろう。

　もし私たちが、心的機能（mind）はある程度までモジュールシステムをなしているという、健常成人の認知に関する神経心理学や認知心理学の理論を認めるなら、次なる疑問は、モジュールはどのように発達するのかということだろう。Fodorは、多くのモジュールは強力な遺伝子のコントロールを受けているという見解を好んだ。すなわち、特定の基本的な入力が与えられただけで、脳は特化されたシステムを発達させるように、生まれながらに遺伝的にプログラムされているというのだ。いくつかのシステムにおいては、確かにそれが当てはまるように思われる。繰り返しになるが、視覚のような感覚システムは、強力な遺伝的なコントロールを受けていると考えることは至極妥当なことに思われる。しかしながら、心理学者たちは、多くのモジュールは直接的には遺伝子のコントロールを受けないと考えているのである。読み書きの基盤にあるシステムはそのよい例である。進化論的に考えると、読み書きは極めて新しく獲得されたスキルであり、脳は学習によって新たなモジュールを生成することができるという事実を示している。Bishop（1997a）が指摘したように、タイピングスキルや自転車に乗るといった、たくさんの練習によって確立された認知システムは、Fodorによって提唱されたスピードや自律性といった'モジュール'の特性の多くを示している。誰も'タイピング'のモジュールを持って生まれてくるわけではないが、熟練したタイピストは驚くほどのスピードでタイプすることができるし、しかも、それには、ほとんど認知的な努力はいらないように見える。

　子どもの認知障害（cognitive impairments）の研究を成人のモジュールシステムモデルを出発点として始めるのがよいという意見があるが（Temple, 1997）、発達に関する最も単

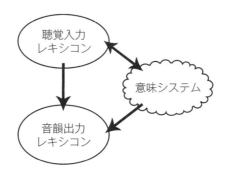

図1.7 成人における話しことばの理解と表出の基盤にあるモジュールシステム。話しことばの理解と表出の能力には少なくとも3つの別個のシステムが関わっていると思われる。認知 (recognition)（聴覚入力レキシコン）、産生（音韻出力レキシコン）と単語の意味（意味システム）である。

純明快なことの一つは、発達には変化がつきものであるということである。定型発達の子どもたちは、言語や読み書きのようなスキルを獲得する過程で大きな変化を見せる。具体的な例を挙げると、成人においては、話しことばの処理には少なくとも3つの独立したシステムを挙げることができる。話しことばの音の構造を認識するシステム、発話のためのシステム、そして、聞いたり話したりすることばの意味に関する意味システムである（図1.7）。

聴覚的入力レキシコンには知っている語の表象が保持されていて、私たちは単語を聞いたときに認識することができる。音韻出力レキシコンには、私たちが知っている語の表象が、発話する際にうまくコントロールできるような形で保持されている。そして意味システムには、語の意味に関する情報が保持されている。定型発達の子どもでは、生後約12か月頃に、初語の表出が見られ、その後の発達の過程で、急速に表出語彙を拡大していく。定型発達の8か月児は、ほぼ間違いなく、図1.7に示した楕円形のシステムのいずれも心の中に持っていない。定型発達の2歳児になると、小型のシステムを3つ持つようになり、10歳になると、ほぼ成人のシステムに近いものを持つようになる。言語を学ぶ上で重篤な困難のある子どもを考えるのに、成人モデルのどこがどう障害されているかを問うことは有益とは思われない。むしろ、発達障害（developmental disorders）を理解するには、発達的なアプローチが必要なのであって、それは定型発達児が特定のスキルをどのように獲得するのかに関する理論とモデルに基づいていなければならない。発達障害の適切な説明は、定型発達の道筋がどのように阻害されているのかを明確にするであろう。成人のモデルは、発達の結果の典型的な姿を示すものとしては役に立つが、どのようにシステムが発達するかについては何も与えてはくれない。本書は発達的アプローチに基づいて書かれている。障害ごとに、定型発達の理論的説明の観点から、最近の障害に関する知見はどう解釈しうるかを考えるものである。

発達障害を理解する上で乗り越えなくてはならないことは相当ある。成人の障害ケースでは、脳損傷がどのようにある特定の障害パターンを引き起こすかを理解することが必要である。認知モデルにおいては、その障害パターンと成人の静的な認知機能モデルとの関連付けが行われる。しかし、発達障害（developmental disorders）では、ことはより一層

複雑である。その複雑さは、子どもの認知システム自体が発達途上にあり、子どもの発達にともなって変化するという事実から生じる。したがって、認知障害（cognitive disorders）の理論的説明は、あるプロセスの中で、どのように障害が生じるのか、また、その障害がどのように他のシステムに影響を及ぼすのかを明確にしなければならない。発達とは変化であり、発達の異常は、年齢に応じた変化の速度とパターンの変容を意味する。さらに、異なるシステムは発達過程で相互に関係するので、一つの領域での欠陥（deficits）が、発達の他の側面において多様な連鎖反応を引き起こす可能性が想定される。

　この複雑な考えを、聴覚障害のような感覚障害を例にして、簡潔に説明してみよう。小児の先天性の聴覚障害は、口頭言語（oral language）の発達を大きく阻害し、通常、スピーチ（speech）のスキルが重篤に障害される。聴覚障害の子どもたちは、口頭言語の多くの側面の発達において深刻な欠陥（deficits）を示す。例えば、それは音韻面（言語の音声システムの習得）の障害や統辞（文法）の障害などである。定型発達の子どもにとって、口頭言語の発達がいかに聞く経験や発音する経験に負うところが大きいかを考えれば、先天性の聴覚障害の子どもの言語の困難さについて理解できるであろう。しかし、成人の後天性の聴覚障害の影響は小児とは大きく異なっている。成人では、話しことばの理解は聴覚の問題によって損なわれるが、以前に学習した言語スキルはそのまま残っている。このことは、発達の初期の問題は、認知的発達が完成した成人期に生じる問題よりも、はるかに多様で重篤な結果を引き起こすと予測されることを意味する。

　ここまでをまとめると、心的機能（mind）のある部分は独立した複数のシステムから成り立っているという意味で、モジュール性という考え方は正しいと思われる。しかし、ほとんどの認知的モジュールが'先天的'であるという考えは否定されるべきである。むしろ、認知システムは大量の学習に基づくことを示す膨大な証拠がある。発達の過程で生じるもののある部分は（成人期におけるタイピングのような新しいスキルを学ぶことも含んでいる）は、'モジュール化'が徐々に拡大したものと考えることができる（Hulme & Snowling, 1992; Karmiloff-Smith, 1992）。あるスキルが発達し始めるときは、多くのシステム（思考や問題解決といった、Fodorが中央システムと称するものを含む）がそのスキルの遂行に関わるかもしれないが、学習が進むと、神経回路が確立し、そのスキルを効率的にかつ努力を要さずに遂行することが可能になり、中央システムがコントロールする必要性が小さくなる（例えば、タイピングや自転車に乗ることのように）。したがって、モジュールは学習の結果、形成される神経回路から成り立っているのである。そのような学習は、すべての構造が機能特化せず汎用性を持っている脳の等電位状態から生じるのではない。言語や計算、運動スキルなど、熟練した認知的作業の基盤にある脳の回路（またはモジュール）の発達には、遺伝子や神経の制約が関わっているのである。

発達のタイミング

　発達には時間経過による変化という側面があり、年齢が上がるにつれて多くの認知的領域で完成が進む。発達障害（developmental disorders）は、通常、特定の領域（ディスレクシアや算数障害のような特異的学習困難（specific learning difficulties））、または多くの領域（全

般的学習困難（general learning difficulties）や知的障害）においてゆっくりとした発達速度が特徴である。

　様々な発達障害のどこまでを遅れ（ゆっくりとした発達）とし、どこからを逸脱（異常な発達）とみなすのかについては、長い間議論されてきた。本書で取り上げる障害のほとんどは、少なくとも発達の初期においては、遅れと考えるのがよいように思われる。例えば、算数障害のある子どもは全く計算ができないというわけではない。彼らは、算数の問題を解くのに、時間がかかり、間違いを起こしやすく、年下の定型発達の子どもたちとよく似ている。したがって、発達障害研究の主な課題の一つは、そのような障害で見られる発達の遅れを説明することである。つまり、どのプロセスが作動しないためにそのようなゆっくりとした発達になってしまうのか、ということを解明することである。

　もし発達がゆっくりなら、発達の臨界期（critical period）がからんで、次々に問題が生じる可能性がある。臨界期とは、あるスキルを学ぶレディネスとしての発達上の特別な時期を意味する。この時期に学習が成立しなければ、後にこれを埋め合わせることが難しい、もしくは不可能になってしまうというものである。この考えは神経の可塑性の概念と密接に関係している。発達におけるある時点までは、ある種の学習と関連した神経の変化は容易に起きるが、その時点以降は、神経の可塑性は徐々に減少していく。

　動物の研究からは、発達における臨界期に関する豊富な証拠が得られている。一つの際立った例としては、鳥のさえずりの学習に関する研究が挙げられる（Brainerd & Doupe, 2002）。例えばMarler（1970）は、ミヤマシジドの雄は生後10日から50日の臨界期の間に、彼らの種のさえずりを聞くことで、その種に特有のさえずりをうまく学ぶことができるが、もしその時期を逃したならば、そのさえずりを習得するのが困難になると報告している。

　鳥が種特有のさえずりを学ぶことと、子どもたちが母語を理解し表出する方法を学ぶことに類似性を見出すことはたやすい。したがって、発達心理学で、臨界期の概念が言語学習と関連して最も注目されてきたことは偶然ではない。言語学習にとっての臨界期という概念は、言語学習のための生得的性質が備わっているという考え方と密接に関連している。例えばLenneberg（1967）は、言語学習は思春期までになされなければならないと考えた。一方、Krashen（1973）は、言語を容易にかつ完璧に獲得をするための臨界期は、5歳以前であると主張している。Pinker（1994）は、言語獲得は6歳までなら確実で、思春期過ぎまでにだんだんと低下していき、それ以降は稀になるとしている。しかし、臨界期（あるいは感受性期（sensitive period））に対する証拠は強力なものではない。幼児期早期に、重篤な環境剥奪を経験した子どもたちの研究では、成長した後にも言語に問題が残ることがいくつかのケースで示されているが、その子どもたちが先天性の異常を持っていた可能性を排除することはできない（Skuse, 1993）。第二言語習得の研究から臨界期の存在を示す証拠が出されている。成人の第二言語学習者は、統辞は完璧だが、たいていの場合、母語のアクセントを第二言語で残してしまうことから、音韻システムを習得するための臨界年齢（critical age）は、統辞の臨界期よりも早いことが示唆されている。

　言語習得における臨界期の仮説はとても強力で、年齢が上がるにつれて言語や他の認知的スキルを学ぶことが、徐々に容易でなくなることはもっともなことのように思われる。

発達性認知障害 (developmental cognitive disorders) の研究は、このように、基礎的な学習メカニズムの速度を扱うことが多い。場合によっては、年齢が上がるにつれ、神経の可塑性が徐々に低下するので、学習速度はさらに悪化する可能性がある。しかし、現在まで、このことを示す証拠はわずかである。

　要約すると、本書で扱う障害の最も際立った特徴は、ある重要な領域における発達の遅さである。例えばディスレクシアのある子どもは、読みの学習がゆっくりで困難であり、算数障害のある子どもは計算の学習がゆっくりで難しいということである。それらの子どもたちの読みや計算のパフォーマンスのパターンは、定型発達の年下の子どもの姿に似ているので、逸脱というよりも遅れと考えるべきであろう。ときには、あるプロセスでの発達の遅れは、その後の発達過程で、逸脱した発達パターンになることがあるかもしれない。しかし、そのような例は、おそらく稀であり、ここでは、これ以上この問題について議論しない。発達性認知障害の最も大きな特徴は、特定のスキルの発達の遅さである。

カテゴリー的観点 vs 次元的（dimensional）観点

　本書で扱う障害のほとんどを発達の遅れと考えるなら、このことは診断に直結する問題を提起する。発達の遅れは量的な差異で表されるとすると、障害を次元的（dimensional）に捉えることは自然なことである。次元的な捉え方からすると、算数障害を持つ子どもは算数のスキルにおいて分布の下端に位置すると捉えられる。一見すると、障害を次元的に捉えることとカテゴリー名称を用いることは相いれないように思えるかもしれない。'算数障害' という用語を用いずに、'算数のスキルに弱さのある子ども' というべきではないのかという疑問がわくかもしれない。診断においてカテゴリー名称を用いることの有効性を論ずることは込み入ったことである。本書では、これから扱う障害を次元的に捉える立場で論を展開していくが、そうした障害のある子どもたちに対してカテゴリー名称も用いる。単純にその方がわかりやすいということがその理由の一つである。ディスレクシアのある子どもというようにカテゴリー名称を用いる方が、単語の読みの学習において特異的な重篤な障害のある子どもといった次元的表現よりわかりやすいと思うからである。

　連続体を示す障害の究極の形に対してカテゴリー名称を用いることは発達性認知障害 (developmental cognitive disorders) の分野に限ったことではない。医学の面での肥満や高血圧を考えてほしい。母集団内の体重や血圧の異なりは実に多様である（ちなみにこの両者は相互に関係する傾向があるのだが）。もし、体重か血圧が極端に高くなると他の健康面の重大なリスクとなる。しかし、高血圧と正常血圧の境界の決定には、幾分か恣意的部分がある。同様のことが、本書で扱う障害にも当てはまる。本書では、障害とは、母集団内のあるスキルにおける正常変動（normal variations）の極端な形であると捉えている。しかし、障害の診断カテゴリーは通じやすいし、子どもが経験している困難さの本質を表し教育的な配慮や介入方針を考える上で有効であると思われる。

発達性認知障害の研究方法

発達性認知障害（developmental cognitive disorders）の研究でこれまでに採用されてきた方法論上の多くのアプローチがある。ここでそれらのアプローチを取り上げ、それらの長所と短所について考えてみよう。

集団研究 vs 事例研究

成人の神経心理学では、詳細な単一事例研究が、患者の集団研究よりも影響力を持ってきた（Ellis & Young 1988; Shallice, 1988）。発達障害（developmental disorders）の研究では、集団研究も単一事例研究もなされてきたが、集団研究の方がどちらかといえば重視されている。したがって、集団研究と単一事例研究の長所と短所について比較することは意味あることだと思われる。

成人の認知神経心理学では、単一事例研究が長年にわたり、有力な研究法とされてきた。単一事例研究の魅力は、わかりやすいということにある。理論的に興味深い障害の純粋例は、日々の診療でそうやすやすと出くわすものではないので、研究対象になりうる珍しい症例は、最大限利用される。したがって、そうした事例は、脳損傷後の障害パターンが極端で顕著なものが多くなる。こうした、成人の脳損傷後の認知障害の事例研究が、認知機能の理論の発展に多大なる貢献をしてきたことは疑いようがない（Shallice, 1988）。

しかしながら、たとえ類似した障害のある患者が何人かいたとしても、別々の異なる患者の結果から平均値を出すことは危険である。なぜなら平均値は、その集団を構成する個々の患者の典型的姿を表すとは限らないからである。このことは、単一事例研究が神経心理学における理論構築のための唯一の重要な基盤であるというCaramazza（1986）の主張につながる（Shallice, 1988参照）。これは、少し極端な考え方だと思われるだろう。つまり、10名のほぼ同一といってもよいような患者集団の研究の方が、たった一人を対象とした研究よりも説得力があるのではないか、という疑問がわいてくるかもしれない。しかし、成人の神経心理学においては、単一事例研究で、注意深く詳細な記録によって乖離が示されれば、それは独立したシステムが存在する強力な証拠となるという基本的な考えが広く認められてきたのだ。

発達障害の研究では、単一事例研究も行われてはきたが（例えば、Hulme & Snowling 1992; Pitchford, Funnell, de Haan, & Morgan, 2007; Temple & Marshall, 1983）、子どもの集団研究の方が主流であった。なぜなら、Bishop（1997）が明確に述べているように、成人の認知神経心理学の目的は、発達性認知障害の研究とは全く異なるからである。成人の認知神経心理学の関心は、脳損傷後の障害パターンから心的機能の構造のあり様を推論することにあった。このことは、神経心理学の優れた概説書であるTim Shallice（1988）の*From Neuropsychology to Mental Structure*（『神経心理学から精神構造へ』）という本のタイトルに端的に示されている。心的機能の構造を解き明かすための決定的に重要な証拠は乖離を見出すことである。理論的に興味深い明確な乖離は、多くの患者たちの中に、ごく稀にしか見出されないが、それが、詳細な記録で立証されれば、極めて大きな説得力を持つ。というわけで、単

一事例研究は、成人の認知神経心理学において好まれてきたのである。

　しかしながら、子どもの認知の障害（cognitive disorders）の研究は、発達途上にある心的機能の中に独立したシステムが存在するかどうか明らかにすることには、あまり関心がない（後の章で扱う特異的学習障害は、互いに独立したシステムが存在することに対する証拠となるのだが）。発達障害（developmental disorders）の研究の主な目的は、障害を理解することにある。つまり、それらの原因や進展の軌跡、そして可能な治療について明らかにすることが目的である。Bishop（1997）が述べるとおり、発達障害の研究の極めて重要な目的は、障害の原因を明らかにするために、障害特徴のパターンから共通するものを抽出し、一つの概念にまとめること（概括）である。例えば2章で見るように、発達性ディスレクシアにおいては、それらの子どもたちが文字で書かれた単語の認識に困難を持つ原因が、音韻（言語音）スキルの欠陥（deficits）であるということについては極めて強力な証拠がある。そのような結論（ある特定の障害を持つ子どもたちの集団についての概括（generalization））は、子どもたちの集団を研究することによって得られる。

　ディスレクシアのある子どもたちの読みの問題が、音韻の困難さ（difficulties）の障害と関係しているというように、発達障害についての概括は、何らかの関係性あるいは相関性に基づいてなされるということを一言述べておかねばならない。この関係性は、ディスレクシアの読みの問題が音韻の困難さから生じるものであるということを意味するわけではない。後にも述べるが、そのような因果関係が成立しそうに思えることも確かにある。成人の神経心理学では、障害間で関係性が見られた場合、心的機能のプロセスや構造についての因果関係の証拠として解釈することに対しては、大変慎重な態度をとってきた。脳卒中の患者たちに、しばしば共通した2つの障害が起こるという事実は、これらの障害が機能的に関連しているということを意味するわけではない。2つの機能に関わる脳の領域が近接しており、同時に損傷されやすいということにすぎない。一つの例として、'ゲルストマン症候群' を取り上げる。ゲルストマン症候群は、成人にも見られる後天性のものと、発達性のもの（Shallice, 1988）がある。後天性のゲルストマン症候群の成人患者は、失算、失書、左右失認、手指失認（触覚だけではどの指をさわられたか認識できない）などの際立った症候を示す。これらの異なる症候間に機能的な関連性があることを説明するための様々な理論が試みられてきたが、今では、ゲルストマン症候群の症候は、左頭頂葉皮質の解剖学的に隣接した複数の脳システムの損傷によるものであると広く認められている。

　後の章で概観するように、発達障害の研究は、これと同様に、相互に関係しているように見える例で満ち溢れていて、研究者たちを袋小路に追い詰めてしまう。ある障害がある特定の認知的な欠陥（deficits）と関連していることが見出されても、その認知的な欠陥が障害の原因であるというわけではない。この章の後半では、多くの関連性が見出された場合、複数の関連する欠陥のうち、障害の原因と考えられるものをどのように決定することができるのかについて検討する。

縦断研究 vs 横断研究

　発達研究における方法論を考える上で、もう一つ重要なことは、横断研究と縦断研究の

区別である。横断研究とは、ある一時点で、子どもたちを対象として行うものである。本書で扱う研究のほとんどは、事例研究であれ、集団研究であれ、横断研究デザインでなされている。横断研究からは、発達過程のある時点における'スナップ写真'が得られる。もし、一つの研究で複数の年齢群を扱うなら、複数の'スナップ写真'が得られるということになる。これに対して、縦断研究では、同じ子どもたちを対象として何度にもわたって評価する。したがって、一つのスキルでの変化が他のスキルの変化とどのように関連しているかを検討することが可能になる。縦断研究は、横断研究よりも優れているが、時間と費用がかかり、実施することがなかなか難しい。これらの理由から、多くの横断研究の結果に基づいて、有力と思える仮説が構築されて、それが縦断研究によって検証されるべきだと判断された場合にのみ、縦断研究が行われるのが通例である。

縦断研究の優れた点は、相関関係の解釈に関係している。発達障害に関する証拠の多くは、相関関係から得られている。例えば、ディスレクシアのある子どもたちが、定型発達の子どもたちに比べてスピーチ（音韻）スキルのいくつかの評価項目で成績が劣っていることが見出されたとしよう。この群間の差異が相関関係である。つまり、ディスレクシアのある子どもたちは読みも音韻スキルも弱く、定型発達児は読みのスキルと音韻のスキルの両方で成績がよいという関係である。しかし、相関関係は因果関係を意味するわけではない。理論的には、このような相関関係には3つの解釈が可能である。(1) 音韻の弱さが読みの弱さを引き起こす関係、(2) 読みの弱さが音韻の弱さを引き起こす関係、そして最も憂慮されるのは、(3) 読みと音韻の弱さは測定されていない他の別の要因（例えば、全般的知能、課題を完遂しようとする動機、言語スキル、注意力など）に起因しているというものである。

縦断研究では、異なる時点で測定した結果の間の相関関係を見ることができる。論理的には、異なる時点で測定されたものの間には非対照的な関係が見られる。すなわち、もし先行するもの（Time 1での音韻スキル）が、後行するもの（Time 2での読みのスキル）と相関関係にあるとすれば、後行するものは先行するものの原因とはなりえないが、先行するものが後行するものを引き起こすことはありうる、という関係である。こういう点で、縦断研究は因果関係の方向性に手がかりを与えてくれる（とはいっても、上記の (3) を否定することはできない。(3) については介入研究をするしかない）。

対照（統制）群の選択

横断研究であっても縦断研究（集団研究でも単一事例研究でも）であっても、目的はある障害を特徴付ける認知的な欠陥（deficits）は何かを明らかにすることである。この領域で最も多く使用されている研究デザインは、ある障害のある群とない群を、特定の時点で比較するというものである。このタイプの研究デザインは、医学ではケースコントロール研究（症例対照研究）と呼ばれる。このデザインでは、臨床'ケース'と比較する'統制'群（対照群ともいう）の子どもたちをどう選ぶかが問題となる。異なったやり方の比較や統制群が異なれば、得られる情報も異なる。通常、一つ、または、いくつかの変数について、臨床ケースと対照群をマッチングさせる。年齢の上昇とともに課題成績も大きく上昇するの

で、臨床ケースと同年齢の定型発達の子どもたち（生活年齢あるいはCA統制群）を選択することがよく行われてきた。年齢だけでなく、他の変数でマッチングさせることもよく行われる。他の変数とは、例えば、子どもたちが在籍する学校、性別、IQテストのスコア、そして、実験課題の成績に関係すると思われる変数である。CA対照群との比較は、臨床群が、年齢と関係する実験課題で欠陥（deficits）を示すかどうかを明らかにする。だから、もし、臨床群が実験課題で欠陥を示さなかったら、彼らの障害はその課題の困難さとは関係がないという結論になるだろう。しかしながら、もし臨床群が課題においてCA対照群と異なる結果を出したとしても、その欠陥が障害の原因であるかどうかに関しては出発点についたにすぎない。臨床群と対照群の違いは障害の原因ではなく、障害の結果かもしれない（例えば算数障害のある子どもたちの、数字判断課題成績が悪い場合、それは彼らの数学能力の弱さが原因かもしれないが、数学的な経験が不足していることの結果かもしれない）。

そういった解釈上の問題を軽減するために、対象とする領域（例えば、ディスレクシアのある子どもたちの研究なら、標準化された読み能力検査によって評価される読み能力）での成績が同等で、年齢が低い定型発達の子どもを対照群として選択する方法がある。この種の比較群は、能力統制群と呼ばれる（上記の例では、読み能力統制群または読み年齢統制群となる）。これもまた大切な情報を得られる比較群である。この方法は、Frank（1936）による、スペリングの困難さのある子どもたちの研究で最初に用いられた。

能力統制群を用いることの利点の一つは、臨床群選定のために用いられた課題（例えば読み能力）の成績が、他の課題（例えばスピーチの知覚）での成績の違いの原因であるという可能性を排除できることである。もしディスレクシアを持つ子どもたちが、読み能力が同等の年下の子どもたちよりも、スピーチの知覚課題で劣っていることが見出されたとする。その場合、両群の読み能力は同等だから、スピーチの知覚の問題は読み能力の違いによって生み出されたものとは考えられない。反対に、ディスレクシアのある子どもたちとCA統制群とで、スピーチの知覚に違いが見出された場合は、読み能力の違いが原因であると解釈されてしまうかもしれない。もし、これが真実であれば、能力統制群と臨床群では生活年齢でかなり大きな差がある（臨床群の方が年齢が高い）が、読み能力は同等なので、スピーチの知覚に関しては、両群に差が見出される可能性は低いことが想定される。もし、能力統制デザインで、臨床群に欠陥（deficits）が見出されたなら、臨床群は、より年齢の低い定型発達児よりさらに一層成績が悪いということになり、その欠陥は重篤で、障害の原因である可能性がかなり高いことが示唆される。臨床群との比較としてCA統制群と能力統制群の両方を用いることはとても有益なことである。両群から、臨床群の困難さの程度に関して、異なる情報を得ることができる。

発達障害の原因の確立

発達障害（developmental disorders）の原因をどのように明らかにすることができるかが、本書における中心的課題であり、さらに先へ進む前に、ここで検討することが必要である。原因を明らかにする第一歩は、相関関係を見出すことである。しかし、ほとんどの統計学

の入門書に書かれているように、相関関係は因果関係を表すものではなく、相関関係は、2つの変数間に因果関係があるかどうかを考える出発点にすぎない。

医学において明確な因果関係が明らかになっている例を見てみよう。1950年代、喫煙が肺がんの原因かどうかの研究がなされた。症例対照研究で、喫煙者は非喫煙者に比べて肺がんになりやすいことがわかり、喫煙と肺がんの間に関連（相関）が見出された（Doll & Hill, 1950, 1954）。しかし、第三の変数が影響している可能性があるため、両者の相関関係は不明確なままである。例えば、遺伝的相違が、喫煙を好む傾向とがんになりやすい傾向の両方を引き起こす可能性がある。パス図で因果関係理論をわかりやすく示すことができる。パス図と、それに関連する統計技術は、前世紀の初頭に遺伝学の分野で、Sewall Wright（1920, 1921）によって始められた。パス図では、片側矢印は、仮説に基づく因果関係を表す。肺がんと喫煙に関する2つの因果関係論は図1.8のようなパス図で表される。

実際のところ、肺がんに関しては、その後の研究で、喫煙は、肺粘膜上の細胞のDNAに損傷を与え、肺がんを引き起こすということが明らかにされ、因果関係理論がより精緻化された（Hecht, 1999）。この因果関係理論を単純化したものをパス図で示したものが図1.9である。この理論の詳細や、それに対するエビデンスを論ずることはしない。しかし、このパス図には、原因とは何かについての議論をより洗練されたものにする上で役立つ点がある。図1.9の肺がんのパス図は、タバコの煙の成分（多環芳香族炭化水素）が肺細胞の重要な遺伝子に突然変異を起こすという原因の連鎖を示している。この理論の枠組みでは、たばこの煙に含まれる成分によって肺組織の遺伝子に突然変異が起こったことが肺がんの近因（直接の原因）であり、喫煙は肺がんの遠因となる。理論の発展の初期段階で、中心的な原因と思われたものは、原因の連鎖のさらなる段階が解明されるにともない、中心的位置から徐々にはずれてゆく。

では、相関関係を超えて、病気や障害の原因を論理的に立証するにはどうすればよいのか。これは、科学や哲学における核心的な難しい問題であり、ここでこれ以上扱うことはしない。因果関係に関して、Pearl（2000）やShipley（2000）が優れた議論を展開している。ここでは、この重要な課題について考えるためのいくつかの有効なステップだけを示しておこう。

原因や因果関係は、事象間の関係を表すものである。もし白いビリヤード球が赤いビリヤード球にぶつかる度に、赤い球が動くならば、白い球がぶつかることが赤い球を動かす原因ということになろう。哲学では伝統的に、必要原因と十分原因を区別することがよく行われてきた。もしある事象が必要で十分な原因であるのなら、これは確実性を意味する（Aが起きるときはいつでもBが続く）。しかし原因というのは、必要（Bが起きるためにはAが必要）であっても、十分ではない（Aが起きてもBが必ずしも続いて起きない、おそらくBを起こさせるためには、Aに加えて他の要因が必要だからだ）こともある。

原因という語を使用する上での問題は、日常会話では「原因」という語は必要で十分な原因（いいかえれば、確実に結果を引き起こすということである）を表すことが多いということである。この考え方で「原因」という言葉を使うなら、「喫煙が肺がんの原因」といったとき、タバコを吸ったことのある人は誰でも肺がんで死ぬということになってしまう。

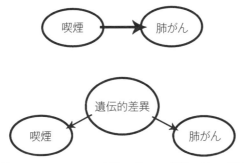

図1.8 喫煙と肺がんの関係についての2つの理論。第一の理論では、喫煙が肺がんの原因である（したがって、喫煙しないと肺がんになるリスクが減少する）ことを示している。第二の理論では、喫煙は肺がんの原因ではない（したがって禁煙をすすめても肺がんのリスクとは関係がない）ということを示している。（おそらく、）第一の理論が正しい。

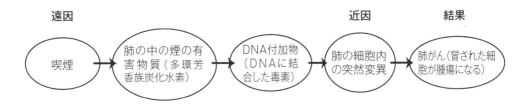

図1.9 喫煙が肺がんを引き起こすプロセスをより詳細に示すパス図

　これは明らかに事実とは異なる。近年の因果関係の考え方は、確実性ではなく、確率論の枠組みで捉えようとしている。本書で原因について述べる際には、確率論的立場に立っている。喫煙は肺がんを引き起こしはするが、それは決定論ではないのである。この場合、原因というのは、結果が起こる可能性を増加させるものである。喫煙は肺がんになる可能性を高めるものと考えられるのである。さらにいえば、通常は、ある結果が起こるには、多くの原因が作用している。それらの異なる原因は、ときに独立して作用する（もし1日に10本タバコを吸うことによって肺がんになる可能性が10％増加し、肺がんになりやすい遺伝子を持っていることが肺がんになる可能性を10％増加させるなら、両者を合わせた場合、肺がんになる可能性は20％高まる）。しかし、原因同士は相互作用する傾向がある。例えば喫煙すること（単独ではリスクを10％増加させる）と肺がんになりやすい遺伝子（単独ではリスクが10％高まる）とが影響し合うことで、肺がんのリスクが50％に増す可能性もある。前に紹介した行為障害の例では、暴力的行動傾向は遺伝と環境の相互作用によって引き起こされると考えられる。特定の遺伝子を持っていることと、子どもの頃に虐待されたことのどちらも、それぞれ一つだけならリスクを少し高めるだけだが、両方の要因を一緒に持つと、暴力的行動のリスクは劇的に増加すると考えられている。

　原因は確率論的に作用すると考えることは、複数の原因を評価するには、変数間の関連性や相関関係を測定する統計的手法が不可欠であることを意味する。相関関係やそれと関連する手法は、原因と想定されるものとその結果の関連性の強さを示す手段となる。近年、

因果関係を示したり、評価するための原理や統計的手法において目覚ましい進展が見られている（Pearl, 2000; Shipley, 2000）。これらの進歩は、原因を突き止めていくための概念的統計的な手法を生み出した。パス解析を生み出したSewall Wrightは、それを「因果分析」と呼んでいる。Wrightは遺伝学者であり、彼のパス解析を使った最初の論文は、モルモットの毛色の種類における遺伝と環境の影響に関することであった。Wrightの最初のパス図を再現したものを図1.10に示す。

Wright（1920）が、因果関係について研究していたことは確かだ。彼は、「広い意味では、個人の特徴は遺伝と環境によって決定される」と述べている（p. 328, Wright, 1920）。彼は論理学や理論的アプローチを基盤として、親と異なる特徴を持つ動物の子どもにおいて遺伝と環境がどのように作用するのかを検討した。彼は事象間に想定される因果関係は、パス図で表すことが役に立つと考えていた。パス図では、根底にあると仮定されているメカニズムを表す観測変数は因果関係を示すために片側矢印で結び付けられている。Wrightは、さらに、一度そのような図ができあがれば、変数間の関連性の強さを示す測度は因果関係の強さを表し、複合効果の（間接効果の）因果関係の強さは単純な計算で求められる（間接効果の経路の強さは個々の経路で構成される）ということも洞察していた。

パス図は、数学の世界で有向グラフといわれるものの例である。有向グラフには片側矢印が用いられ、パス図では矢印は原因から結果に向かって描かれる。パス図は、確立分布の考え方を用いて予測を数量化させる方法を与えてくれるとともに、因果関係理論を構築し検証するための言語を与えてくれるものである。パス図が役に立つのは、理論を目に見える明確な形で示すことができ、また、原因についての考えを検証する強力な統計的手法と結び付いているからである。MortonとFrithの発達障害（developmental disorders）の

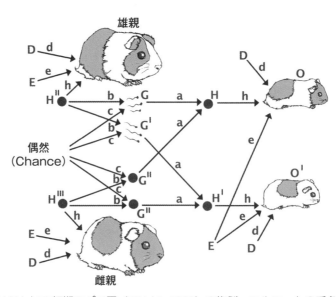

図1.10 Sewall Wrightの初期のパス図（Wright, 1920）の複製。モルモットの毛色に対する遺伝的影響と環境的影響の関係を示している。

原因モデルでは、生物学レベル、認知レベル、行動レベルの解釈を結び付けるために矢印が使われているが、これは、Wright（1920）のパス解析を直接応用したものと考えられる。

相関関係が因果関係を示すと考えられるのはどのような場合だろうか。原因は必ず、結果の前に起きている。後に起きたことが、その前に起きたことの原因にはなりえない。これは、先行、あるいは、'因果順序の論理（logic of causal order）' と呼ばれる（Davis, 1985）。もし、大学生のときにテレビを観た時間とアメリカの大統領になることの間に負の相関があるとしたら（大統領になる人は学生時代にはテレビを観ない）、学生時代にテレビを観ないことが後の政治的成功をもたらしたと考えることができるかもしれない。しかし、逆に、大統領になることが、過去の学生時代の視聴時間を変化させるということは起こりえない！

発達や発達障害を理解する上で、縦断研究が極めて重要だと考えられているのは、原因は必ず結果に先行するからである。ある障害の原因は、その障害の他の兆候が現れる前に必ず観察される。発達初期に、障害の原因と想定されるものが観察され、後に、障害の症状が測定されるということが、発達障害の原因についての理論構築に役立つ。もし音韻の困難さがディスレクシアを引き起こすというのならば、音韻の困難さが読みの困難さが生じる以前に存在していることを示さなければならない。読み習得が始まる前の幼児の音韻の問題が、就学後の読みの問題を予測することを示せるなら理想的である。

原因と推測されるものが、障害の進展に先行して存在するということを示せれば、以下の諸点を考えることで何が原因かの推測を先に進めることができる。

1　普遍性はあるのか？　先行する欠陥（deficits）は、その障害のある子どもたちすべて（あるいは大半に）に起こるものなのか。
2　原因の持つ影響力は？　先行する欠陥の重症度の違いは、障害の重症度と関連するか。
3　特異性は？　先行する欠陥はその障害に特異的に認められるのか、それとも、他の多様な障害においても見出されるものか。もし欠陥が多くの様々な障害においても認められるなら、それはどの障害にとっても原因とは考えにくい。というのは、もし、それが原因なら、その原因を持つすべての子どもに同じ障害があるはずだからである。あるいは、それぞれの障害には別の真の原因があり、それと連動して障害の発現に寄与するにすぎないのかもしれない。
4　理論的妥当性（plausibitily）は？　もし欠陥が、ある障害とだけ強く関連しているのなら、スキルの欠陥（例えば音韻）が他のスキルが発達する上でどのような欠陥（例えば読み）を引き起こすのかということに関する理論を構築しなければならない。

これらを考えることで、ある障害と関連するものが、その障害の原因であるという確信を一層強めることができる。しかし、どんなに相関関係の証拠を示そうとも、因果関係を立証することにはならない。とはいえ、明確で精緻に構築された理論は大いに意味がある。これが原因ではないかと想定されるものがあったとして、それが本当に原因として充分な信頼性を持っているかどうかは、観察された相関関係を説明しうる妥当なメカニズムがあ

るかどうかに大きく左右される（肺がんと喫煙の関係についての理論を思い出してほしい）。ある障害の'原因'を見出したということは、ある理論を提示するということであり、それは、科学においては常に暫定的なものにすぎない。

　ある欠陥がある障害の原因であることを立証することはできるのだろうか。'証明'とは、'原因'と同様にとても難しいことである。伝統的な考え方では、ある変数が原因であることを証明するには、それを操作し、結果に変化が起こることを見出さなくてはならないといわれている。これは、Ronald Fisher卿（統計学のF値は彼の名前に由来するものである）の偉大な洞察のうちの一つである。Fisher（1926）は、*The Design of Experiments* の中で、ランダム化比較試験の原理を述べている。Fisherは農業分野の仕事をしていたので、農業の例を用いて、ランダム化比較試験を説明しよう。肥料を使って、じゃがいもの生産高を増やしたいと考えているとする。畑を50区画に分け、そのうちの無作為に選んだ半分の区画に肥料を与え、成長を待つ。収穫時に、肥料を与えた25区画のじゃがいもと、与えていない25区画のじゃがいもの量を測定する。ジャガイモ畑のそれぞれの区画には、肥料以外にもじゃがいもの成育に影響を及ぼす様々な差異があると想定される。例えば、湿度や日当たりの違い、また、じゃがいもの種の異なりもあるかもしれない。しかし、区画を無作為に抽出したことで、そのような異なりが、結果（収穫）に影響することを排除、あるいは、大幅に減らすことができる。無作為割り付けを用いると、異なる区画や種の差異が実験の結果に影響することを考えなくてよいのである。無作為割り付け法の素晴らしい点は、ランダム化の操作によって、どんな差異も均衡化できるので、先在する差異について考慮しなくてよいことである。

　再び喫煙を例として考えてみよう。一切の倫理的配慮をしなくてよいとして、喫煙ががんの原因となることを立証しようとするならば、次のような実験をすればよい。大きな集団を対象として、無作為に彼らを2つのグループに分ける。一方のグループには、毎日喫煙をさせ、もう一方のグループには喫煙を禁じ、無煙環境で暮らしてもらう。数年後に、それぞれのグループで肺がんになった人数を調べる。人々を無作為にそれぞれのグループに割り当てたということが重要である。そうすることによって、人々の間に先在する差異が、結果に影響する可能性を排除できるからである。単に実験への参加を志願した人たちに喫煙するよう求めるなら、それは全く意味がないかもしれない。というのは、喫煙グループへの参加を志願する人は、そもそも野放図な人で、喫煙以外の理由でがんになる可能性が高いと考えられるからだ。無作為割り付け法は、生物学や心理学のような実験科学で、原因を立証するのに最良の方法であると広く認められている。

　しかし無作為割り付け法は、生物学や心理学と同様に、認知障害（cognitive disorders）の原因を立証する上で難問にぶち当たる。発達性認知障害（developmental cognitive disorders）の原因として、遺伝子や遺伝の影響を受けて発達する脳のシステムなどの子どもの特徴が推定されることが多いのだが、これらの原因を確立するために無作為割り当てを用いることはできない。発達障害（developmental disorders）の原因と想定される特定の遺伝子構造や非常に限局した特定の認知的欠陥（cognitive deficits）がある子どもを無作為に抽出することなど不可能である。そのような方法は、論理的に不可能であるし、もし、で

きたとしても倫理的な問題がある。この意味で、発達障害（developmental disorders）の原因を検証する策は極めて限られている。とはいえ、ランダム化実験デザインの中で一つだけ使えるものがある。それは、認知的欠陥（cognitive deficits）への治療介入である。

障害の原因を確立するための治療介入研究

ある障害が示す複数の症状の決定的な原因と思われる認知的欠陥（cognitive deficit）に関して、因果関係理論を構築したとする。本書の大半は、このような理論の妥当性の検討に関わる証拠を選り分けることに費やされている。もし原因であるかもしれない認知的欠陥が見出されたなら、それを治療する、あるいは改善する介入法（教育や訓練が多くなるが）の開発が始まる。当該の障害があると診断された子どもたちをその治療介入法を受ける群と、他の認知機能領域を対象とした介入法を受ける群とに無作為に割り付ける。もし、そうした介入研究が'機能して'障害の症状が現れる頻度や重症度に改善が見られ、原因と目される欠陥にも改善が見られたら、その欠陥が障害の（認知レベルでの）原因であるという考えに対する有力な証拠が見出されたと考えることができる。

こういう流れは少し慎重すぎるように思えるかもしれないが、慎重でなくてはならない。ある介入方法が、本当にうまく機能するかどうかを評価することは複雑なプロセスである。治療介入が有効かどうかを評価するには、2つの重要な側面に注目しなくてはならない。一つは、介入によって、障害の症状が改善されなくてはならないということである。もう一つは、理想的には、障害の症状の改善の度合いと介入対象の認知的欠陥の改善の度合いに関連が見られることである（もし、ディスレクシアのある子どもの読みの問題が音韻面の欠陥（deficits）によるものであるなら、音韻の訓練によってディスレクシアを持つ子どもたちの読みスキルを改善できるであろうし、読みのスキルの改善の度合いと音韻訓練によってもたらされた音韻スキルの向上の度合いが関連するはずである）。このような条件を満たすことは理想的なことであるが、実際には、治療介入研究の効果を測定することは大変複雑なことである。とはいえ、治療介入研究は、極めて大きな理論的な重要性を秘めている。この方法が、障害の原因解明への最短距離に我々を導く。治療介入研究は、実用的にも重要性が高い。なぜなら、うまく機能すれば、発達障害の治療と予防に関して実用的な提案が可能になるからである。

原因に関して最後に一言：理論の重要性

治療介入研究が成功したとしても、原因が'証明された（proved）'と主張するには慎重でなければならない。原因とは、究極的には、事象がどのように作用しているかに関しての理論に基づくものである。理論は直接観察されることはないが、観察されたものから推論される複数のプロセスから成立するものである。観察方法や観察から得られたデータを分析する方法は、検証されていない多くの仮定を含んでいる。このことに関して、Karl Popper（1980）は、科学においては何かを証明することはできないと表現している。私たちが行うことは、観察したものを説明する理論を構築することである。どんなに優れた理論でも検証の対象となり、さらなる観察によって、反証されたり、誤りが見つかることも

ある。このことを踏まえて、発達障害（developmental disorders）の原因に関する理論の検証に取り組まなければならない。障害を観察し、それに対する事象を測定する。すでにこれまで述べてきた方法で、障害の原因に関する理論を構築する。優れた理論とは、ある障害がなぜ、そしてどのように生じるのかについて明確に述べることができるものである。障害についてのさらなる研究が、理論から推測されることを検証し、理論をより洗練されたものにし、修正し、ときには反証が示されるかもしれない。Popperの言を借りれば、私たちが手にしているものはすべて、推測と反証にすぎない（いいかえれば、理論と理論の問題点ということになるが）。どれほど多くの肯定的証拠があろうと（予測が支持されようと）、理論を証明することはできない。しかし、否定的証拠（予測を支持しないもの）は理論を破棄させたり、変化させたりする。一回だけの研究や観察で完璧なものはない、だから科学では再現性が重視される。もし、ある理論の極めて重要な予測が、一連の、異なる研究グループ、異なる方法による研究で確認されなかったなら、ネガティブな証拠が集まったということになり、その理論は弱いものとみなされ、修正されるかもしれないし、破棄されることになるかもしれない。科学とは、事象がどのように起きているのか、その真実により近づくために、証拠を慎重にふるい分けることである。ここでの'真実（truth）'とは、どのように事象がはたらいているかについての抽象的なモデル、理論である。つまり、明確な理論に基づいて、理論の妥当性を評価するためにいろいろな方法で証拠を集め、ふるいにかけるのだ。証拠をふるいにかけることは、法廷で被告人が有罪か無罪かの判決を出すために証拠を吟味することとそう変わらないように思われる（Rapport & Wright, 1963）。

異なる障害の併存、関連性と原因を分けること

認知障害（cognitive disorder）に共通して起こる多くの問題が、その障害の原因ではないことを明らかにしておく必要がある。一人の子どもが別個の発達障害を合わせ持つということは今やよく知られていることである、これは「併存（comorbidity）」と呼ばれる（Angold, Costello, & Erkanli, 1999）。CaronとRutter（1991）は、それぞれの発達障害の人口発生率を考えると、発達障害間に併存が起こる確率は、偶然の確率よりもはるかに高いことを見出している。併存の正確な割合を推計することは困難である。なぜなら、推計値は母集団の代表標本に左右されるからである。代表標本を選ぶには、集団全体から子どもの真の代表標本として選ばれた多数の子どもを評価する疫学的研究が必要である。例えば、もし運動障害が読み障害とともに発生する傾向があると思ったら、読み障害のために診察を受けにきたすべての子どもたちの読み能力と運動能力の両者を評価することはできるだろう。しかし、だからといって、真の併存の正確な評価をしたことにはならない。なぜなら、診察を受けにきた子どもたちが必ずしも読み障害を持つ子どもの代表例であるとは限らないからである（おそらく、受診するケースは読み障害と運動障害の両方を持つことが多いと思われる）。

併存は、障害ごとに異なる理由で生ずると思われる。いくつかの障害においては、ある障害が別の障害の原因と考えられる可能性がある。例えば発達初期の注意欠如多動性障害

（ADHD）は、長じると行為障害のリスクを引き起こす可能性がある。ADHDの場合、おそらく行動を抑制し調整するといった基本的な問題が、異なる発達段階で、異なる現れ方をしているのであろう。別のケースでは、例えば、読み困難と運動障害の間で見られる併存のようなものは、認知レベルでは2つの障害に何らかの直接的因果関係があるとは考えにくい。つまり、両者の問題は単に、認知発達に様々なものが影響を与えて、脳の発達がゆがんでしまうという事実を反映しているにすぎないのだ。したがって、この場合は、バランスの問題や協調運動の問題が、読みの学習の問題の原因を生み出すとは考えにくい。後の章でも、異なる障害における併存症についてより深く扱うし、5章ではこの問題を再び取り上げるつもりである。

まとめと結論

本書は、発達障害（developmental disorders）についてこれまでに明らかになってきたことを概説するものである。読み障害、言語障害、算数障害、運動障害、自閉症スペクトラム障害という広範な障害を取り上げる（*訳注：本書日本語訳では算数障害、運動障害、自閉症スペクトラム障害は割愛している）。本章では、多くの重要な発達性認知障害（developmental cognitive disorders）の研究の中心にある重要な概念的事柄を概観してきた。障害に関わると思われる認知プロセスが、定型発達においてはどのように機能しており、そこから推論して一部の子どもたちにおいてはどのようにそれらのプロセスが遅れたり障害されたりするのかを推論する発達理論の枠組みの中で、それらの障害は初めて理解されるということを述べてきた。ほとんどの発達障害は、定型発達プロセスと比較して遅れるのが特徴である。この考え方は、障害を次元的に捉えることにつながる。つまり、障害のある子どもたちは、一般の、多様性を持つノーマル人口の連続体（a continuum of normal variation in the population）の下端に位置付けられるのである。一方、診断カテゴリーは、ある一群の子どもたちが有する困難さについて語り合うときに役立つ。結局のところ、最終的に、発達障害の原因を理解しようとすることはかなり複雑であり、各々の障害の本質と、異なるレベルで作用して行動的特徴を生み出す原因プロセスについての明確な理論があるかどうかに左右される。そのような因果理論は、様々な方法で検証されうるが、最も強力な二種の証拠は、縦断研究と介入研究から得られる。因果理論を表す方法としてパス図を紹介した。これ以降の章では、障害の原因に関する異なる理論をパス図を使って説明していこうと思う。

第2章
読み障害Ⅰ：発達性ディスレクシア

　小児の認知発達障害の中で、読み障害の分野が最も研究が進んでいる。ディスレクシアを考えることは、第1章で述べたような障害モデルの基本形をつくることでもあり、方法論や理論的枠組の重要な点をほとんど網羅することでもある。

　読みのスキルを考える際には、読みの正確さと読解とを区別することが大切である。読みの正確さの評価には、単語の音読を用いることが多い。通常、音読に用いられる単語リストは、難易度の低いものから高い順に配列され、単語同士が意味的な関連性を持たないよう配慮されている。読解は、文を読ませた後（音読でも黙読でもよい）、内容理解ができているか質問して評価することが多い。

　ディスレクシアは、正確に、流暢に読むことが困難な障害であるが、小児の特異的な認知障害の中で、おそらく最も理解が進んでいる障害である。第3章で扱う読解の障害は、単語を適切にディコーディング（decoding）できるにもかかわらず、読んだ内容の意味理解が困難になる障害である。

小児の読みの障害：定義と頻度

　『精神疾患の診断・統計マニュアル』（DSM-Ⅳ；アメリカ精神医学会、2004）では「読みの正確さと理解力についての標準化検査を個別施行し、それで測定された読みの到達度が、その人の生活年齢、知能、教育の程度から期待されるものより充分に低い」ときに読字障害と分類される。ここで注意すべきことが4点ある。その第一点目は、DSM-Ⅳの定義は、読みの正確さと理解の双方に言及しているが、前述したように、理解の障害はディスレクシアとは区別されるべきであるということである。第二点目は、この定義は明らかに発達的な観点からのもので、読字障害と診断されるには、読みのレベルが年齢や教育レベルから期待されるより、低くなければならないとされている点である。読みの習得には、何年にもわたる指導と読む経験を重ねることが必要である。6歳児が読みに熟達するということは想定しがたいが、10歳児なら6歳児よりはずっと上手に読めるだろう。第三点目は、この定義は、教育の重要さを認識していることである。子どもたちは学校で読みの指導を受ける。もし適切な指導がなされなければ、そのことが原因で読みの問題が生ずることもありえる。最後の第四点目は、この定義では、障害と判断される基準が、読みのレベル

子どもの知能から期待されるより低いこととされていることである。これはディスクレパンシー定義（読みのレベルがIQや年齢から期待されるレベルと乖離していることを診断基準とすること）といわれるが、この点は議論の的となってきた。

　一見すると、読みのレベルが認知レベル（IQ）に左右されるというのは極めて理にかなっているように思われる。確かに、賢い子どもはそうでない子どもより、何事においても習得が早く、読みもまた、容易に習得できるように思えるが、本当にそうだろうか。実のところ、こうした推測は、検証されてはいないのである（Stanovich & Siegel, 1994）。IQと読みの正確さの相関の強さについて、.3から.6という数値が報告されている。これは両者には非常に強い相関があるとはいえず、読みの能力の個人差が起こる理由の10〜30％はIQで説明しうることを示しているにすぎない。読みの能力とIQの相関関係への関心の高まりは、小児の読み障害の特質と有病率を明らかにすることを目的とした疫学的な大規模標本研究の推進に一役買った。これまで行われた最初のしかも最も影響力のある疫学的研究は、ワイト島（Isle of Wight）で実施されたものである（Rutter & Yule, 1975）。その研究では、ワイト島の9歳から11歳の全児童の読み能力を様々な観点から評価し、それらと合わせて、IQやその他多数の変数が調査された。RutterとYuleは、この研究で、特異的な読みの遅れ（specific reading retardation）（年齢とIQから予測されるより、読み能力が低いもの—すなわちディスレクシア）と読み不振（reading backwardness）（IQは考慮にいれず、年齢から予測されるより読み能力が低いもの）を区別している。

　上記のような定義を用いるなら、読み能力がIQと年齢から期待される値より、どれだけ乖離した場合にディスレクシアとするかを決めなくてはならない。単純に、すべてのスコア（読み、年齢、IQ）が正規分布すると仮定するなら、"予測される"読みスコアより2標準偏差以上低い児童の割合は2.28％となる（ここではこの主張の統計的根拠には触れない）。Yule、Rutter、BergerとThompson（1974）は、特異的な読みの遅れ（読みの正確さのテスト結果から判断したもの）の判定に、このカットオフ基準を用いて、有病率について、ワイト島研究での3.1％から、Inner London Boroughでの6.3％という数値を報告している。最近の研究では、これらより低い数値が報告されている。Shaywitzらのアメリカでの研究では（S. Shaywitz, Escobar, Shaywitz, Fletcher, & Makugh, 1992）、2SDよりやや緩い1.5SDを基準として、1年生で5.6％、3年生で5.4％という有病率を報告している。

　以上の研究では、読みの障害は、年齢およびIQから期待されるよりも読みのスコアが低いと定義されている。しかし、読みにおいてIQが重要であることを示すエビデンスはあるのだろうか。その議論は、とりもなおさず、特異的な読みの遅れ（年齢とIQに比して読みが劣る）と全般的な認知能力が低い子どもの読みの困難さとどこが異なるのかを考えることにほかならない。

　最近の研究は、両者の違いは、多くの専門家が想定してきたより、はるかに小さいことを示している。全般的な読みの困難さではなく、"特異的な"読みの問題／ディスレクシアというラベルを与えることによって、その子どもの読みを向上させる上で何かプラスになるなら、両者を区別することは重要であろう。

　両者の違いを検討するために、いくつかの研究が行われてきた。RutterとYule（1975）は、

4・5年間、読みの発達の経過を見ると、特異的読み困難（specific reading difficulties）と診断された子どもたちは、全般的な読みの問題と診断された子どもたちより、読み習得の進歩が小さいと報告している（その一方、とても興味深いことに、算数では逆のパターンが見出されている。特異的算数障害と診断された子どもたちの方が、そうでない子どもたちより大幅な上達を示したのである）。しかし、その研究がなされた当時より現在では、ディスレクシアの子どもたちの予後は改善されてきており、少なくとも読みの正確さの向上に関しては、IQの相違は影響しないことが明らかにされてきている（Hatcher & Hulme, 1999; Share, McGee, McKenzie, Williams, & Silva, 1987; B. Shaywitz, Fletcher, Holahan, & Shaywitz, 1992）。

要するに、IQは確かに子どもの読みの正確さに関係しているが、IQだけで約3～6％の子どもが読み障害を持つことを説明することはできない。教育現場で、単語レベルの読み（ディコーディング）の問題を持つ子どもが指導を受けた場合、IQのレベルによって指導効果が異なるというエビデンスは見出されていないし、理論的にも、ディスレクシアを持つ子どもが単語の認識（word recognition）ができないことと、IQが低い子どもが単語の認識ができないことと原因が異なるということは考えにくい。

DSM-Ⅳの読字障害の定義は、読みの正確さの問題（ディスレクシア）と読みの理解の問題を一緒に扱っている点で問題がある。Lyon、ShaywitzとShaywitzの定義（2003）は、エビデンスに基づいており、DSM-Ⅳの定義より役に立つ。その定義は次のようなものである。「ディスレクシアは神経生物学的な問題に起因する特異的な学習障害である。その特徴は、正確にかつ、あるいは、流暢に単語を認識することの困難さとつづりの稚拙さ……（中略）である。こうした困難さは概して言語の音韻的な構成要素の障害が原因である……」（http://www.interdys.org/FAQWhatIs.htm）。

この定義も読みとIQの乖離（discrepancy）を強調している（したがって特異的学習障害という用語を用いている）。読みとIQの乖離が、診断に有効であるかどうかは激しく議論されてきたが、ディスレクシアの研究で、IQとの乖離によって対象群を定義することはよく行われてきたし、今も使われている手法である。IQは平均レベルであるが読みの問題がある者たちを研究対象とするのは、認知的な低さから生じる様々な一般的な学習上の問題を排除することで、読みの問題の原因となる障害が明らかになる可能性が高まると期待されるからである。こうした研究がかなりの成功をおさめてきたことをこれから概観する。

まとめ

ディスレクシアは、子どもが年齢相応に文字つづりを認識する学習の障害であると操作上定義することができる。女児より男児に多く、3～6％の子どもに見られるもので、珍しい障害ではない（Rutter et al., 2004）。ほとんどの場合、ディスレクシアは音韻の障害（言語音を処理するスキル）によるものと思われる。しかし、それとともに、社会的な要因も重要な役割を果たしている（Rutter & Maughan, 2005; Yule et al., 1974）。

ディスレクシアの持続性

ディスレクシアを持つ子どもが、成人期に抱える困難さを検討した研究がなされてきた。

それらによると、適切な支援を受けることで、ある程度の読みの正確さを習得するが、読みの速度（あるいは流暢性）は改善しにくく、つづりの障害が残ることが多い（Bruck, 1990; Maughan & Hagell, 1996）という。ワイト島研究での特異的読み困難を持つ子どもたちのフォローアップ研究では、40代半ばで、80%がつづりの成績が平均より2SD以下であったと報告されている（Rutter, Kim-Cohen, & Maughan, 2006）。この本で扱う多くの発達障害同様、ディスレクシアも成人期まで持続する障害であるが、成人期にはその現れ方は多様であって、まだ十分に理解されているとはいいがたい。

ディスレクシアと他の障害の併存

併存とは異なる複数の障害が同時に生じることである。ディスレクシアには、数学的な認知の困難とともに、言語障害、注意欠如多動性障害、発達性協調運動障害が併存することが報告されてきている（Catts, Adolf, Hogan, & Ellis Weismer, 2005; Kadesjo & Gillberg, 2001; Kaplan, Wilson, Dewey, & Crawford, 1998; Willcutt & Pennington, 2000）。これらの障害の2つ以上が併存することも決して稀ではなく、特に医師の診察を勧められたケースにおいてはその傾向が強い。しかし、併存頻度はまだ確立されておらず、原因や予後に関しては目下研究が進められているところである（第5章参照）。

読み書きの定型発達：理論的枠組み

定型発達と発達障害の研究は、相互に重要な情報を提供し合っている。発達障害を理解するには、定型発達のモデルを用いて説明できなくてはならない。ディスレクシアを理解するためには、ディスレクシアでの読みの発達が、読みの定型的な発達からどのようにずれるのかがわからなくてはならない。発達に著しい問題を持つ人を考えることによって、定型発達の基盤にあるプロセスがいかに重要であるか認識が深まり、それが、定型発達の理論をさらに一層緻密で洗練されたものにするのに役立つ。これらを念頭において、ディスレクシアを考えるにあたって、まずは、読みの定型発達を考えてみよう。

子どもはどのように読みを習得するのか？

読みの発達は、連続したいくつかのステージ、あるいはフェーズを経て進んでいくと捉える理論が多くある（このことの概説はEhri, 2005を参照のこと）。モデル間に異なりはあるが（図2.1）、ここでは、ステージモデルに基づいて発達段階を概観する。

子どもたちは、まず、文字つづりとその音を散発的に結び付けながら覚え、読み習得へ一歩踏み出す。個々の単語ごとに覚えるのには限界があって、子どもたちは、すぐに、文字つづりの一部分の文字列とそれらが表す音との体系的な関係に気付くようになる。読みスキルが発達するにつれて、より速く楽に読めるようになり、いろいろなレベルで、文字、音、意味の関係性の理解がより洗練されたものとなる。

読み習得の最も初期の段階、フリス（Frith, 1985）のいうlogographic stageでは、単語の中の文字が音とどのように対応するのかということは頓着せずに、文字のまとまり全体

Proponents	Gough & Hillinger (1980)	Mason (1980)	Marsh et al. (1980)	Chall (1983)	Frith (1985)	Ehri (1998)	Stuart & Coltheart (1988)	Seymour & Duncan (2001)	
Number of developmental periods	2	3	4	5	3	4	2	4	
1. Pre-reading	Cue reading	Contextual dependency	Rote, linguistic guessing	Stage 0: Letters/ book exposure	Logographic	Pre-alphabetic	Partial orthographic	Pre-literacy	
2. Early reading		Visual recognition	Discrimination, net guessing	Memory & contextual guessing		Partial alphabetic		Dual foundation	
3. Decoding	Cipher reading	Letter sound analysis	Sequential decoding	Stage 1: Decoding attending to letters/ sounds	Alphabetic	Full alphabetic	Complete orthographic	Logographic	Alphabetic
4. Fluent reading			Hierarchical decoding	Stage 2: Fluency, consolidation	Orthographic	Consolidated alphabetic, automaticity		Orthographic	
								Morphographic	

図2.1 読み発達のステージモデル
(Ehri, L.C.(2005). Development of sight word reading: Phrases and findings. Snowling, M.J. and Hulme, C.（編著）*The Science of Reading: A Handbook*（pp. 135-154）. Wiley の許可を得て転載）

（単語）にラベル付け（単語全体の音）しているように見える。このステージでは、同じくらいの語長の他の単語と読み誤ることが圧倒的に多く見られる。例えば、SeymourとElder（1986）はpoliceman（警察官）をchildren（子どもたち）と読み誤った子どもが、「（policemanを見て）これは、長いからchildrenだよ」と言ったという例を紹介している。彼らはまた、視覚的に目立つ特徴を持つ単語同士で混乱が起こる様子も報告している。smaller（もっと小さい）をyellow（黄色）と読み誤った例（両語ともlを2つ含んでいる）や、stopをlostと読み誤った例（語中での位置は異なるが、ともにstという子音連続を含んでいる）を挙げている。

　複数のステージモデルが提唱されており、モデル間には、単語を認識（recognize）するのに、いつどのような方法で音韻情報を活用し始めるかという点で見解の異なりがある（Box 2.1参照）。Ehri（1992）によると、子どもが文字とその音、文字名（letter-name）を知り始める（5歳前後）と、その知識が、単語内の文字列とそれに対応する発音の結び付きの学習に大きく影響するという。文字とその表す音の関係を用いた読みは、その後、より明確で体系的になり、音韻的方略を活用するアルファベットステージ（alphabetic stage）に入る。アルファベット方略とは、文字列を読み解くために、文字・音対応（"フォニック方略"ともいう）を活用するものである。このステージでは、教授法によって若干の異なりはあるが、未知の単語を文字ごとに音に変換してから音をまとめあげる（例えばCATを例にとると、/k/, /æ/, /t/と一つずつ音に変換してから/k æ t/とまとめあげる）。アルファベットステージでの習熟が進むにつれて、文字・音対応はより自動的に楽々と行えるようになり、単語全体の文字表象（orthographic representation）（それは単語認識（word recognition）に必要である）が明確に形成されるようになる（それがorthographic stageに入っ

Box 2.1 音韻スキルの本質

"音韻スキル"(phonological skills)とは心理学者たちが用いる言語音の処理に係わる様々なスキルに対する包括的な用語である。読みの発達とのからみでは、明示的な（explicit）音韻処理と非明示的な（implicit）を区別することが重要である。明示的でない音韻処理のスキルとは、例えば、言語的短期記憶課題（verbal short-term memory tasks）を行うときに無意識のうちに自動的に行われている音韻の処理のことである。それらの課題は、音韻意識（phonological awareness）あるいは音韻感受性課題（phonological sensitivity tasks）を行うときに活用される明示的な音韻処理スキルと対比される。明示的な課題とは、子どもに、聴覚的に与えられた単語の中の音の構造をよく考えて操作することを求めるものである。

読みの発達研究で最もよく用いられる非明示的な（implicit）音韻処理スキルを見る課題は、言語性短期記憶とrapid automatized naming（RAN）である。言語性短期記憶課題は、いくつかの数（数の記憶容量（digit span）を見る）あるいは単語（単語の記憶容量（word span）を見る）を聞いた後で、提示された順序通りに刺激を復唱するものである。この課題が音韻コード（phonological codes）と関わっていることは、短期記憶課題で見られる2つの現象が示している。まず第一は、音韻的混同効果（phonological confusability effect）である。それは、刺激が音韻的に重複するものより、音韻的な性質が明確に異なる場合に、復唱成績がよいということである。第二は、語長効果である。長い単語より短い単語の方が復唱成績がよい。RAN課題は物品、色、文字、数字が縦横の行列に並んだものが提示され、それぞれの刺激をできるだけ速く呼称するものである。この課題は視覚的刺激から音韻形態（名称）を想起する速さを評価するものである。

非明示的な（implicit）音韻処理課題の成績と読みのスキルとの間には強い相関が見出されている。しかし、読みと明示的な（explicit）音韻意識との間にはより一層強い相関が認められている。音韻意識の発達は、大きな単位から小さな単位への気付きに進むことが広く認められている。子どもはまず単語の音節構造に気付き、やがて音節内のより小さな単位に気付くようになる。英語は複雑な音節構造を持っている。すべての音節は1つの母音を含んでいる；単純なCVC構造の音節はオンセット（onset母音の前の子音）とライム（rime）から構成される。ライムは音素、すなわち母音とコーダ（母音の後ろの子音・尾子音）に分解される。より複雑な構造を持った音節（下記参照）では、ライムもコーダも子音連続（consonant clusters）を含んでいる。音韻意識課題の難易度には、音韻の単位の大きさ、課題の性質等の多数の要因が影響する。一般的には、大きな音韻単位（例えば音節やライム等）の操作は、小さな単位（音素）を扱うより容易であるし、単語内の音の異同判断課題よりも、単語内の音の削除や置き換え課題の方が難易度は高いと考えられる。

音節	CRUST
オンセットーライム	CR UST
オンセットー母音ーコーダ	CR U ST
音素	C R U S T

たということである)。

　ステージモデルは、読み方略が年齢にともなってどのように変化するかを示しているが、読みの発達がどのようなメカニズムによるのかということは何も説明していないし、発達のスピードや発達の道筋の個人差は考慮していない。読み習得に関わる複数の異なる認知的なスキルの役割を解き明かすには、縦断研究が有力な方法である (Box 2.2参照)。縦断研究は、子どもたちを数年にわたって追跡調査するものであるが、読みに関しては、読み習得以前の段階から調査できることが望ましい。まだ読みを習得していない子どもたちのどんな認知スキルが、将来どのくらい読みが上達するかを予測するかが見出せれば、何故、読みの発達に多様性が生じるか、その原因の手がかりを得ることができるかもしれない。

　BradleyとBryant (1983) は、発達初期の音韻スキルとその後の読みの達成度の関係について研究し、大きな影響を与えた。その研究では、約400名の子どもを4歳から8歳まで追跡調査し、IQ、記憶力、社会経済的環境を統制し、4歳時点での脚韻 (rhyme) と頭韻 (alliteration) の音韻意識 (phonological awareness) が8歳の読みとつづりのスキルに強く関係することを見出した。Lundberg、OlofssonとWall (1980) は、7歳になるまで読みの指導を行わないデンマーク (あくまでも1980年代当時のことである) での調査で、同様のことを報告している。この2つの研究が出発点となって、その後、読みの指導が始まる前の音韻意識とその後の読みの達成度に強い相関があることを示す膨大な研究がなされてきた (詳しくはBowey, 2005を参照のこと)。

　もし、音韻スキルと読みの達成度が強く関係するなら、どのレベルの音韻表象が特に重要なのだろうか。単語は音節から構成される (例えば*butterfly*は3音節からなる)。音節は様々なレベルで分解することができる。単音節語 (例えばspring) は、オンセット (母音の前の子音・子音群) /spr/とライム (母音と後続の子音・子音群) /ɪŋ/に分解される。さらに、音節は、より小さな音素に分解される/s//p//r//ɪ//ŋ/。GoswamiとBryant (1990) は、英語圏の子どもでは、韻を踏む能力が読みの前駆的能力であるとし、子どもたちは、まずオンセットやライムといった音の大きなかたまりと文字列を対応させ、音素と個々の文字 (書記素) を結び付けるのは、その次のステップであると論じた。多くの研究でこのことを検証しようとしたが、逆に別の結果を見出すこととなった。すなわち、韻を踏む能力と音素に分解する能力は、それぞれ独立した別個のものであり、ライムに分解する能力よりも、語頭の音素を抽出する能力の方が、読みの発達をはるかに正確に予測できるというのである (Hulme et al., 2002; Muter, Hulme, Snowling, & Stevenson, 2004)。

　これらの研究成果や他の研究 (Bryne, 1998) は、就学時の音素の意識と文字知識 (letter knowledge) が、子どもの読みのスキルの発達の基盤として決定的に重要であることを示している。就学時に、言語音の音素を操作する能力を持ち、アルファベットの文字が表す音をよく知っている子どもは、これらの能力のどちらかに弱さがある子どもより、読み習得においてはるかに上達するということである。

　これまで述べてきた読み習得に関する知見は、英語以外の言語にどの程度当てはまるのだろうか。英語を学ぶ子どもたちにとっては、文字と音の不規則な対応関係が大きな課題

Box 2.2 定型的な読み発達の縦断研究

　Muter、Hulme、SnowlingとStevenson（2004）は、就学直後の90名の子どもに広範な評価を行い、1年後、2年後（2年生、3年生の学年の初め）に再評価した。就学時は、語彙、読み、文字知識の他に韻と音素の操作スキルの評価が行われた。韻のスキルは3つの課題で評価された。韻検出課題（rhyme detection：例「これはCATです、次の3つのことばの中でどれがcatと韻を踏むでしょうか。」と言ってから刺激語、"fish, gun, hat"を聞かせる）、韻産生課題（rhyme production：例「"day"と韻を踏む単語をできるだけたくさん言いなさい。」）、異なる韻を検出する課題（rhyme oddity：例「"sand, hand, bank"の中で韻を踏んでいないのはどれでしょうか。」）である。音素スキルは2種類のテストで評価した。音素の削除課題（例「"tin"から/t/をとっていうと……」正解は［in］）と音素補充完成課題（phoneme completion：検査者が単語の最初の部分をいい、子どもが語尾の欠如している音素を補充して単語を完成させる課題。例えば検査者が門の絵を見せながら「これは/ gei /」と言うと、子どもが"/t/"と反応するというように）。これらの課題はすべて絵を提示して行う。文字知識（文字の名称と文字の表す音についての知識）、読み（簡単な単語のリストを音読する）、語彙知識（検査者が言った単語に合う絵を4つの選択肢から選ぶ）も合わせて評価した。

　この研究の主な結果をパス図に示す。パス図の約束事にしたがって、Time1の測度からTime2の測度に向かう矢印は、これらの測度間に統計的に有意な相関関係があることを示し、矢印の上の数字は、これらの相関関係の相対的な強さを示す。図からわかるように、Time2の読みのスキルを予測するものは2つだけである。それらは、話しことばの中の音素を操作する能力と文字知識である（この同じ変数がTime3での読みのスキルも予測し続けることが明らかになった）。この研究は、音素操作能力と文字知識が単語認識を習得する上で、2つの極めて重要な基盤であることを強く支持するものである。

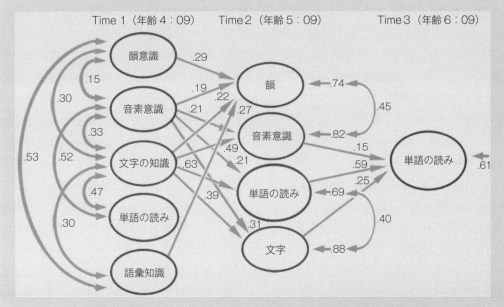

4歳から6歳の単語認識（word recognition）の長期的な予測因子

(Muter, V., Hulme, C., Snowling, M.J., Stevenson, J. Phonemes, rimes, vocabulary and grammatical skills as foundations of early reading development. *Developmental Psychology*. 40, p. 674. Copyright© (2004) American Psychological Association の許可を得て改変して掲載)

である。英語は不規則で、不透明（opaque）、あるいはディープ（deep orthography：colonelやyachtのように、つづり（orthography）と音の関係が単純でない）な言語といわれている。チェコ語、ドイツ語、イタリア語など他の多くのヨーロッパの言語は、一文字が一つの音素に対応する透明な（transparent）言語である。したがって、英語での読み習得には、他の言語とは異なる認知スキルが求められるのかを検討する必要がある。

アルファベットを用いる他の言語での読み習得

異なる書記体系を持つ言語間で、同じ刺激課題を用いて、直接比較する研究はほとんどないが、英語のような透明性の低い言語より、透明性の高い書記体系を持つ言語の方が子どもたちの読み書きの発達は速いことが示されてきている（Seymour, 2005）。

不透明な書記体系と透明な書記体系の言語における子どもたちの読み習得の違いを示した研究の一つがOneyとGoldman（1984）によってなされた。彼らは、英語（アメリカ語）とトルコ語での読み習得を比較した。トルコ語は規則的な文字・音対応を持つ透明な書記体系の言語であり、不透明な書記体系の英語と興味深い比較ができる。彼らは有意味語と非語の読みを調べた。有意味語は文字表象（orthographic representations：記憶されたつづりのパターン）に直接アクセスして記憶から読むことができるが、非語の読みは純粋にディコーディング能力を評価するものと考えられる。OneyとGoldman（1984）は、英語よりトルコ語を学習している子どもたちの方が、ディコーディングのスピードと正確さが優れていると報告している。

WimmerとGoswami（1994）は、同様の方法で、英語とドイツ語話者の子どもたちの読み習得に、書記体系の異なりが、どのように影響するかを調べた。この研究では、数字（1、3、5）、数称（ten, seven）、数称のオンセットを変化させた非語（例えばsen（tenのオンセット/t/を/s/に変えたもの）、feven（sevenのオンセット/s/を/f/に変えたもの））を用いた。数字の呼称と数称の音読ではスピードと正確さに異なりはなかったが、非語の音読で、英語群とドイツ語群で異なりが見出された。透明性の高いドイツ語の子どもたちは、非語の音読のエラーが少なく、読みのスピードも速かった（Frith, Wimmer, & Landerl, 1998を参照のこと。彼らは、英語圏の子どもたちは、文字と音との対応が一貫していない母音の読みが特に困難であったと報告している）。

Caravolas、VolinとHulme（2005）は、チェコ語（極めて透明性が高い書記体系を持つ）と英語で、統制された刺激を用いて、読み発達を予測する指標の比較研究を行った。規則的な書記体系のチェコ語では、子どもたちはほぼ完ぺきな正確さで音読できると想定されたので、読みは流暢性（関連性のない単語のリストの音読のスピード）によって評価した。つづりの正確さも評価した。両言語で、読みの流暢性を予測するものは同じであった（音素意識と符号化（coding）能力— speeded copying test（*訳注：WISC-Ⅲ・Ⅳの「符号」課題で評価される処理速度とコード化能力））。そのことは、文字・音対応が透明な言語でも、発話の中の音素を抽出する能力が、読み能力の個人差を決定することを示唆する（オランダ語と英語の比較に関してはPatel, Snowling, & De Jong, 2004を参照のこと）。読み能力、語彙力とともに、音素意識もまた、両言語において、つづりの成績を予測するという結果であった。

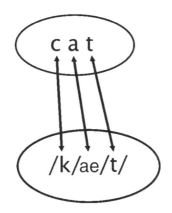

図2.2 文字列CATについて、矢印によって文字と音素/k//æ//t/との対応を示す

したがって、言語によって読み習得の難易度が異なるのは、文字と音の対応の透明性・規則性の程度が異なるからだと思われる。透明性の高い書記体系の言語、すなわち文字・音対応が一貫して規則的である言語では、子どもたちの読み習得は容易である。しかし、透明性の高い言語であっても、読み習得の度合いの個人差は、英語のような不透明な言語と同様に、音素を操作する能力による。さらにいえば、アルファベット言語では、音韻意識と読みの発達には相互関係がある。Morais、Cary、AlegriaとBertelson（1979）は、文字の読みができないまま成人になった人たちより、読みの困難さに対して読みの指導を受けた成人の方が、音素意識課題の成績がよいことを明らかにしたが、そのことは、音素意識は読み書きの習得を通じて改善することを示唆している。また、透明性の高い言語では、英語や他の不透明な言語（アルファベット言語ではないが中国語は不透明なことで知られている；Read, Zhang, Nie, & Ding, 1986）より、音素意識と、読み能力の発達が速いといわれている。

要するに、読み習得においては、単語の文字列とその言語音（音素）との対応付けができなくてはならないということである（図2.2参照）。

読みと文字と音の対応学習は相互に影響し合う。すなわち、読みの発達の初期の段階では、音素の意識はようやく育ち始めた不完全なものであるが、それなしには、読みの習得は始まらない。また、読みながら単語を認識することを通して、音素の意識が一層磨き上げられるのである。

読み習得のコネクショニストモデル

今まで見てきたように、読みの習得には特定の認知的条件が必要である。それは本質的には学習の過程と考えることができる。近年、読みの学習過程はコネクショニストモデルでシミュレーションされている。それは、読みの発達において、子どもたちのことばの音（speech）と文字列との対応学習がどのように進むのかを理論的に説明するものである。コネクショニストモデルは、コンピュータープログラムとして実行されてきた機械的なモデルである。その特徴は、単語表象は単語全体としてまとまったものとしてではなく、インプットとアウトプット過程では、多数の単純な要素に分散して処理されると考えることにある。インプットシステムでは、単語はつづり、あるいは複数の文字で表された形をとっ

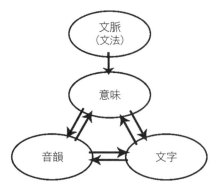

図2.3 SeidenbergとMcClelland（1989）のトライアングルモデル
(Seidenberg, M.S. and McClelland, J., A distributed, developmental model of word recognition, *Psychological Review*, 96, p. 526. Copyright©(1989), American psychological Associationの許可を得て改変して掲載)

ている。それらはいくつかの単位の集合したものであり、一つひとつの単位は複数の文字から構成され、どんな文字列が単語内のどの位置にあるかでコード化されている。それと相応するように、アウトプットシステムは音韻表象、すなわち話しことばの形式をとっている。その表象は単語の音韻的特徴をコード化する音韻の単位の集合である。インプットとアウトプットが活性化されると、徐々に相互に関連しあって学習機能が発揮されるようになる。その過程は、読みを習得している子どもたちが、単語の文字列と発音の関係に、徐々に、気が付くようになるのと似ている。

　読みの発達に関する最も影響力のあるコネクショニストモデルはSeidenbergとMcClellandのものである（1989；図2.3を参照のこと）。それを本書ではSM89とする。この"トライアングル"モデルは文字層（文字）、音韻層（スピーチサウンド）と意味層から成り立ち、3つの層は、それぞれ、隠れているユニット（隠れ層）により結び付けられている。隠れ層は、このモデルに柔軟性を与え、インプットとアウトプット間の複雑な相互依存関係の学習に役立っている。

　このモデルで、まず最初に活性化されるのは、文字層のインプットと音韻層のアウトプット間のネットワークで、この2つは隠れ層（いわゆる音韻経路）で結び付けられている。"トレーニング"前は、隠れ層を介しての文字形態と音韻ユニットの結び付きはかなり希薄でランダムなものである。こうした初期の状態は、読みを学習し始めた子どもの読みになぞらえることができる。このモデルでのトレーニングとは、数学的演算（一般化デルタ則（generalized delta rule））を用いてコントロールされた学習のことである。トレーニング試行ごとに、コンピューターはネットワークにインプット（文字列）を提示し、ネットワークは、インプットユニットから隠れ層、さらにはアウトプットユニットへと情報を送る。アウトプットユニットで活性化されるのは、文字形態で与えられた語の"発音"に相当する。トレーニングの初期では、アウトプットの結果はかなりランダムであり、アウトプットと正しいパターンの間には、システマティックな関係は見出せないが、たくさんの試行を通じて（多数の学習を経て）、アウトプットをその都度、期待される理想的なパターンと比較

して、アウトプットが期待されるパターンに近づくよう、アウトプットとインプットユニットの（隠れたユニットを介しての）コネクションの強さが調整される。トレーニングの終わりには、モデルはトレーニングされた単語のすべてをほぼ正確に（若干の誤りはあるものの）"発音"できるようになる。ということは、このモデルが、トレーニングされた単語のインプット（文字形態）とアウトプット（発音）間の関係性を抽出できたということである。

　英語の単音節語をほぼ網羅するコーパスでトレーニングした後に、SM89を用いて、人間の単語認識（word recognition）のシミュレーションが行われた。本章の目的に最も重要な観察結果は、トレーニング後に、このモデルが、インプットとアウトプット間の関係から得た知識を用いて、学習成果を読み方を習っていない単語にまで般化して用いることができたことである。すなわち、新規の文字列を提示されると、それに対する妥当な発音をつくり出すことができたのである。このことは子どもたちが、見たことのない新しい単語もどんどん読めるようになる成長になぞらえることができる（ただし、SM89が非語を読む能力は、成人の優れた読み手ほどはよくはないのだが；Besner, Twilley, McCann, & Seergobin, 1990）。

　SM89改良版がPlaut、McClelland、SeidenbergとPattterson（1996）によって提案された。Plautら（1996）は、この新モデルで、音素と書記素に相当する表象を採用し、旧モデルの般化の弱点（すなわち非語の読み）を克服しようとした。非語の読みではPlautら（1996）のモデルは成人並みの成績をあげ、SM89を凌駕した。子どもが明確な音韻表象（Snowling & Hulme, 1994）をもって読むとき、最も効果的に読みの学習が進むように、コネクショニストの枠組みでは、インプットとアウトプットの構造を明確にしてトレーニングすると、般化の成績が一層高くなることが見出されている（Harm & Seidenberg, 1999; Hulme, Quinlan, Bolt, & Snowling, 1995）。

　SM89の限界は意味を扱えないことにあった。そこで、Plautら（1996）は意味経路の活用によるモデルの改良を試みた。書記素と音韻をつなぐ音韻経路のほかに、Plautらのモデルでは、意味表象を介して書記素を音韻に対応させる意味経路を設定した。Plautらの意味ユニットは、単語の意味の符号化（単語に意味を付与する）は行ってはいない。意味経路は、音素ユニットの活性化をより強めるように働く。このモデルでの意味的な効果と音韻的な効果を合わせると、学習の効率が向上する。特に例外語（yachtのように、英語の発音規則に当てはまらないもの）の学習に効果があることが見出された。トレーニングの後半になると、2つの経路は高度に専門分化し、意味経路は主に例外語の読みに、音韻経路は文字と音の対応が規則的に一貫している単語（と非語）の発音に関わるようになると、Plautら（1996）は報告している。

　トライアングルモデル（Plaut et al., 1996）は、読みが発達する過程で、音韻と意味がどう関わり合っているのかとか、読みにおける個人差や障害を検討するための優れた枠組みである（Paut, 1997; Snowling & Hulme, 2006）。このモデルによると、読み学習の過程は、書記素と音韻の対応関係を形成すること（音韻経路）と、書記素と音韻を意味を介して対応付けること（意味経路）の2つの経路からなる。三角（書記素、音韻、意味）のそれぞれの表象システムにおいて、単語の文字の線、あるいは、単語の長音位置、有声性などの構音特

性といった一次的特徴（primitive features）に対して活性化が起こり、その活性化のパターンによって単語が認識される。コネクショニストの観点からすれば、読み習得とは、つづりと音、つづりと意味の対連合（あるいはマッピング（mapping））のパターンを紡ぎ出すことと考えられる。こう考えると、読みの発達を特定のフェーズやステージで捉える必要はなくなる。ただし、いろいろなレベルで"ネットワーク"のトレーニングが行われ、その結果がステージのように見えることはあるかもしれない。さらにいえば、そうしたシステムは、明確な規則などないのに、あたかも"規則にしたがっているかのような"ふるまいをするかもしれない。あとで詳しく述べるが、ディスレクシアを持つ子どもたちにおいては、音韻システムの弱さによって、音韻経路が充分に発達していないと思われる。

ディスレクシアにおける読みの障害のパターン

　上述した読みの発達のモデルでは、音韻スキルが読み習得に極めて重要であると考えられている。トライアングルモデルでは、読み習得とは、書記素と音韻のマッピング（対応）（mapping）を作り出すプロセス（音韻経路）であり、書記素を意味を介して音韻と結び付けるプロセス（意味経路）である。もしディスレクシアを持つ子どもが、音韻表象に問題を持つなら、明らかに音韻経路が障害されると想定されるが、それほどではないにしても、意味経路の発達も遅れるだろう（なぜならディスレクシアの音韻障害が、意味と音韻表象の結び付きを阻害すると考えられるからである）。

　臨床的には、英語話者のディスレクシアのある子どもたちの読みのパターンは、この知見と一致している。ディスレクシアの最初のサインの一つは、文字名と文字の音が覚えられないことである。文字学習とは、視覚的形態（文字）と新しい音韻形態（文字の名称や文字が表す音）を対応させる対連合学習と考えられる。対連合学習に関する膨大な研究からは、ディスレクシアの子どもの困難さは、言語的な対連合学習の問題、すなわち、音韻の学習の障害から起こるというエビデンスが次々に報告されている（Vellutino, 1979）。

　文字を学ぶ以上に、ディスレクシアの子にとっての大きな問題は、単語の読みである。単語の読みでは、文脈や意味を活用できない。単語の読みの困難さと比べると、文章の読みの問題の方がやや軽い。ディスレクシアの子どもは、言語理解力はよいので、文章を音読するのは非常に困難なのに、内容はよく理解できるということは珍しくない。彼らにとっては、読みの習得よりも、スペリングを覚える方がさらに一層難しい。読むときは、単語の部分的な手がかりがあれば、読めることもあるが（文字列を全部正確に把握していなくても、単語の一部分から読みを想起できることもある）、スペリングとなると、すべての文字と音の明確な情報がないと正しくつづれないからである。

　ディコーディングスキルを見る直接的な方法の一つは、非語の音読をさせることである。健常発達の7歳児なら、初めて見るpimやzotとつづられた非語を読むことには何の問題もないだろう。しかし、ディスレクシアを持つ子どもは、読み年齢が等しく生活年齢が低い子どもたちと比較すると、こうした非語の読み成績が劣っているのである（Rack, Snowling, & Olson, 1992）。Van IjzendoornとBus（1994）は、過去の研究のメタ分析を行い、非語

の読みの障害の効果量が中等度であると報告している（Cohen's *d* = 0.48；1,183人のデータに基づく）。（メタ分析の効果量の説明はBox 2.3参照のこと。）

小児のディスレクシアに複数のタイプがあるか

　これまではディスレクシアのある子どもたちの個人差には触れてこなかった。ディスレクシアのある子どもたちはすべて同じなのか、それともディスレクシアには異なるタイプがあるのだろうか？　ディスレクシアの子どもたちの困難さのパターンから、ディスレクシアをサブタイプに分ける試みがなされ、音韻失読と表層失読に分類されることが明らかにされてきた。

　音韻失読では、非語の読みが著しく困難になる。音韻失読を持つ子どもたちは"フォニック"を用いた読み方略（親密度の低い単語をつづりから一音ずつ音声化する）は極めて困難であるが、意味方略による単語の認識（親密度の高い単語の認識）は比較的ノーマル範囲に保たれている。表層失読はこれとは異なった読みのパターンを示す用語である。表層失読のある子どもたちは、非語は、音読速度は遅いが、そこそこ正確に読める。例外語（yachtのようにつづりと音の対応規則が適用できない単語）より、規則語（つづりと音の対応規則を用いてcamelのような単語を一音ずつ音声化して読むことができる単語）を読む方が容易である。表層失読を持つ子どもたちは、しばしば例外語に対して、つづり・音対応規則を用いて読もうとして、規則化エラーを起こす（Coltheart, Masterson, Byng, Prior, & Riddoch, 1983）。いいかえれば、表層失読は、あたかも、子どもたちは文字・音対応方略を使うようひたすら駆り立てられているかのように、音韻方略に過度に依存しすぎた読みのパターンともいえる。これらのサブタイプがどれくらいいるかを明らかにするために、様々な研究がなされてきた。CastlesとColtheart（1993）は、この分類を行う巧みな方法を考え出した。彼らは非語の音読が音韻的な読みのスキルの測定に、また、例外語の読みは語彙的読みのスキルを測定するのに使えると考えた（語彙的読みのスキルというのは、子どもが、すでに獲得して長期記憶に貯蔵されている単語の知識を用いるということである。例外語は、文字・音対応規則ではディコーディングできない。したがって、yachtという例外語はつづり全体を認識して、それに対する音を長期記憶から想起できなければ発音することはできない）。

　CastlesとColtheart（1993）は、回帰分析を行い、定型発達児集団において、非語の読みを例外語の読みから予測した。また、逆に、例外語の読みを非語の読みから予測することも行った。そして、定型発達児の結果を示す2つの散布図の上に、ディスレクシアの子どもたちのスコアを重ね合わせた。非語の読みが例外語の読みから予測されるより低く、かつ、例外語の読みが非語の読みから予測される範囲内に入るものは、音韻失読と分類された。反対に、例外語の読みが非語の読みから予測されるより低く、かつ、非語の読みが例外語の読みから予測される範囲内にあるものは表層失読と分類された。この枠組みで考えると、音韻失読を持つ子どもたちは、例外語の読みはよいのに、非語の読みが困難であり、表層失読を持つ子どもたちは、例外語の読みは困難であるが、非語の読みはよいことになる。

　しかし、この研究の大きな問題点は、定型発達児の読みスキルが、ディスレクシアのあ

Box 2.3　効果量とメタ分析

　定量的な研究からの知見を検討する際に重要なのは、それぞれ異なる効果の大きさを相対的にどう比較するかということである。これは統計における効果量のことであり、その基本的な考え方というのは極めてシンプルである。例えば、2つの都市の人口から抽出された男性の標本で得られた身長と体重を比較するとする。それぞれの都市に関して得られた数値は次のようなものである（A都市：平均身長175cm、平均体重91kg；B都市：平均身長173cm、平均体重71kg）。

　A都市の男性はB都市の男性より身長が高く、体重が重いということになる。問題はこれらの身長と体重に関する数値をどう比較したらよいかということだ。平均体重では20kg違うことと比べて、身長の2cmの差は小さいのか、それとも大きいのか、あるいは同じくらいだろうか。こうしたことを比較するには違いをそれぞれの測度におけるばらつきの程度との関係で示さなくてはならない。この場合のばらつきとは、測度ごとの標準偏差のことである。両都市の身長差を身長の標準偏差で割る（これはCohen's d と呼ばれるものである。標準偏差あるいは z 得点を単位とする効果の大きさ）。同様のことを体重に関しても行う。

　この例で身長の標準偏差を11cm、体重の標準偏差を19kgとする（これらの数字は英国の18歳成人男性の統計数値とほぼ同じである）。ばらつきと比較した身長の差は2/11=0.18（Cohen's d=0.18）、体重では20/19=1.05（Cohen's d=1.05）となる。これらの数値は2つの都市での男性の体重における差（標準偏差1.05個分）は、身長の差（標準偏差の0.18個分）よりはるかに大きいことを示している。

　Cohen (1988) は、心理学の分野の研究では、効果量0.2以下のものは小さい、0.5前後は中程度、0.8以上は大きいと判断されるとしている。心理学に携わるものにとっては、おそらく指標としてIQが最もなじみ深いものであろう。IQは平均100、標準偏差15となっている。Cohen's d で考えると、IQの3ポイントの異なりは小さい効果（d=3/15=0.20）で、8ポイントの異なりは中程度の効果があり（d=8/15=0.53）、12ポイントの異なりは大きい効果（d=12/15=0.8）と考えられる。

　効果量の示し方には他の方法もあるが、この本ではCohen's d を扱う。我々にとっては2つの群間の異なりが主な関心事であり、それに関してはCohen's d が最も明確で理解しやすいからである。統制群と障害群のパフォーマンスの平均レベルの差を検討するには特定の効果の大きさを表す効果量をよく用いる。

　効果量の特徴の一つは、メタ分析という手法で多数の異なる研究の情報を統合できることである。例えば、van IjzendoornとBus (1994) は、多くの研究がディスレクシアのある子どもの非語の読みを評価しているが、それぞれの研究で用いられている非語の読みの課題は異なると報告している。もしそれぞれの研究が、ディスレクシア群と統制群の非語の読みの平均値と標準偏差を示していれば、研究ごとに効果量を算出することができ、それらの効果量を平均すれば、一つの平均効果量を得ることができる。このように効果量を統合（通常は大きな標本に基づいた研究で得られた効果量の推定値にはより大きな重みづけを行う）することは、異なる研究の結果を統合する有力な方法である。

る子どもたちよりはるかによいことである（Snowling, Bryant, & Hulme, 1996）。この調査方法は、グループ効果の解釈に関して問題があると批判された。読みのアチーブメント（達成度）レベルの異なる子どもたちを比較すると、読み能力の優れたものと劣ったものとの群間の異なりが、読みの問題のそもそもの原因なのか、あるいは、読みの経験量の違いによる結果なのか判断しがたい。この問題を回避するために、ディスレクシアのある子どもたちを同年齢の定型発達児集団だけでなく、読み年齢を合わせた生活年齢の低い子どもたち（RA統制群）と比較することがよく行われる。

　CastlesとColtheart（1993）の研究の後に、2つの研究がディスレクシア児と生活年齢の低い読み年齢統制群とを比較する方法を用いてなされた（Manis, Seidenberg, Doi, McBride-Chang, & Petersen, 1996; Stanovich, Siegel, & Gottardo, 1997）。これらの研究では、ディスレクシアのサブタイプに関しては明確なエビデンスを得ることができなかった。Stanovichらは、ディスレクシアのある子ども68人中17人が音韻失読のパターンを示し、表層失読は1人だけだったと報告している。同様の結果がManisらによっても得られている。興味深いのは、両方の研究において、音韻失読と分類された子どもたちが音韻能力の顕著な障害を示していたことである。

　音韻失読や表層失読というサブタイプの用語に捉われない方がよいと思う。というのは、これらは読み障害の行動を描写しているにすぎず、それは時間経過とともに変化しうるものだからである（Manis & Bailey, 2001）。読みの障害のパターンは、読みの発達を支えるスキルの連続的なバリエーションによるものと考える方が妥当であるように思われる。GriffithsとSnowling（2002）が示したように、最重度の音韻の障害を持つものは、非語の読みも最重度に障害される傾向がある。表層失読として示されるパターンは、それとは対照的に、音韻の障害はかなり軽度である。軽度の音韻障害があると、活字に触れる経験が少なくなるが、"フォニックス"による読みの教育を受けることで、知らない単語でもなんとか苦心して一音ずつ音に変換しようとして表層失読のパターンを呈するのではないかと思われる。表層失読や音韻失読と"診断"する際には、学習していない（あるいは非語）単語の音読の読み方に注目する。ディスレクシアを持つ子どもたちは、年齢と比して単語認識力（word recognition）が弱く、不規則語（irregular）でも規則語（regular words）であっても難しい。非語の読みは、音韻経路の機能を見るためであり、ディスレクシアのある子どもたちの中に、かなり高い比率で、読みの全般的な能力から予測されるよりも、非語の読みがかなり劣るものがいることが明らかになっている。これらの子どもたちは、最も重度の音韻の障害を持っていると考えられる。

他の言語でのディスレクシア

　先にも述べたように、チェコ語やドイツ語では音・文字対応が規則的なので、音・文字対応が不規則な英語より、読みの習得は容易であることが示されてきた。とするなら、規則的な書記体系を持つ言語では、英語のように不規則な書記体系の言語より、ディスレクシアの問題は軽いことが予想される。こうした考えを支持する証拠が見出されている。ド

イツ語話者のディスレクシア児の音素意識の問題は、2年生までには克服される（Wimmer, 1996）とか、彼らは読みの速度は遅く、つづりの困難さはあるものの、読みの正確さの点では、同年齢の統制群に遜色ないということ（Landerl & Wimmer, 2000; Wimmer, 1996）が示されている。しかし、Caravolasら（2005）は、Wimmerらよりも感度の高い（より難易度の高い）音素意識の課題を用いて、ディスレクシアのある英語とチェコ語の子どもたちを比較し、その結果、チェコ語話者の子どもたちも英語話者の子どもたちも、話しことばの音素の操作能力に重度の問題があることを見出した。このことは、書記体系が規則的であろうと不規則であろうと、ディスレクシアを持つ子どもたちの中核的な問題は、音素を操作する能力の障害であることを示唆する（詳しくはCaravolas, 2005を参照のこと）。中国語では、音素レベルのスキルはあまり重要でないとされており、ディスレクシアに関しても、少し様相が異なる。とはいえ、ディスレクシアのある中国語話者の子どもたちは、速く呼称することに困難さを持つことが報告されており、注目すべきことである。中国語でのディスレクシアの症状は、漢字と音との結び付きを確立することが難しいことであるが、この学習は音韻を介して成立するのである。

発達性ディスレクシアの認知的説明

　定型的な読みの発達とディスレクシアのある子どもの読みの困難のパターンをもとに、ディスレクシアの認知的な原因を考えてみよう。単語の読み習得過程をトライアングルモデルで考えるとすると、もし読みに問題があるとするなら、モデルの中の3種の表象、すなわち、音韻表象（音）、正書法的表象（活字）、意味表象（意味）のいずれかがうまく生成されなかったり、これらの表象間を結び付ける経路の形成が妨げられることで起こると考えられる。これらの3つの表象システム（Fodorの用語を用いるとするならモジュール）は、すべて、徐々に発達が進む。音韻と意味システムは、ともに口頭言語の構成要素である。意味と音韻の2つのシステムと両者を結ぶリンクは、通常、小学校入学までにかなり発達が進む（第4章参照）。音韻システムによって、話しことばの音の構造を知覚し、発話する際には、単語の音の構造を正しく産生することができる。意味システムにより、耳にした語の意味へのアクセスが可能になり、適切な語を用いて表現することが可能になる。このように、この2つのシステムは、言語理解と表出に関わっている。モデルによっては、スピーチの知覚（speech perception）に関わる音韻システムとスピーチの産生に関わる音韻システムを分けているものもある。

　音韻システム・意味システムは誕生以来、相互に関連しながら徐々に発達していくが、それとは対照的に、文字システムは読み習得の結果としてようやく発達する。このシステムが発達するには、話しことばの言語音を語の視覚表象（文字）と対応させる能力が必要で、言語スキルだけでなく、文字の視覚的特徴に敏感で、文字列を個々の文字に分解する能力、それらはまとめて書記素分解スキル（graphemic parsing skills）と呼ばれるのだが、その基盤が整うことも必要である。

　現在までのところ、ディスレクシアに関して最も研究が進んだ有力な理論は、ディスレ

クシアが音韻の障害に由来するというものである。ディスレクシア音韻障害理論では、読みの困難さは、トライアングルモデルでの音韻経路の障害と考えている。この理論をもう少し詳しく見ることにしよう。他の理論はエビデンスが薄弱なので、ごく簡単に概観するだけにとどめることとする。

音韻の障害としてのディスレクシア

ディスレクシアの音韻障害理論をパス図で示す（図2.4参照）。読みの学習が始まる以前に、子どもには音韻の障害があり、それが読み障害を引き起こすという簡単な因果関係を示すものである。この理論は様々な形で洗練され、発展してゆく。この理論の骨子は以下のことである。

1　ディスレクシアになる子どもは、読み習得以前に音韻の障害を示す。
2　音韻の障害の重篤度が、読み障害の重篤度を予測する。

この理論では、読みの困難さを引き起こす最大の原因となるのは音韻の障害であり、それは持続すると考えられている。重要なのは、音韻の障害は、読めないことの結果として生じたのではなく、読めないことの原因であり、読みの習得以前に子どもたちはこの問題を持っているということである。これをやや拡張して模式的に示したのが図2.5である。

この図では、音韻の障害が、読み習得が始まる以前の早期の障害と、その後（後期）の音韻の障害との２種類が示されている。後期の音韻障害は、読み習得が始まる時期に子どもが抱えている音韻障害である。音韻の障害は、子どもの発達にともなって、様相は変化するが、読み習得が始まる時期まで持続する。読み習得に直接影響を与えるのは、読み習得開始時の音韻障害の状態（後期の音韻障害）である。読み習得の始まる以前の音韻障害は、やや姿をかえた後期の音韻障害として、読み習得に影響を与える。いいかえれば、初期の音韻障害は、後期の音韻障害を通して、間接的に読みに影響すると考えることができる（この媒介された関係というのは、統計的に示すことができるが、それは今の議論では重要ではない）。このことが意味することは極めて単純なことである。もし、子どもが発達の初期、読み習得開始以前に音韻の障害があっても、それが改善され解消するなら、何の問題もなく読みは発達するだろうということである（スピーチの困難さ（speech difficulties）が入学前まで

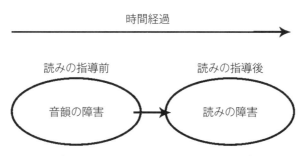

図2.4　ディスレクシアの中核的な原因を示すパスモデル

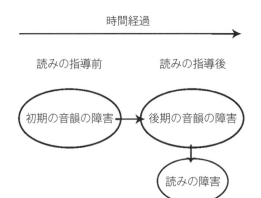

図2.5　ディスレクシアの原因を示す詳細なパスモデル

に改善した子どもたちがこのケースに当てはまると思われる。詳しくは第4章を参照のこと）。音韻障害がより重篤であると、読み習得開始時まで音韻の障害が持続し、たいていの場合、読みの問題が生じると考えられる。ディスレクシアには、読み習得以前に音韻障害を持っていた場合と読み習得以降の音韻の障害を示す両方のエビデンスが見出されているが、後者の方がはるかに多い。まずは後者の証拠を検討しよう。

ディスレクシア学齢児の音韻障害

　ディスレクシアの子どもたちの音韻障害のエビデンスを考える前に、繰り返しになるが、検討すべき価値があると思われる2、3の方法論上のことを取り上げる。研究対象児の選択のことである。まず第一に、これから概観する研究は、中等度から重度の読みの問題があるが、IQはノーマルである子どもたちを扱っているということである。何らかの認知的な問題が見出された場合、IQがノーマルであれば、全般的な認知レベルの影響を排除することができ、見出された問題がおそらく読みの問題の原因であろうと推測できるからである。第二点目としては、比較研究の対象についてである。多くの研究では、ディスレクシアの子どもたちを同年齢のノーマルIQを持った群と比較している（生活年齢（CA）マッチデザイン）。年齢が低く、読みスキルのレベルが同等の定型発達児群と比較する場合もある（読み年齢（RA）マッチデザイン）。こうした方法をとる論理的根拠は、ある課題におけるディスレクシア児群の成績が、年齢が低く読み年齢が等しい群（RAマッチ群）より劣る場合、その違いは読み能力や読みの経験では説明できない別の原因によると考えられ、読み能力や読みの経験の影響を排除できるということにある。研究課題が、読みによって発達が促進される可能性があるスキルに関わる場合、このことはとりわけ重要性を持つし、先に検討したように、音韻スキルと読みのスキルは相互関連を持つことを考慮するなら、音韻能力に関するほとんどすべての尺度に当てはまるのである。ディスレクシアにおける音韻の障害のエビデンスを考えるには、音韻のスキルを2つの項目に分けて考えるのがよいだろう。すなわち音韻意識（phonological awareness）と音韻処理（phonological processing）である。文献ではこの違いは、明示的音韻能力（explicit phonology）と非明示的音韻能力（implicit phonology）として扱われてきた。

ディスレクシアにおける音韻意識（phonological awareness）

　音韻意識の課題は、話しことばの音の構造についての明示的判断能力を評価するものである。ディスレクシアの子どもたちがこれらの課題で劣ることを示した初期の研究にBradleyとBryant（1978）の研究がある。彼らはディスレクシアのある12歳児群と読み年齢をマッチさせた年齢の低い群を比較した。子どもたちは4語を連続して聞いて、他の3語と韻を踏まないもの、あるいは、語頭音の異なるものを1語選択するよう求められた。ディスレクシア群は、読み年齢統制群より課題の成績が劣り、また、ターゲット語と韻を踏む単語を想起する課題においても劣っていた。それに続く研究では、ディスレクシアのある小児・成人は読み年齢統制群より音韻意識課題において劣ることが確認された（Bruck, 1990; Manis, Custodio, & Szeszulski, 1993）。

　先に述べたように、定型発達児では、音素意識がライムのようなより大きい音韻単位の意識よりも、読みとはるかに強く関係していることを示すエビデンスがある。したがって、ディスレクシアの子どもたちは、ライム意識より音素意識の課題により重篤な障害を示すことが予測され、実際そうであることが確認されている。SwanとGoswamiは、ディスレクシア児と生活年齢マッチ群、読み年齢マッチ群を比較した（1997a）。ディスレクシア群は、音節分解課題とオンセット－ライムが同じものを判別する課題において、CA統制群より劣ったが、RA統制群とは同等の結果を示した。しかし、音素意識課題ではRA統制群より有意に劣る結果を示した。同様のことはWindfuhrとSnowling（2001）によっても見出されている。したがって、ディスレクシアを持つ子どもたちにとっても、定型発達児と同様に、話しことばを音素レベルで分析できる能力が、読み習得能力と特に密接な関わりを持つと考えられる。

ディスレクシアにおける音韻処理（phonological processing）

　音韻処理（phonological processing）課題とは、スピーチでの反応を求める課題である。この課題では、必ずしも話しことばの構造の意識は必要とはしない。よく使われる課題としては、単語や非語の復唱、絵の呼称、単語リストの記憶などであり、ディスレクシアの子どもたちはこうした課題に困難を示す。

非語の復唱

　子どもの音韻能力を調べる最も簡単な方法は、聞いた単語や非語を復唱させることである。Snowling（1981）は多音節語（例　pedestrian, magnificent）とそれらから派生させた非語（例　kebestrian, bagmivishent）の復唱課題を用いて、ディスレクシア群と生活年齢では約4歳低い読み年齢マッチ群（RA群）を比較した。ディスレクシア群は、単語の復唱には問題がないが、非語の復唱でRA群に劣った。

　それを発展させた研究で、Snowling, Goulandris, BowlbyとHowell（1986）は、非語、低頻度語、高頻度語の復唱をディスレクシア群、CA統制群、RA統制群で比較した。知覚の要因の影響度を確認するため、単語と非語は様々なレベルのノイズ（マスキングノイズ）とともに提示された。ディスレクシア群もCA統制群、RA統制群のいずれも、マスキング

ノイズの影響は同程度で、復唱の結果の異なりは知覚の影響を受けているわけではないことが示された。最も重要な知見は、ディスレクシア群は、CA統制群とRA統制群より、非語の復唱成績が劣ったことである。低頻度語の結果は、ディスレクシア群は、CA統制群より劣り、RA統制群と近似していた。

　上記のことを狭く解釈するなら、ディスレクシア児は新しい語を構音するための発話運動プログラムに困難があると考えられる（Hulme & Snowling, 1992を参照のこと）。より広く解釈するなら、非語の復唱課題に見られる発話産生の困難さは、ディスレクシア児の広汎な問題を説明する上で極めて重要であると考えられる。定型発達児においては、非語の復唱能力は、語彙獲得の優れた指標であることが明らかにされている（Baddeley, Gathercole, & Papagno, 1998）。また、外国語学習の指標であることも報告されている（Service, 1992）。臨床的には、ディスレクシア児は、珍しい単語（unusual words）を誤って発音することが多く、語想起の問題があり、なかなか適切な語を想起することができず、言おうとした単語と音の似ている単語に言い誤ることがある（malapropisms）ことなどがよく知られている。また、ディスレクシア児者の多くは、外国語の学習が困難である。非語の復唱の問題の根底にある語音産生の問題は、表出語彙の習得を遅らせるだろう。疫学的調査（population surveys）では、読みの困難さのある子どもは、話し始めが遅いということが、一貫して、見出されている。これらの問題は、記憶内に貯蔵されている単語の音韻表象を損ない、そのことが呼称の困難さを生み出すと想定される。そのことについて、次に述べる。

呼称の困難さ

　呼称（confrontation naming）は、絵を見てその名称をいわせるものであるが、子どもの言語能力を評価する簡便な方法である。Snowling、van WagtendonkとStafford（1988）は、11歳のディスレクシアの子どもに呼称のテストを行い、同年齢群と生活年齢は低いが読み年齢が同等の対照群の成績と比較した。ディスレクシア群の成績は、同年齢群より低く、読み年齢統制群とほぼ同等であった。次の研究では、ディスレクシア群の一人ひとりを、単語を聞いて語義を定義する能力が同等の定型発達児とマッチングさせた。語義の定義能力は、語彙サイズの指標と考えられる。研究では、子どもたちに2つの課題を与えた。呼称と、単語を聞いて、その語に対応する絵を選択する課題である。この2つの課題は、相互に密接に関連してはいるが、語彙の別々の側面を測っている。呼称は、表出語彙の尺度であり（いくつ表出できるか）、絵の選択は理解語彙の尺度である。結果は極めて明快で、ディスレクシア児は、呼称（表出語彙）で障害があり、単語と絵のマッチング（理解語彙）では定型発達児と同等の成績であった。

　こうしたディスレクシアの呼称の問題は、彼らは記憶内に適切な意味情報（単語の意味）の表象は持っているが、音韻情報（単語の音）の表象が損なわれていることを示している。SwanとGoswami（1997b）もこれと一致する結果を報告している。彼らの研究では、ディスレクシア群と読み年齢統制群と生活年齢統制群を対象に、難易度の高い呼称課題を行っている。ディスレクシア群は、読み年齢統制群より成績が悪く、IQが低く読み能力も低い群とほぼ同じ成績であった。しかし、重要なことは、ディスレクシア群は絵の呼称はで

きなくても、ほとんどの語を定義でき、彼らの単語の意味表象は正常に機能していることが示されたことである。

　RAN課題（rapid automatized naming）（Denckla & Rudel, 1976）を用いて呼称の問題を調べることもできる。DencklaとRudelは、子どもたちに50個（横10×縦5に並んだ）の文字、数字、色を記したカードを提示して、できるだけ速く呼称することを求めた。この研究は、ディスレクシアのある子どもたちは総じて、同年齢の定型発達児より反応が遅く（Wolf & Bowers, 1999）、その問題は成人期にまで続くこと（Pennington, van Orden, Smith, Green, & Haith, 1990）を明らかにした。この研究以後行われた多くの同じ趣旨の研究でも、同様の結果が見出されている。これらRAN課題で示されるディスレクシア児の障害の本質は何か、それは理論的にどう説明されるのかについて、近年多くの研究がなされている。

　極めてシンプルに考えれば、RAN課題での呼称速度が遅いということは、低頻度語でかつ語長の長い語の呼称ができないということとともに考え合わせれば、音韻表象の障害という根本的な障害を示すものと考えられる（Snowling & Hulme, 1994; Wagner, Torgesen, & Rashotte, 1994）。長期記憶内での語の音韻表象の貯蔵が非効率的であれば、想起に時間がかかると推測される。一方で、RANで示される障害はタイミングに関わるメカニズムの障害の表れと考える学者もいる（Wolf & Bowers, 1999）。もちろんそれ以外の可能性もある。例えば、RAN課題には、素早い構音運動と注意の持続が必要で、読みの問題のある子どもはこの両者が弱いのかもしれない、というような。ここでは、RANを用いた研究は、極めてシンプルな課題ながら、ディスレクシアの根底にある音韻障害のエビデンスを提示しているということを述べるにとどめておこう。

短期記憶

　ディスレクシアのある子どもたちは、視覚的記憶はノーマルであるが、言語性の短期記憶が弱いということは様々な研究で示されてきた（Hulme, 1981; Shankweiler, Liberman, Mark, Fowler, & Fischer, 1979）。よく使われる言語性短期記憶の課題としては、複数の単語を聞いて順番どおりに復唱するものがある。この課題は明らかにスピーチの知覚（speech perception）と産生のメカニズムに関わるもので、この課題の遂行には、音韻コード（phonological code）への変換が必要とされる（Crowder, 1978）。音韻のコード化が記憶に関わっていることは、単語同士の音が似ている場合の方が、音の似ていない単語の組合せより、記憶の成績が悪い（音韻の類似性効果（the phonological similarity effect）; Conrad, 1964）ことや、語長の短い単語よりも長い単語の組合せの方が記憶しにくい（語長効果; Baddeley, Thompson, & Buchanan, 1975）ことなどに見てとることができる。ディスレクシアのある子どもたちも、定型発達児たちと同様に、音韻コードを活用しようとはするが、それがうまく機能しないようである（Hall, Ewing, Tinzmann, & Wilson, 1981; Johnston, Rugg, & Scott, 1987）。

　短期記憶における語長効果はとても特異的な形で見られる。単語が長ければ構音するのに時間がかかる。単語を構音するスピードと単語の記憶との間には強い相関がある（Baddeleyら, 1975）。発達的には、短期記憶のパフォーマンスと構音速度は平行して、ともに、加齢にともなって増加する（一秒間により多くの語を構音できるほど、再生できる語数も増え

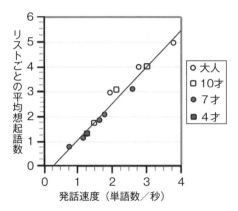

図2.6　発達にともなう発話速度と記憶容量の関係
各年齢群ごとに3つの印によって1音節語、2音節語、3音節語の結果を示している。(*Journal of Experimental Child Psychology*, 38に掲載のHulme, C., Thompson, N., Muir, C., and Lawrence, A. L. Speech rate and the development of short term memory span, pp. 241-253, (1984). Elsevierの許可を得て転載)

る)。図2. 6は成人と4歳から11歳の子どもたちの実験結果を示したものである（Hulme, Thomson, Muir, & Lawrence, 1984）。その研究では、協力者は、子ども向けの本の挿絵から選択された1音節語、2音節語、3音節語の単語リストを記憶するように求められた。また、同じ単語リストをできるだけ早く音読するように求められた。その結果、再生された単語数が単語の長さが異なるとどうなるかということと、年齢によって記憶課題の結果がどう異なるのかということは、ともに、明らかに、構音速度の違いに平行することが見出された（語長が短ければ、構音時間が短く、1秒で再生される単語数は語長の長い単語より多くなる。年齢にともなって、構音速度は増すので、再生される語数は増える）。ということは、発話産生の過程と短期記憶の過程には密接な関連があるということを示している。

　McDougall、Hulme、EllisとMonk（1994）は、この語長と構音速度の関係を用いて、読み能力に差のある子どもたちに見られる記憶力の差の原因を探ろうとした。この研究では、厳密な意味でディスレクシアの子どもを対象としているわけではないが、読み能力に大きな開きのある多数の協力者（90人）を対象としている。対象となった子どもたちは、読み能力により3群に分けられた。読み能力が低い群は、ディスレクシアほど重篤ではないが、ディスレクシアと極めて類似した問題のあるものが選択された。その結果（図2. 7参照）は、極めて明解なものである。読み能力の低いものは、平均的読み能力群、あるいは、読み能力優秀群より、記憶容量が低かった（記憶容量とは、この実験では、協力児が正確に再生できた単語数で評価している）。そして、各群間の記憶容量の異なりは、まさに発話速度に平行した結果で、群間の発話速度の変数を統計的に統制すると、記憶容量の異なりは取り除かれる。

　語長、発話速度、記憶パフォーマンスの関係についての理論的な解釈については、目下様々な議論がなされている。単語をより速く構音できるものは、その単語のより発達した音韻表象を備えているのではないかという意見は考慮に値するだろう。McDougallら（1994）が見出した結果は、読み能力の低い子どもたちは短期記憶の問題を持ち、それは

第2章　読み障害Ⅰ：発達性ディスレクシア

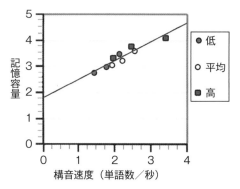

図2.7 読み能力が低い児・平均的な児・高い児における発話速度と記憶容量の関係
(*Journal of Experimental Child Psychology*, 58に掲載のMcDougall, S., Hulme, C., Ellis, A.W., and Monk, A. Learning to read: The role of short-term memory and phonological skills, p. 120 (1994). Elsevierの許可を得て転載)

発話処理メカニズム（構音速度の遅さで示される）と極めて密接に関係するということを示している。すなわち、ディスレクシアを持つ子どもたちは、音韻コードの操作が遅く、それが発話産生のメカニズムと関係し、その結果、発話速度が遅くなるのかもしれない。

音韻的対連合学習

　ディスレクシアのある子どもたちが呼称の問題を持つことはすでに述べてきた。呼称というのは、視覚的刺激（目にするモノ）に対して、記憶からそのモノの名前を想起することである。呼称の障害は、ディスレクシアのある子どもたちにおいては、この想起の過程が効率的でないということを示している。

　この問題は、新規の名称を学習する過程として別の角度から見ることもできる。モノの名前の学習は、視覚と聴覚の対連合学習である。対連合学習では、特定の刺激（絵）と特定の反応（名称）との結び付きを学習する。多くの実験から、ディスレクシアを持つ子どもは、言語反応を求められる視覚・聴覚の対連合学習は困難であるが、2つの視覚刺激を結び付ける視覚・視覚の対連合学習は問題がないことが明らかにされている（Vellutino, Scanlon, & Spearing, 1995）。ディスレクシアのある子どもたちは、珍妙な名前と珍しい動物（Wimmer, Mayringer, & Landerl, 1998）や抽象的な形（Windfuhr, 1998）を結び付けることも苦手であることが明らかになっている。こうした言語性の対連合学習（視覚・聴覚）の困難さは、ディスレクシアのある子どもたちの抱える音韻表象の問題とみることもできるかもしれない。しかしながら、Hulme、Goetz、Gooch、AdamsとSnowling（2007）は、多数の定型発達児を対象とした研究で、視覚－音韻の対連合学習と音韻意識は、読みスキルの予測変数として、統計的にそれぞれ独立して関与することを明らかにした。ということは、音韻的な学習（phonological learning）には、単に音韻スキルだけでなく他の要素が関わるということを示唆している。

音韻障害は読みの発達以前に存在するのか

　ディスレクシアのある子どもたちは、音韻の障害を読み習得開始以前にすでに持っている（したがって、読み障害の結果、音韻障害が生じるのではない）。家族性の読み障害のリスク児の縦断研究から、このことが明らかにされている。リスク児縦断研究の先陣を切った研究では、Scarborough（1990）が34名のリスク児について報告している。リスク児32名のうち20名は、長じて読みの障害を持ち、残りの12名はノーマルな読み能力を発達させた。読み障害を持つようになったリスク児は、2歳半のときに、自発話で発音の問題があり、3歳で、理解語彙と物品呼称の問題があり、就学前の5歳では、文字知識、音素意識、物品呼称に問題があった。この研究は、ディスレクシアのある子どもたちには、読みの学習の始まる前、プレスクールの期間に、音韻の問題の他に、広範な言語（language）の弱さ（発話の短さや構文の複雑さに欠けることなど）があることを示している。

　同様の知見が他の多くの研究で集積されてきている。PenningftonとLefly（2001）は、極めてリスクが高いと思われる67名とリスクが低いと想定される対照群の57名を、キンダーガーテン入園前の5歳から2年生の夏まで追跡調査した。その結果、ディスレクシアのある家族がいる場合、ディスレクシアになるリスクが増大することを見出した。ハイリスク群の34％が2年生で"読み障害（reading disabled）"と診断されたが、一方、低リスク群（対照群）では読み障害があったのは6％にすぎなかった。読み障害の児童は、スピーチの知覚、言語性短期記憶、RAN、音韻意識課題において、対照群およびハイリスク群の中で障害を発症しなかった児童と比較して劣っていた。

　同様の結果がSnowling、GallagherとFrith（2003）によっても報告されている。彼らは読み困難（reading difficulties）のハイリスク児56名を、4歳の誕生日直前から8歳まで追跡調査している。ディスレクシアになった児童は、3歳9か月時点で言語発達に遅れを示し（Gallagher, Frith, & Snowling, 2000）、物品呼称、文字知識および非語復唱に弱さが認められた。6歳でも依然として話しことばで言語の障害（language impairments）があり、音韻意識の発達が遅れていた。対照的に、ハイリスク群でありながら障害を発症しなかった児童は、口頭言語の検査（oral language tests）では対照群と同等の成績であった。Hindsonら（2005）も同様に、家族性のディスレクシアのリスクを持つ者、持たない者両者の、就学前の時点での認知、言語、プレリテラシー能力を比較した。リスク児は、音素意識、韻の意識（rhyme awareness）、文字知識、言語性記憶、構音速度、語彙知識という広範な音韻と言語の尺度において低い成績を示した。

　ディスレクシアのある子どもは、読みの習得開始前に、すでに音韻の障害を持っていると結論付けてもよいだろう。研究室での知見とは対照的に、ディスレクシアのリスクのある家族標本の子どもたちは、プレスクール期に音韻面だけではない広範な言語の弱さを示す。おそらく家族標本では、口頭言語で観察される困難さの背景に未熟な音韻スキルがあり、それが読みの発達を阻害すると考えられる。このモデルでは、音韻障害は読みの問題を引き起こす媒介役（mediators）として機能していることを示している（図2.8）。

第2章 読み障害Ⅰ：発達性ディスレクシア

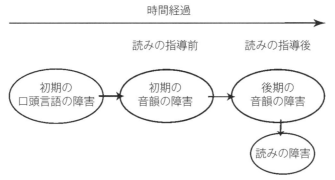

図2.8 音韻の障害が媒介となり読みの困難を引き起こすことを示すパス図

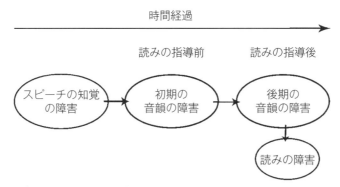

図2.9 スピーチの知覚の障害が読みの問題の進展の原因となる可能性を示すパス図

音韻障害はスピーチの知覚の障害の産物なのか？

これまでのところ、ディスレクシアを持つ子どもは音韻（スピーチ処理）スキルが関わる様々な課題で劣ることが示されてきた。こうした音韻的な問題はスピーチの知覚ではなくて、音声の産生の問題を反映したものではないかと議論されてきた。しかしながら、知覚と産生（プロダクション）を分けて考えることは難しいし、知覚にわずかでも問題があれば、産生（プロダクション）に影響するだろう。スピーチの知覚に問題があれば、音韻表象の形成が妨げられる可能性が推測される。その理論を図2.9に示す。この理論によると、スピーチの知覚の問題が音韻障害を引き起こし、それが媒介となって、読み障害を引き起こすと考えられている。しかし、学齢児のディスレクシアを持つ児童のスピーチの知覚に関する研究は多くなされているが、この因果関係を支持するエビデンスは極めて乏しい。

スピーチは異なる大きさの単位に分析することができる。単語の意味の異なりをもたらす最小の単位は音素である。例えば、*pin*や*bin*の2語は最初の音素が異なっており、その語頭の音素は/p/と/b/である。原子がより小さな単位から構成されていると考えられるように、音素はより小さいパーツからなると考えられている。pinやbinの語頭の音素（あるいは阻害音）/p/と/b/は、ただ一つの音声学的素性が異なるだけである。/p/と/b/の場合、その素性とはヴォイスオンセットタイム（VOT）である。VOTとは、口唇の閉鎖と声帯振動開始までの時間である（pinやbinと発音してみれば、sinの/s/と/p/、あるいは/b/より、

/p/と/b/の方が似ていると直感的に感じられるだろう．/s/は摩擦音という異なる音の類に属している）．音声的な特徴は、音を産生するときの構音動作によって決まり、構音動作が異なれば、音響的な異なりが生じる。

自然発話は複雑で、その特性を実験的にコントロールすることは難しいので、スピーチの知覚の研究では、合成音声、あるいはコンピューターで生成した音声が用いられることが多い。コンピューターで生成した音声は、スピーチの特性を正確に復元可能な方法で操作することが可能である。/p/と/b/はVOTが異なる。実際の発話では、VOTにはバリエーションがある。子音は母音なしでは産生も知覚もされない。そこで、子音の弁別判断をするときは、子音を母音と組み合わせた音節を用いる。例えば、/p/と/b/を比較するには、人工的に合成した音節/ba/と/pa/（発音は*bah*、*pah*）を用いる。この2つの音のペアで、VOTを少しずつ連続的に変化させてみる。我々は、こうした連続的に徐々に変化する刺激を聞くと、この音は/pa/よりも、より/ba/に近いというように、/p/と/b/の間を少しずつ変化する音とは聞き取ることをせず、/pa/か/ba/かのどちらかに聞き取るのである（図2.10）。こうした現象は、カテゴリー知覚（categorical perception）と呼ばれる（我々は音をAかBかで聞き取り、A内の、あるいはB内の、微妙な音の異なりにはあまり注意を払わないのである）。これによって、スピーチの知覚モジュールでは、曖昧性を排除して単語が認識できるのである）。

合成音声と自然音声の刺激を用いて、ディスレクシアのある子どもの知覚を調べた研究からは、ディスレクシアのある子どもは、スピーチの知覚に軽度の問題があるというエビデンスが出されている（Chiappe, Chiappe, & Siegel, 2001; de Weirdt, 1988; Reed, 1989）。しかし、ディスレクシア児すべてにスピーチの知覚障害があるのではなく、スピーチの知覚障害のあるサブグループが存在するというエビデンスが蓄積されてきている。Manisら（1997）は、破裂音（/b/ /p/）の合成音声を用いて、ディスレクシアのある12歳児たちの知覚を調べた。

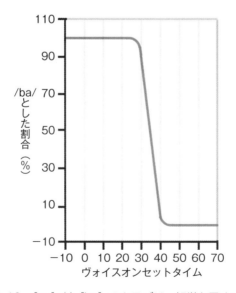

図2.10 ［pa］対［ba］のカテゴリー知覚を示すグラフ

その結果、総じて、ディスレクシアのある子どもたちはエラーが多く、曖昧性のない明瞭な/p/であっても/b/と同定したり、その逆に/b/を/p/と同定する傾向が認められた。このことは、スピーチの知覚そのものの問題というより、それぞれ異なる刺激と適切なラベルを対応付けることの困難さが原因ではないかと推測された。Manisらは、さらに、ディスレクシアのある子どもたちのうち、スピーチの知覚の問題があったのは25名中7名で、これらの子どもたちは重度の音素意識の困難さを示した、と報告している。

　AdlardとHazan（1998）は、ディスレクシアのある子ども13名中4名は、読み年齢（RA）統制群（生活年齢ではディスレクシア群より低くなる）と比較すると、自然発話の弁別課題で重篤な問題があり、合成音声での同定課題（sue‐zoo）にも困難があることを見出した。この研究の対象となったディスレクシアのある子どもたちは、非語の音読課題の成績が最も低く、なかでも2名は非語の復唱が著しく困難であり、彼らの音韻の問題は、極めて重度であったと考えられる。Masterson、HazanとWijayatilake（1995）らの研究も、同様のことを示している。

　一方、Joanises、Manis、KeatingとSeidenberg（2000）らの研究は、上記のこととはいささか異なる結論を導き出した。彼らの研究では、読みの困難さ（reading difficulties）のある137名に対して、VOT（dug‐tug）と構音点（spy‐sky）が異なる音の音素同定課題を行った。驚くべきことに、読みに劣る（poor readers）群は全体として見ると、これらのスピーチの知覚課題の結果では、生活年齢統制群（CA）と同等の成績であり、最も重度の音韻の問題を持つ読み困難（poor readers）児が、最低の成績でもなかった。読み障害群の中の一部のサブグループの9名は、音素同定課題の結果が、読み年齢統制群（RA）より低かった。彼らは、言語全般にわたる障害をあわせ持つディスレクシア児（"language‐impaired" dyslexics）と考えられ、語彙の乏しさと単語の構造についてのテスト（文法スキルを評価するもの）の成績が低かった。重回帰分析の結果、ディスレクシアのある子どもたちの中では、単語構造のテスト（形態素を評価する）の成績はスピーチの知覚（音素同定）の強力な予測因子であるが、音韻スキル（音素削除や非語の音読）はスピーチの知覚を予測しないということが明らかになった。この研究の知見は、ディスレクシアのある子どもたちの一部に見られるスピーチの知覚の問題は、音韻の問題に関係しているというより、より広範な口頭言語の障害（ディスレクシアのある子どもたちのごく少数に見られるのだが）に関係する可能性を示唆している。

　こうした研究で用いられる難易度の高い弁別課題や施行数の多い実験課題は、子どもたちにとっては注意の負荷が高いということを強調しておく必要があるだろう。知覚の能力はよくても、注意の持続が難しいためにそうした課題の成績が悪くなるということも考えられる。スピーチの知覚を調べるもっとよい方法としてgating task（Grosjean, 1980）がある。子どもたちは徐々に長くなる単語の一部を聞き（*訳注：語頭から30msec、60msec、90msecのように徐々に聞かせる部分を長くして（t‐tr‐tre‐tress‐tresp‐trespaのように）、単語を推測させる課題）、どんな単語か答えるものである。通常は刺激語全部を聞かずとも、どんな単語か同定することができるし、親密度が高い（したがって高頻度の）単語は、より容易に同定できる。ディスレクシアのある子どもは、このgating taskで、同年齢の対

照群と同等の成績を示すことがいくつかの研究で報告されている（Elliot, Scholl, Grant, & Hammer, 1990; Griffiths, & Snowling, 2001）。しかし、より複雑な結果がBrunoらによって報告されている（2007）。彼らはgating taskをディスレクシアのある子どもと同年齢の統制群に施行した。先行研究同様、gating taskの正確さでは、両群に異なりは見出されなかった。しかし、ターゲット語と同じ音声的カテゴリーの音（鼻音、側音、あるいは破裂音など）で終わる単語の回答数を分析したところ、ディスレクシアのある子どもたちは、同年齢の対照群より少なかった。ターゲット語の語尾音と同じ音声的カテゴリーの音で回答するということは、対照群の方が、単語の発音に含まれる同時調音からの情報を活用して、語尾の子音を推測する能力に優れているということであろうと彼らは考察している（同時調音とは、母音は後続の子音によって若干構音の仕方が異なることをいう。*訳注：同じ母音の/a/であっても/kaki/（柿）と/kani/（蟹）の/a/はそれぞれ後続の/k/（無声・軟口蓋破裂音）と/n/（有声・歯茎鼻音）の影響を受けて、構音の仕方や音声的特徴が若干異なる）。回帰分析の結果、音素と音節削除の測度は、音声的に同じカテゴリーでの反応スコア（category gating scores）と関連があった。しかし、音素・音韻削除の効果を説明しようとしたときには、gatingは読み能力の予測因子ではなかった。ディスレクシアのある子どもたちは、単語の音韻表象に弱さがあり、そのために、gating taskで適切な音声のカテゴリーでの反応ができないという説を支持するものであると考えられている。

　こうした研究からは、今のところディスレクシアのある子どもたちのスピーチの知覚の問題は、非語の復唱や呼称のような音韻のアウトプットの課題で見られる程には顕著ではないようだ。最近、スピーチの知覚の困難さこそが、ディスレクシアの原因ではないかという仮説がSerniclaes、Van Heghe、Mousty、CarréとSprenger-Charolles（2004）によって提唱された。彼らはディスレクシアのある子どもたちは"allophonic mode of speech perception"を示すと主張している。異音（allophones）とは、音声学的には異なるが、同一の音素として分類される変異形である。ノーマルなリスナーは、異音間の異なりにはあまり関心を示さないが、異なる音素間の違いには極めて敏感である。Serniclaesらは、ディスレクシアのある子どもたちは、異音には敏感だが、音素境界を超える異なりに関して、逆に感度が鈍る可能性を指摘した。

　この考えを検証するために、彼らは9歳のディスレクシアのある子ども18名と、同年齢の定型発達の子どもを比較した。VOTの異なる音節のペアを聞かせ、2つの音の異同弁別を行った。ペアごとに2音のVOTの差の大きさをいろいろに変化させた。2音のVOTの差がほんのわずかなペアもあれば、大きく異なるペアもある。定型発達の子どもたちでは、音素境界をまたぐ音節のペアに対しては、異なるという反応が増加することが予想されたし、実際の結果も予想どおりであった。対照的に、ディスレクシアのある子どもたちは、音素境界をまたいだ音節のペアとそうでないペア間での著しい違いは認められなかった。そのことはディスレクシアのある子どもたちは、音素境界での感度が低く、一方、定型発達児が鈍感な同一の音素内のわずかな異なりに対して反応することを示唆している。とはいえ、音節の弁別課題の成績はどの群でも全体的にとても低かったので、課題の難易度が協力者全員（成人の協力者にとっても）にとって高すぎた可能性がある。

要約すると、ディスレクシアのある子どものスピーチの知覚の問題は、他の音韻の問題よりは軽度であり、ディスレクシアのある子どもたちのうち、ごく少数のものに、スピーチの知覚の障害があると思われる。ほとんどの研究では、ディスレクシアのある子どもたちの中で、スピーチの知覚の障害のあるものと、そうでないものとがどう区別されるかについて述べられていない。しかし、Joanisseらの研究では、読み困難（reading difficulties）のある子どもたちの中で、スピーチの知覚の問題のある子どもたちはごく少数で、それはより広範な口頭言語（oral language）の問題の現れであることが示されている（とするなら、ディスレクシアのある子どもたちの大半においては、スピーチの知覚の問題は音韻障害や読み障害の原因ではないということになる。ただし、ディスレクシアのある子どもたちの中で、より広範な（音韻が関与しないものも含まれる）言語の問題を持つサブグループにおいては、スピーチの知覚の問題が音韻の障害と関係している可能性もある）。この問題を明らかにするためには、種々の口頭言語のスキルについて、より広範で包括的な評価を用いて、障害間の関係性が、成長にともなって変化するかどうか、縦断的に追跡する研究が切実に望まれる。

　その目的に向かって一歩を進めた研究がBoadaとPennington（2006）によってなされた。彼らはディスレクシアのsegmental hypothesisの検証を試みた。Segmental hypothesis（Fowler, 1991）（*訳注：発達の過程で、句、語、音節、音素など様々な大きさの音韻表象が形成されること）によれば、読みの問題はあいまいな音韻表象にその原因を求めることができ、その不明確な音韻表象が、読みの発達を妨げるというのである。我々もその見解に同意する（Snowling, 2000; Snowling & Hulme, 1994）。この仮説を検証するために、BoadaとPennington（2006）は、ディスレクシアの非明示的な（implicit）音韻処理能力を評価する3種の課題を用いた。それと合わせてスピーチの知覚、明示的な（explicit）音韻意識、非語の復唱、色と物品のRANの課題を行った。さらに、言語障害をあわせ持つディスレクシア児は、より重篤な障害、特に重度のスピーチの知覚の障害を持つと想定し、その仮説を検証するために、ディスレクシアのみがある群（RD）と保護者からの報告に基づいて、スピーチと言語の障害をあわせ持っていた生育歴のあるディスレクシア児（RD＋LD）を対象として加えた（ただし、このような2群は言語パフォーマンスに共通する部分があるので理想的とはいえない）。

　読み障害の2群（RD群、RD＋LD群）を、動作性IQ、性別、社会経済状況をマッチさせた同年齢群（CA統制群）と読み年齢統制群（定型発達の年齢の低い群（RA統制群））と比較した。ADHDの兆候も保護者の報告から評価した。

　非明示的な（implicit）音韻処理の評価は3課題であった。おそらく最も明瞭な結果をもたらすと想定された音節の類似性判断課題（similarity task）では、子どもに3語1組の単語を聞かせた。3語のうち2語は同じ語頭音素（busとbunのように）を持ち、また別の2語は音節構造を同じくする（bisとdisのように）。この3語はどれも小さなおもちゃの動物の名前として示され、子どもはこれらの名前を覚えさせられた。練習試行では、子どもはおもちゃとともに呈示された名前を復唱し、学習試行では名前がいわれたら、それに対応するものを指さしして（例　どれが"dis"ですか？）動物と名称の対応が学習できたかを確認した。練習と学習は交互に6回行われ、あらかじめ定められた学習基準に達した子ども

は、次の2分間、文字や数字の呼称課題を行い、さらにその30秒後に、再度、動物の名前が尋ねられた。

非明示的な（implicit）音韻課題のいずれにおいても、RD群とRD＋LD群には差が認められなかった。学習試行でのエラータイプの比率（共通の音節構造を持つ単語での誤答数に対する共通の語頭音を持つ単語での誤答数の比率）は興味あるものであった。単語を分節化して、分節化された部分表象（segmental memory representation）を記憶するという観点からすると、音節構造を同じくする誤答より、ターゲット語と同じ語頭音素を共有する誤答の方が、より小さなセグメントに分節化できており、より成熟していると考えることができる（Treiman & Breaux, 1982）。実際のところ、RD群はCA統制群より、音素エラーより音節エラーの方が多かった。RA統制群とCA統制群の比較では、RA統制群の方が未熟であった。RA統制群は、学習試行での誤答数は音節エラー・音素エラーともほぼ同じであったが、学習が進むとRA統制群は、RD群よりも音素エラーが多くなり、音素意識が発達したと考えられた。

他の研究の結果とこれらの知見を合わせて考えてみると、ディスレクシアのある子どもたちは、明示的でない音韻課題に問題を持っていると考えられる。そのことは彼らの持っている単語の音韻表象は、不明確で、分節化されていない、すなわち、単語が音素で構成されていると認識されていないということを意味する。最も重要なことは、明示的でない音韻能力の測度は、音素意識と相関があるが、音素意識と他の認知スキルを統制すると、明示的でない音韻能力の測度が読み能力における付加的なばらつきを説明するということである。

ディスレクシアのある子どもの音韻障害のまとめ

ディスレクシアのある子どもは、様々な音韻課題で問題を示し、そのうちいくつかの問題は、読みの学習が始まる以前から子どもの中に内在する。音韻の障害は、音韻のインプット（スピーチの知覚）よりも、音韻のアウトプット（例えば、記憶や呼称など）に関わる課題において、より明瞭に現れる。現在、最も有力な理論は、ディスレクシアの中核障害は、脳内での話しことば（spoken words）の表象の障害であるというものである（音韻表象仮説（phonological representation hypothesis））。最近のエビデンス、特に音韻処理の個人差に関するエビデンスは、こうした音韻表象の障害は、多くの他の側面の発達の軌跡と関わっているという見方が有力になっている。例えば、ディスレクシアのある子どもたちの中には、スピーチの知覚の障害のあるものがいるが、それはおそらく口頭言語（oral language）の問題とも関連し、音韻障害を引き起こしていると推測される。また、なかには、新規の語の構音の運動プログラムがうまくできないことが関係している場合もあるかもしれない。さらにはスピーチの知覚とプロダクションをつかさどるシステムは、発達過程では相互に密接に関係していると考えられる。だから、発達初期のスピーチの知覚の障害は、スピーチアウトプットのシステムに波及効果を与えることもあるし、その逆も考えられる。こう考えてくると、スピーチの知覚の障害は、読み書きが始まる頃までには大半は解消するが、成人期のディスレクシア者の持つ他の音韻の障害の成り立ちを考える上で重要な手

がかりになるかもしれない。スピーチの処理に関わる様々な音韻的なスキルと読みの能力間の因果関係を明らかにするために、縦断研究が切望される。

ディスレクシアにおける音韻障害は聴覚的知覚の問題によって引き起こされるのか？

ディスレクシアのある子どもの音韻障害の原因に関して、音韻障害は基礎的（fundamental）な聴知覚の障害から起こると考える理論がある（Tallal, 1980）。それとまさに同じ仮説が、特異的言語障害（SLI）を持つ子どもたちの言語習得の困難さを説明する理論として提唱されている。SLIについては第4章で扱う。その仮説は、最初にTallal（Tallal, 1980; Tallal & Piercy, 1973）が提唱したのだが、それによるとディスレクシアやSLIで認められる言語習得の困難さは、聴覚情報処理のスピードの遅さが原因で、処理が遅いため、子音同定に重要な役割を果たす急激な聴覚的変化を知覚することが困難になると考えられている。

ディスレクシアは急速な聴覚情報の時間的処理（rapid auditory temporal processing）の問題によって起こるという仮説を、図2.11のパス図に示す。この仮説では、聴覚情報の知覚能力は、スピーチの知覚と音韻スキルの両方の能力を予測するとしている。

TallalとPiercy（1973）はこの仮説を検証するために、聴覚的復唱課題（Auditory Repetition Task; ART）と称する課題を作成した。ARTでは、子どもにピッチの異なる2つの音を間隔をあけて聞かせる。間隔の長さ（刺激間の間隔あるいはISI）は試行ごとに変化させている。子どもは2つのボタンのうちどちらか1つを交互に押すことで、音の順序を再生する（子どもは、最初に、2つの音をそれぞれの反応ボタンと対応させることを学習する）。TallalとPiercyは、SLIの子どもは、2つの連続音の刺激の間隔が比較的短くなると（ISI<150ms）に、同年齢の定型発達児より、この課題が困難になると報告している。

Tallal（1980）は、20名の読み障害児のうち9名のARTでの成績は、対照群と比較すると低く、ART成績は非語の読み能力と相関（r =.81）を持つと報告している。Tallalは、一部のディスレクシア児に見られるARTの落ち込みは、読みの問題よりもむしろ口頭言語のスキルの問題と関連するのではないかと推察している。それに続く研究で、TallalとStark（1982）は、口頭言語の能力に問題がないディスレクシア児を対象とした。この群では、定型発達対照群と比較して、ARTの問題は見出されなかった。この知見は一部のディ

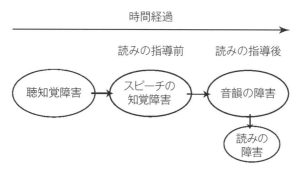

図2.11 聴知覚障害が読みの問題の進展において原因となる可能性を示すパス図

スレクシア児が持つART課題での問題は、読みの問題と関係するのではなく、口頭言語の困難さと関係していることを強く示唆している（これは、スピーチの知覚に関して先に論じたことと同じパターンである）。

　しかし、この後に行われた3つの研究では、ディスレクシアのある子どもたちの急速な聴覚情報の時間的処理の困難さに関して、エビデンスを見出すことはできなかった。Nittrouer（1999）は、読みの能力の高いものと低いもの（good and poor readers）の間にはARTを模した課題では差が見られなかったと報告している。Nittrouerは、構音方法が異なり、短いフォルマント遷移の部分が区別の手がかりとなる音素を用いた課題を行ったが、読み能力の低い群が、このスピーチの知覚の課題で障害を示すことはなかったと報告している。Marshall、SnowlingとBailey（2001）は、ART成績の平均値は、ディスレクシア群とRA統制群とには異なりが見られなかったが、ディスレクシア群の小さなサブグループ（24%）では、ARTの成績が健常域を超えて低かったと報告している。24%の子どもたちは、音の同定と音とボタンの対応を学習するのに時間がかかり、急速な聴覚的情報処理能力というよりも、言語でラベル付けして覚えるスキルが影響しているのではないかと思われた。BrethertonとHolmes（2003）は、ディスレクシア児と定型発達の年齢統制群（10～12歳）のART課題の成績を検討した。その結果、ARTにおいて、ディスレクシア児が劣っているというエビデンスは見出されず（Tallalの理論から推論されることである）、また、ARTの成績はディスレクシア児の音韻意識や読みのスキルを予測するものではなかったと報告している。総じて、こうした研究からは、ディスレクシア児の音韻の障害は基礎的で（fundamental）、急速な聴覚情報の時間的処理（rapid auditory temporal processing）の問題に原因があるという主張に反する結果を導き出している。

　Heath、HogbenとClark（1999）は、ARTの問題が読みの問題と関係するのか、それとも口頭言語に関係するのかを調べる検査を行った。彼らは口頭言語の能力に問題のないディスレクシア児群、口頭言語の能力が低いディスレクシア児群、対照群として同年齢児群を対象として研究を行った。ARTの閾値（2つの音の間隔を狭めても、2つの音の順序を正確に把握できる、最小の間隔）に関して、信頼できる結果を得るために、2音の間隔をシステマティックに変化させて、多数の試行を行った。その結果、統制群と言語スキルの問題のないディスレクシア児群間には統計的な有意差は認められなかった。しかしながら、対照群は、言語スキルの問題があるディスレクシア群より成績がよかった。言語スキルの問題のないディスレクシア群のART成績には、かなりのばらつきが見られた。詳細に分析すると、最も言語スキルが低い子どもたちはARTで最低の成績を示した（Clinical Evaluation of Language Fundamentals（CELF）の言語スコアとこの群のART結果には－.62の相関が認められた）。ディスレクシア群の中の口頭言語の能力のよいもの（9／16）のARTの成績は、対照群と同じであった。この研究は、ARTの問題は、明らかに口頭言語の困難さと関係するが、ディスレクシアとは関係しないということを示している。調査対象児全体において、ARTの閾値と非語の音読間には弱い相関しか見出されず、ARTは音韻スキルとはごく弱い相関しかないということを示唆している。

　要するに、急速な聴知覚スキル（rapid auditory perceptual skills）はディスレクシアのあ

る子どもの音韻障害の原因と考えることはできないようだ。ディスレクシアのある子どもたちの一部に、この問題が見られるのは、口頭言語の困難さのあるサブグループに限られると思われる。同様のことは、スピーチの知覚に関しても当てはまる。縦断データがないために、ディスレクシアのサブグループにとって、こうしたことが読み障害の遠因である可能性を否定することはできないが、スピーチの知覚の問題とARTの問題は、ともに、読みの困難さではなく、言語（language）の困難さに関係すると考えるのが妥当だろう。

しかし、ディスレクシアの音韻の問題は、基礎的な聴覚知覚障害（basic auditory perceptual impairment）が原因で起こるという主張は、これは今まで検討してきた理論のバリエーションともいえるが、依然として存在する。Wittonら（1998）は、ダイナミックに変化する聴覚刺激を感知することができないことが決定的な意味を持つと考えている。彼らはディスレクシアの既往歴を持つ成人は、視覚と聴覚両方ともにダイナミックな処理が障害されていると報告している。同様にWitton、Stein、Stoodley、RosnerとTalcott（2002）は、ディスレクシアの既往歴のある成人は、周波数の変化（ピッチのバリエーション）はわからないが、音圧（音の大きさのバリエーション）の変化はわかると報告している。しかし、ディスレクシアや注意の問題を持つ子どもも含まれる大規模な調査から、Hulslanderら（2004）は、IQを統制すると、周波数や音圧の変化を用いた課題の結果は、読み能力を予測しないことを見出している（一方、音素意識、RAN、非語の復唱は読み能力を予測することを明らかにしている）。とすると、読みの障害は聴覚知覚の問題と関わるという理論は、かなり疑わしいことになる。同様の結論は、より多くの対象児を用いた研究からも得られている（Heath, Bishop, Hogben, & Roach, 2006）。

この理論のバリエーションとして、ディスレクシアのある子どもたちの音韻障害はリズム（あるいは振幅エンベロープの立ち上がり（amplitude envelope onsets））（Goswamiら、2002）知覚の障害であるという主張がある。この能力の評価には、音量を変化させた刺激音を聞かせて、その中のビートを検出させる課題を用いる。Goswamiら（2002）は、ディスレクシアのある24名の児童と、生活年齢統制群25名、読み年齢をマッチさせたRA統制群24名のデータを報告している。大きさを急に変化させた場合は、容易にビートとして知覚されるが、この実験では、音量をゆっくり変化させた場合、一体どのくらいまでゆっくりと変化させても（ゆるやかに変化していると判断されるのではなく）ビートとして知覚されるかということを見ようとしている。ディスレクシアのある子どもは、ビートの検出成績が、同年齢群より有意に低かった（$d=1.42$、非常に大きい効果量と考えられる）が、RA統制群とは有意差がなかった（$d=0.66$、中程度の効果量と考えらえる）。ビートとして認識できる閾値は、読みとつづりの能力（数学能力とも）と相関すると報告されているが、これらの結果は対象児全員の結果から得られたものなので、効果が過剰に増大されている可能性がある。

この研究の問題点は、明らかに読み能力に優れた群（CA統制群の読みの標準得点は142であった）とディスレクシアと分類されてはいるが、単語音読成績は年齢相当である（標準得点101）群との比較に重点を置いていることである。この理論を支持する人たちは、リズム（ビート）がわからないので、単語を音節に分解することができず、ディスレクシア

の音韻障害が起こるのだと主張している。リズム知覚とディスレクシアを持つ子どもに見られる音韻障害間に、彼らが主張するような、長期にわたる関係があるのか、今後の研究成果をまたねばならない。

ディスレクシアの他の理論

音韻障害がディスレクシアの読みの困難さの原因の一つであることには強力なエビデンスがある。しかし、ディスレクシアには、他の要因が何らかの役割を果たしている可能性もあり、他の原因がどう働いているかを見極める必要がある。他の追加原因は、音韻スキルに影響を与えることによって、読みに影響すると考えられる。すでに2つのそういう追加的原因、すなわち、聴知覚あるいはスピーチの知覚の障害が、音韻障害の究極の原因かもしれないという推測について検討してきた。他の原因は、音韻障害とは別個に、作用している可能性がある。パス図では、これら他の原因からの矢印は直接に読みに影響すると思われることを意味しており、少なくとも、音韻障害を経由して読みに影響するのではないだろうことを示している（図2.12）。

その他ディスレクシアの原因として最も広く研究されているのは、自動化／小脳障害理論（Automatization/Cerebellar Deficit Theory）（Nicolson & Fawcett, 1990; Nicolson, Fawcett, & Dean, 2001）、視知覚（例えばLovegrove, Martin, & Slaghuis, 1986）、あるいは、視覚的注意障害（Visual Attentional Deficit）（例えばFacoetti & Molteni, 2001）理論である。残念なことに、本章にはこれらの理論を詳細に吟味するページの余裕はない。

視知覚や注意の問題は、読みの学習の問題に何らかの関係がありそうには思えるが、これまでのところ、この点に関して確立されたものはない。この考えを検証しようとする2つの有力なアプローチがあるが、いずれも複雑で、ときに矛盾する結果を生み出している。最近では、Heath、Bishop、HogbenとRoach（2006）が、方法論的には完璧な研究を行ったが、その研究では"ディスレクシアにおける知覚処理の障害は、読みの困難さの原因というより、神経学的な異常を示す関連（しかも一貫性のない）マーカーであると思われる"（Heath, Bishop, Hogben & Roach（2006）のp. 905）と結論付けている。これは、以前にHulme（1988）やRamus（2004）が得た結論と同じである。ディスレクシアのある人の中で、音韻は良好で視覚処理に障害を持つものが少数であるが存在することは確かである（Goulandris & Snowling, 1991; Romani, Ward, & Olson, 1999; Valdois, Bosse, & Tainturier, 2004）が、そうした視覚面の障害がディスレクシア人口に多く見られるとは思えないし、その因果関係について

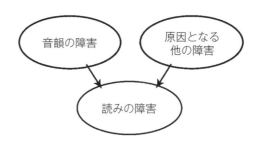

図2.12 ディスレクシアの推定上の原因を示すパス図

はよくわかっていない。

　自動化／小脳障害理論（Automatization/Cerebellar Deficit Theory）はディスレクシアのある子どもたちは、運動スキル（例えばバランスをとりながら数えるなど；Nicolson & Fawcett, 1990）が関わる2つの課題をこなすことが困難であるという研究から導き出されたものである。しかし、RabergerとWimmer（2003）の研究やRochelleとTalcott（2006）のメタ分析の結果は、こうした困難さは、研究対象者の中にADHDを合併したものがいて、それを反映したものであることを示している。我々はこの理論も視知覚／注意理論もエビデンスで裏付けされているとはいえないと考えている。

ディスレクシアの病因論

　これまで、ディスレクシアは、音韻スキルの障害により読みの学習が妨げられるという障害像を紹介してきた。こうした音韻の障害がなぜ起こるのかを考えなくてはならない。ディスレクシアは、左脳の言語システムの発達に作用する遺伝的要因の影響がかなり大きいように思われる。しかし、遺伝子は環境を通して発現し（Rutter, 2005a）、子どもたちが読みを学習する環境自体も読みの障害にかなり影響を与えるのだ。

ディスレクシアの遺伝学的側面

　長い間、ディスレクシアは家族内に伝わることが知られており（DeFries Vogler, & LaBuda, 1986）、遺伝的要因が推測される。家族性のリスクという観点からは、両親のどちらかがディスレクシアであった場合、息子の40％、娘の18％がディスレクシアになる（Pennington & Smith, 1988）という報告がある。双生児研究から、遺伝要因に関して、より明確なエビデンスが得られている。初期の研究では、二卵性双生児より一卵性双生児の方が、2人がディスレクシアになる率が高い（例えば、Bakwin, 1973）ことを明らかにしてきた。これまで行われてきた最大のディスレクシアの双生児研究（コロラド双生児研究、DeFries, Fulker, & LaBuda, 1987）では、2児がディスレクシアになる率は、一卵性双生児で68％、二卵性双生児では38％であり、遺伝の影響は中等度であると示唆されている（DeFries & Alarcon, 1996）。

　双生児間での一致率というのは、瞳の色のようなはっきりと分類できる身体的特徴のようなものに適している。しかし、ディスレクシアは、瞳の色のように、明確に分類できるものではない。子どもたちの示す読みの困難さの程度は様々である。その問題を克服するために、第1章で述べたように、DeFriesとFulkerらは、読み能力のような連続したもの（個人差のあるもの）を扱う双生児研究の遺伝的分析方法を開発した。その分析では、双生児のリーディングテストのスコアを比較している。コロラド研究では、双生児の一方として生まれたディスレクシアのある子どもがまず対象として選択された。障害があることで、研究の対象となった子どもたちを発端者（probands）という。DeFriesとFulkerは、発端者の読みのスコアがもう一人の双生児のスコアとどの程度一致するかを、一卵性双生児と二卵性双生児で比較した。もし遺伝的影響が強く作用するなら、二卵性双生児より一卵性双生児のもう一人の方に、より類似した結果が見出されることが予想される。そして、ま

さにその通りの結果であった。実際のところ、ディスレクシアの遺伝率は50％という推計値が出ている。このことは、発端者と一般の人口との間でみられるリーディングスコアの異なりの50％は、遺伝的要因で説明できるということである。より重篤な読み障害を持つ子どもたち（Bishop, 2001）やIQの高い子どもたち（Olson, Datta, & DeFries, 1999）では、遺伝的要素はより高く（したがって環境要因の役割はより低く）現れるようである。したがって、遺伝的要因は、ディスレクシアのある子どもたちの一部のサブグループにおいては、ディスレクシアの原因として大きく作用しているといえよう。

　行動遺伝学の方法を応用して、遺伝による２つの障害が、同一の遺伝子により引き起こされるのか、異なる遺伝子によって引き起こされるのかを明らかにしようとする試みがある。そうした方法を用いて、GayanとOlson（2001）は、読み能力の弱さのある双生児における読み書き能力（literacy）と音韻意識に共通する遺伝的影響の度合を推計している。非語の音読によって評価した音韻ディコーディングと２つの文字列から正しいつづりを選択する課題で評価した正書法のスキル（orthographic skills）は、ともに極めて遺伝の影響が強いが、共通する部分はごく限られている。音韻的ディコーディングの障害と音韻意識の弱さは遺伝的には共通しているが、正書法（orthography）の障害への遺伝的影響は、これらの音韻意識への影響とは独立しているように思われる。発達過程で文字に触れる経験が、文字表象（orthographic representations）の成熟に果たす役割を考えれば、このことは充分想定されることであろう。

　ディスレクシアのリスクの遺伝には、環境要因とともに、小さな遺伝子効果を持つ遺伝子がたくさん関わっていることが広く認められている。読み能力のような複雑な形質（trait）に関しては、相当大きな量的形質遺伝子座（quantitative trait loci; QTLs）が関わっていると考えられる。ディスレクシアに関して、分子遺伝学で様々な方法が試みられてきている（Fisher & DeFries, 2002）。連鎖解析では、ディスレクシアのある子どものDNAが、連鎖を示すゲノムの場を見出すために使用される。連鎖とは、染色体上で近接している遺伝子は、子孫に一緒に伝わりやすいということである。したがって、障害を持つ親族間で類似したDNAの連鎖があれば、ディスレクシアに関わる遺伝子のバリエーションの解明に役立つと考えられるのである。しかし、マーカーへの連鎖が見出されたとしても、それはDNA上の特定の場にある遺伝子の探索が始まったにすぎず、ディスレクシアに関係する遺伝子を特定することとは異なることに注意しなければならない。

　この原稿執筆の時点でのディスレクシアの連鎖に関する最も有力な遺伝子座は、第６染色体の短腕である。この量的形質遺伝子座（QTL）を見つけ出した最初の研究は、Cardonらによってなされ（1994）、二卵性双生児を用いたものであった。二卵性双生児の一人にディスレクシアがあるとき、もし第６染色体の短腕上にあるマーカー遺伝子を双生児の他方も持つなら、その同胞がディスレクシアを持つ可能性が高くなる。これまでのところ他の連鎖としては、第２、第３、第18染色体の短腕上と第15染色体の長腕上（Fisher et al., 2002; Fisher & Francks, 2006a; Parachini, Scerri, & Monaco, 2007らのレビューを参照のこと）が見出されている。また、全ゲノムスキャンによって、第13、第21染色体とX染色体にも疑わしい遺伝子座が特定されている。

第2章　読み障害Ⅰ：発達性ディスレクシア

　ごく最近、第6染色体短腕（6p）上の単一遺伝子（KIAA0319）が発達性ディスレクシアの遺伝子座である証拠が提出された（Cope et al., 2005）。この遺伝子は、脳組織内で発現することはわかっているが、その正確な機能はいまだ解明されていない。追試（Harold et al., 2006）によっても、この遺伝子座は確かめられており、さらに、遺伝子の作用の制御に関わると推測される一塩基多型（single nucleotide polymorphisms; SNPs、一塩基対の多様性）に対する証拠も見出されている。これらの知見は、複雑であるが、大変興味深いものである。多くの遺伝子が、発達性ディスレクシアに関わると想定されているが、今後の研究の進展で、そのうちのいくつかが特定されると期待される。

ディスレクシアへの環境の影響

　遺伝的な影響に加えて、環境要因も、読みの問題のリスクに関わる。1970年代の疫学的研究以来、ディスレクシアは社会経済的に低い環境下で、より多く見られることが知られている。家庭でどのように読んだり書いたりする活動・行為がなされているかということも重要な環境要因であるし、母親の教育レベルが子どもたちの読み書きの環境に影響する（Whitehurst & Lonigan, 1998）ことも報告されている。しかし、こうしたことは、ディコーディングスキルより読解により大きく影響する（Stevenson & Fredman, 1990）といわれている。

　重要なのは、発達のごく初期から、子どもたちの本への興味の持ち方は様々であり、両親が読み書きに問題があると、家庭での読み書きにまつわる経験が乏しくなることである（Petrill, Deater-Deckard, Schatsneider, & Davis, 2005）。家庭外では、学校教育が読みの成果に大きな影響を与えることが知られている（Rutter & Maughan, 2002）。上述したような様々の環境要因が、長期間にわたって重なり合うと、子どもが文字に触れる機会は個々の子どもによって大きく異なることになる（Cunningham & Stanovich, 1990）。子どもが文字に触れる機会がどれだけあるかということは、読みの発達に、独立した影響力を持つことが知られている。

　以前にも述べたが、他の環境要因として、言語の種類が挙げられる。英語のような不透明性な（opaque）（*訳注：文字と音の対応が不規則である）言語では、ディスレクシアはディコーディングの弱さと音素意識の弱さと関係するが、透明性の高い言語では、読みの流暢性とつづりの問題として顕在化する。したがって読みの指導も言語によって異なり、指導法もまた影響すると予想されるが、今のところ十分な研究がなされているとはいえない。

ディスレクシアの脳内の処理

　ディスレクシアに関与する脳の構造に関しては、過去10年間に目覚ましい進歩がとげられてきた。先述したように、ディスレクシアは言語処理（特に音韻処理）が障害されて起こるものである。したがって、言語処理に関与する脳の領域が障害されていると推測される（図2.13）。大半の人では、言語は左脳に側性化している。脳損傷者の成人の研究から、このことについての明らかなエビデンスが得られている。ブローカ野（左前頭葉）への損傷は、発話産生（speech production）の障害を引き起こし、ウェルニッケ野（ブローカ野の後方の左側頭葉）の損傷は、言語理解障害を引き起こす。ディスレクシアではこれらの領

域と左半球の他の言語システムの構造と機能に異常があると推測される。

　脳の構造と機能の研究は、おおむねこの予想を支持するものである（概説としてはGrigorenko, 2001を参照のこと）。総じて、ディスレクシアのある人の脳は、非対称性が乏しい構造である（定型発達集団では、言語優位半球が大きいことが多い；Leonard et al., 1993）。もう少し焦点を絞ると、ディスレクシアのある人の側頭平面（例えば、Hynd et al., 1990）と島（Pennington et al., 2000）（どちらの領域も言語処理に関与する側頭葉の一部分である。Eckert, 2004を参照のこと）の非対称性が少ないことが明らかにされてきている。ただし、このように集団の平均的な数値からの知見は、これらの領域や脳の他の構造の大きさには相当幅広い個人差があることを見失わせてしまう危険性がある。脳の領域の大きさと機能には、せいぜい間接的な関係があるにすぎない。とはいえ、脳の構造のこれらの知見は大まかに予想と一致していることも確かだ。すなわちディスレクシアでは、左脳の領域の発達に異常があるように思われる。

　より注目すべきエビデンスが、ディスレクシアのある子どもと成人の脳の活動研究から得られている（Demb, Poldrack, & Gabrieli, 1999; Grigorenko, 2001）。まず、読み能力の高い健常成人において、読んでいるときに活性化された脳の領域を検討してみよう。健常成人が単語を読むときは、少なくとも左脳の3つの領域をつなぐ回路が活性化される。左の紡錘状回の中央部（left mid-fusiform）、左の紡錘状回前部、左側頭葉の上部の皮質（口絵図版2参照）である。左紡錘状回の中央部は、物品を同定することと呼称に関係すると考えられている。左の紡錘状回前部は、意味情報の想起に関与し、左側頭葉の上部領域は構音に関与すると考えられている。

　ノーマルな読みの脳画像研究と照らし合わせて、発達性ディスレクシアのある人たちの研究結果を考えることができる。Brunswick、McCrory、Price、FrithとFrith（1999）は、発達性ディスレクシアと診断された成人6名と6名の対照群とを比較した。課題は有意味

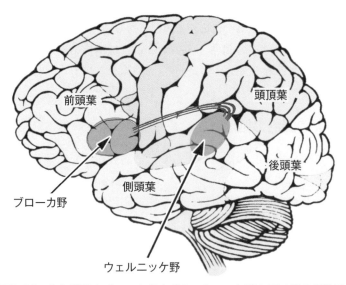

図2.13　主な脳葉とブローカおよびウェルニッケ野を示す脳の構造図

語と非語の音読とincidental reading task（提示されたものが実在の文字か非文字かを判断する課題）であった。両群とも読んでいるときの活性化のパターンは類似していたが、活性化の度合いでは、ディスレクシアを持つ成人は、左側頭葉の下部および中部、左前頭弁蓋部、小脳での活性化が対照群より弱かった。音読課題では、ディスレクシアのある成人で、左半球の運動前野皮質の活性化に増加が見られた。左側頭葉での活性化の低下は、ディスレクシアのある成人では、文字で示された単語の音を想起すること（lexical phonology）が障害されていることを反映し、運動前野皮質の活性化の増加は、構音プロセスにより多く依存して音を想起しようとする代償努力（effortful compensatory process）を反映していると考えられている。

　Paulesuら（2001）は、Brunswickらの研究をより拡大した形で再現して行った。その研究は、フランス語、イタリア語、英語で、各言語ごとに発達性ディスレクシアのある成人群と対照群を対象に行われた。Brunswickらの研究（1999）と同様に、ディスレクシアのある成人群では、いずれの言語でも、側頭葉の後方下方部の活性化の低下が認められた。このことから、この領域がディスレクシアの読みの困難さに関する"普遍的な"神経基質ではないかと推測される。しかしながら、ディスレクシアのある成人と対照群との脳の活性化の差はわずかなものにすぎない。また、言語間での異なりも見出されている。例えば音読時に、英語話者では、呼称に関与する領域の活性化がかなり増加したが、イタリア語話者ではディコーディングに関与する領域で増加が見られた。こうした異なりは、英語とイタリア語の正書法（orthography）の異なりと並行している。英語のような不規則な文字つづり（script）を読むことが呼称に関与する領域と関係しているということは、英語を読むことは、あたかも物品呼称のように、単語全体を一つのまとまりとして音韻表象を想起すると考えることができるかもしれない。一方、イタリア語は極めて規則的なつづりで単語が記され、文字・音対応を用いて読むことによって、脳内の文字を音に対応させる部位の活性化が増進すると考えられる。しかし、こうした異なりは程度の違いであって、両言語に関わる脳領域には広範に重複している部分があることを忘れてはならない。とにかく、こうした結果は、学習環境がいかに脳内の神経回路形成に影響を与えるかを示す例である。

　Silani（2005）らは、Paulesuらの言語横断研究に参加したディスレクシアのある協力者のMRI画像をボクセル解析手法を用いて分析した。ボクセル解析手法とは、脳の異なる領域の白質（神経線維）と灰白質（神経細胞体）の密度を詳細に分析するものである。この研究で見出された重要なことの一つは、ディスレクシアのある人においては、対照群と比較すると、読み（と呼称）に従事しているときに、活動性低下が見られた領域で、灰白質の密度が減少しているところと増加しているところがあるということである。灰白質の密度増加は、明らかな萎縮が認められる左の中側頭回の少し後方の領域で認められた。灰白質の密度増加は、読みのパフォーマンスと負の相関が認められた。すなわち、これらの領域で灰白質が多い人ほど、読みのスピードが遅かったのである（口絵図版3参照）。さらに、ブローカ野を含むスピーチ処理システム（speech processing system）を結び付ける領域（すなわち前頭葉と頭頂葉の弓状束）で白質の密度低下が見られた。それと対照的に、ディスレ

クシアの原因とされることもある小脳や視覚野では異常は見られなかった。これらの知見は、読み、特に、音韻とディコーディングの処理に関わる側頭頭頂葉と前頭葉に広がるネットワークの弱体化を示唆していると考えられる。こうした知見はShaywitzら（1998）の幼少時から持続する読みの問題のある青年たちのfMRI結果と一致する。Shaywitzらは、読み障害の人たちは、読みの回路の後方部分は、対照群と同程度に活性化されるが、これら後方の領域と前方の言語領域との接続が見られなかったと報告している。

発達性ディスレクシアのある成人の他の脳画像研究は、ディスレクシアの認知的基盤である音韻障害に関する神経メカニズムについて探索してきた。そうした研究の最初の一つで、Paulesuら（1996）は、PET研究でディスレクシアのある成人の押韻課題とワーキングメモリ課題を比較している。押韻課題は、一対の子音が韻を踏むかどうかを判断する（PとBは韻を踏んでいますか？）もので、この結果を一対の韓国語の文字を提示して、形態的に類似しているかどうか判断する課題の結果と比較した。ワーキングメモリ課題は、一対の文字を提示したのちに、文字列を提示し、前に見たものをその中から同定させるものである。押韻判断課題では、ディスレクシアのある成人は、ウェルニッケ野と左の島での活動低下が見られ、言語性ワーキングメモリ課題では、島を含む左半球のいくつかの領域で活動の低下が認められた（口絵図版4参照）。両課題で島の活動の低下が認められたことは、ディスレクシアでは、後方の言語領域（ウェルニッケ野）と前方の言語領域（下前頭皮質）間が"離断"していることを示すと考えられる。S. Shaywitsら（1998）は、fMRIを用いて、ディスレクシアのある子どもたちの音韻処理を研究し、ウェルニッケ野を含む左半球のいくつかの領域で活動が低下しているというエビデンスを見出している。

要するに、脳画像を用いた研究からは、左脳の言語領域（側頭頭頂皮質）が、ディスレクシアでは正常に機能しないという結論にたどりつく（より詳細な概説は、Price & McCory, 2005を参照のこと）。しかし、脳の差異の研究はまだ初期段階にあるにすぎず、研究結果には、ある程度一貫性は見られるものの、これまでの知見から因果関係を云々することは難しい。読みの学習を難しいと思うディスレクシアのある人たちは、読みの経験が乏しくなり、そうした読みの経験の乏しさが、読みに関わる脳の回路の構造と機能に影響を与える可能性を心に留めておかねばならない。読んでいるときや音韻課題を行っているときの、ディスレクシアのある人に見られる脳の活性化パターンは、読みの問題の原因というよりは、結果と考えられるかもしれない。しかし、ディスレクシアにおいて、脳の活性化の障害が重要な役割を果たしているというエビデンスが、Hoeftらの縦断研究（2007）から得られている。その研究では、読みの困難さのある64名の子ども（様々な読みの指導を受けている）が読みの課題（文字提示された一対の単語が韻を踏むかどうか判断する）と種々の認知評価（読み能力、IQ、音韻処理能力）を行い、その間fMRIで脳の活動性を測定した。韻の判断課題での脳の活動パターン（特に右脳の紡錘状回と中後頭、左脳の中側頭回）がディコーディング能力（非語の読みスキル）の向上の予測尺度であることが縦断的に確認され、これらの予測尺度と行動尺度（behavioral measures）（読み、IQ、音韻スキル）を合わせると、行動尺度だけよりもディコーディングの発達を、より正確に予測できることが明らかになった。簡単な読みの課題における脳の活動パターンは、行動尺度よりもその後の読みのスキルの予測尺度と

して有効であることが示唆されている。これは、脳の活動のパターンは脳の機能の異なりを示し、脳の機能が読みの学習能力と因果関係を持つという考えと一致する。

もう一つの今後の有力な研究の方向としては、読み障害の家族歴のある子どもに焦点をあて、乳児期の脳活動との相関（neural correlates）を調べることである。そうした子どもの約50％はディスレクシアを持つと推定される。発達のごく初期の脳の反応が、その後の読みを予測するものかどうかを検討することである。現在ではごく予備的なデータがあるだけである（例えばRichardson, Leppänen, Leiwo, & Lyytinen, 2003）。

ディスレクシアの病因論：まとめ

ディスレクシアは、遺伝的リスク要因に強く影響されると思われる（少なくとも多くの症例において）。ディスレクシアの遺伝パターンは完全に解明されていないが、この障害と関係する多数の遺伝子マーカーと、一つの候補遺伝子が特定されてきている。しかし、多数の遺伝子が様々な組み合わせによって関わっている可能性が高い（ポリジーン遺伝）。これらの遺伝的メカニズムは、読みの学習能力の基盤にある脳のメカニズムの発達に影響を与える。ディスレクシアでは、話しことばと読みに関わる左半球の様々な脳システムの構造的、機能的な変異が見られることを示すエビデンスが示されてきた。しかし、こうした変異の原因はほとんど解明されていない。どんな言語を学習するかによって、ディスレクシアの現れ方が異なり、社会的不利が重なると、問題は一層悪化しがちである。

ディスレクシアの認知的理論

今のところ、ディスレクシアの認知的な原因としては、音韻システム（言語システムの中でも言語音の処理に特化した部分）障害が一番有力である。他の原因も議論されてきたが、多くはディスレクシアと他の発達障害（例えばADHD）の併存（comorbidities）と思われる。何らかの因果関係があるにしても、主要な危険因子というより、ディスレクシアのリスクを増悪させる因子であると思われる。スピーチや言語（language）の処理を補助する左脳のシステムの障害によって、ディスレクシアの広範な音韻障害が起こると考えられている（これらのシステムの発達は、なんらかの遺伝的影響を受けていると考えられる）。こう考えると、ディスレクシアの音韻障害は（そして、多分これらの障害と脳活動との相関（neural correlates））は、就学前に認められ、読みの発達が始まってからも、ずっと持続するのである。しかしながら、音韻面の障害の様相には個人差があり、それらは脳の差異の多様性を反映すると考えられる。ディスレクシアが発現するまでには、様々な異なる発達的軌道（developmental trajectories）があることは確かで（Lyytinen et al., 2006）、スピーチの処理の障害（speech processing mechanisms）として純粋な形で発現することもあれば、より広範な口頭言語の困難さ（oral language difficulties）の一部として発現することもある（Snowling, 2008）。いずれの場合も、認知レベルでは、分節的な（すなわち音素で構成された）音韻表象の発達の遅れ、あるいは困難さとして捉えられる。

子どもが正規の読みの指導を受ける年齢になっても、単語を音素に分節化できなかっ

り、あるいは音素より大きな単位でしか分節化できなければ、読みの進歩は大きく妨げられるだろう（少なくともアルファベットを用いて書く言語においては）。トライアングルモデル（Plaut et al., 1996）では、読みの基盤をなす音韻経路の発達には、粒の細かい（*訳注：音素に分解された）音韻表象と正書法パターン（orthographic pattern）のマッピングが不可欠である。定型発達の子どもは、個々の書記素と音素のマッピングができるが、ディスレクシアのある子どもは、より未熟なレベルでの対応関係しか形成できないと考えられる。極端な場合、単語全体と発音とを結び付けるということもあるかもしれない。この考え方はBox 2. 4に記す。

このような方法で学習すると、時間がかかり、効率的ではないし、単語ごとに読みを学んでいるので、般化しにくく、新しい単語の読み方を見出しにくくなる。文章を読む場合は、単語の部分的な情報（例えば単語の語頭や語尾の文字など）しかなくても、意味と統語からの文脈情報が単語の読みを推測するのに役立つ。だから、ディスレクシアのある子どもたちは、関連性のない単語のリストを読むより、文章を読む方がやさしいと感じることが多いのだ。NationとSnowling（1998b）は、読み年齢統制群より、ディスレクシアのある子どもたちの方が、単語を読むときに、意味的文脈がより有効に機能することを見出している。優れた口頭言語能力（good oral language skills）を持つディスレクシア児は、なんとかトライアングルモデルの意味経路を活用して、読んでいるのだろうと推測される。

ディスレクシアの音韻障害がどの程度であるかということと、口頭言語スキル（oral language skills）がどの程度あるかによって、予後も様々である。読みの困難を自分なりになんとか工夫してカバーしている人（コンペンセイティッド（compensated））もいれば、ずっと読みの困難さを持ち続ける人もいる。コンピューターによる計算で、発達性ディスレクシアの個人差を理解しようとする試みがHarmとSeidenberg（1999）によってなされた。彼らは"音韻アトラクター（phonological attractor）"ネットワークを含んだコネクショニストモデルを用いている（図2. 14参照のこと）。このアトラクターネットでは、インプットのユニットとアウトプットのユニットの結合は、刺激ごとに異なる重さを持っており、それらの重さの違いが刺激を処理する場合の知識として機能する。アトラクターネットの重要な機能は、音韻インプットにノイズが入っても、この知識（インプットのユニットとアウトプットのユニットの結合の重さ）を用いて、修正できることである。音韻性ディスレクシアをシミュレートするために、ネットワークの音韻情報の表象能力を減じると、音韻表象の質を下げることになる。HarmとSeidenbergのシミュレーションでは、音韻ネットワークの障害をより重くするほど、非語の読みが障害されることが見出された。最重度の障害では、例外語の読みも障害され、重度で広範な読み障害を呈した。

HarmとSeidenbergのシミュレーションは、音韻障害の重篤度が読みのプロフィールに影響することを示した。音韻障害以外の他の認知的要因も読み（とつづり）のパフォーマンスに影響すると思われる。その中には、視覚的な問題も含まれる。Pennington（2006）は、ディスレクシアは音韻障害であるとする考えに異を唱え、音韻障害に加えて、処理スピードの障害もあることを提唱した。処理スピードが最適でないことが、学習に影響するというのである（Anderson, 1992）。HarmとSeidenbergのモデルでは、最適でない学習という変

数は、例外語の読み能力に影響し、例外語ほどではないが、非語の読みにもまた影響するとされる。彼らのモデルでのシミュレーションでは、処理スピードの障害を持つ場合、例外語の読みが困難になると予測されており、そのことに対するエビデンスが報告されている（Manis, Seidenberg, & Doi, 1999）。コネクショニストモデルによって説明されるディスレクシアの概念は、認知レベルと行動レベルの説明を結び付ける上で重要なものである。ディスレクシアの背景にある認知スキル、すなわち音韻能力は、一人ひとり異なり、軽度の障害から重度の障害まで幅広い多様性があり、それが、他の認知能力と関連して、読み障害の様々なパターンを生み出すと考えられる。コネクショニストモデルはこのことを理解するのに役立つ。とりわけ重要なことは、読みが順調に発達するかどうかは、読みの指導開始時点で、いかなる音韻表象が形成されているかによるということを強調したことである。彼らはまた、学習が発達に影響することを明確に示し、環境要因の影響を具体的に明確に示したのである。

Box 2.4　定型的および非定型的な読みの発達における書記素と音素のマッピングの概念図

　下図は極めて簡単に、スピーチを複数の音素が組合されたものとして捉えられない場合（ディスレクシアや定型発達児が読み始めた頃の姿と考えられる）、読み習得がどういう影響を受けるかを簡略に示したものである。左に示したのが定型発達児の様子である。定型発達児は、単語を聞くと、単語は音素で構成されているものとして捉える。だから、読みを学習する際には、単語の個々の文字と音素を結び付けることができる。しかし、ディスレクシアのある子どもたちは、単語を聞いても、単語内に音素があることに気付けず、単語全体の音のまとまりを把握するだけである。この場合、音と文字の関係はかなり粗いものとなるだろう。この図では、極端なケースとして、語全体を一つのまとまりと捉えているレベルでの音と文字の対応関係を示している。音素の表象がないとすると、文字と音の対応はきめの粗いものとなり、音・文字の関係が、親密度の低い語には汎化されにくくなる。

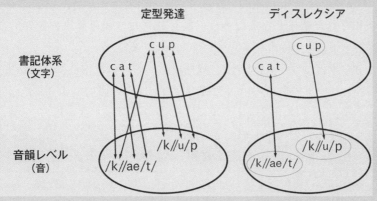

定型発達児における粒の細かな文字と音韻の対応と
ディスレクシアにおける粒の粗い対応の比較

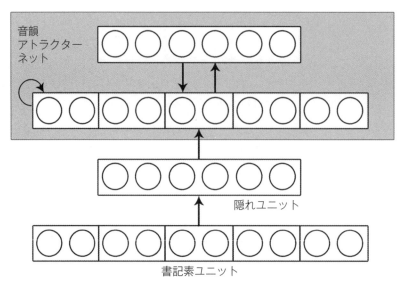

図2.14 HarmとSeidenberg（1999）による読みのニューラルネットワークモデル
(Harm, M.W. and Seidenberg, M. S., Phonology, reading, acquisition, and dyslexia: Insights from connectionist models, *Psychological Review*, 106, p. 499. Copyright© (1999) American Psychological Associationの許可を得て改変して掲載)

　図2.15はMortonとFrith（1995）にしたがって、ディスレクシアのパスモデルを示したものである。実線矢印はエビデンスに裏付けされた因果関係を示し、点線矢印は想定される因果関係を示す。

　生物学的レベルでは、第6、15、18染色体上の遺伝子が、左脳のネットワーク、特に側頭頭頂皮質（これらの影響は、図2.15で「生物学レベル」のところで半円形で示されている）の発達に影響すると想定される。脳の異なりは、音韻表象の発達（直接的に、あるいは言語発達の遅れに媒介されて）の障害を引き起こし、そのことが読みの発達と音韻処理を阻害すると想定される。このモデルでは、重篤な音韻障害があると、重篤なディコーディング障害になり、読みと音韻を補助している領域の脳の活動性のパターンの低下を引き起こすと考えられている。しかし、透明性が高く書記素と音素の対応関係を形成しやすい言語なら、やや緩和された結果となるだろう。図2.16には、読み障害の認知的原因として処理スピード障害を追加して示している（Pennington, 2006）。

　処理スピードの障害だけなら、RAN、短期記憶、読みの流暢性に問題が生じるだろう。もし音韻と処理スピードの両方の障害を持つなら、読みの障害はより重篤になると予測される。これらのモデルでは、認知レベルに、障害のみならず強い能力（strength）を含めることができる。意味的なスキルが正常に機能するなら、意味を活用することで、つづりの問題は緩和できないが、読みの問題を緩和し、読んでいるときの脳活動パターンを変化させることができるかもしれない。

第2章 読み障害Ⅰ：発達性ディスレクシア

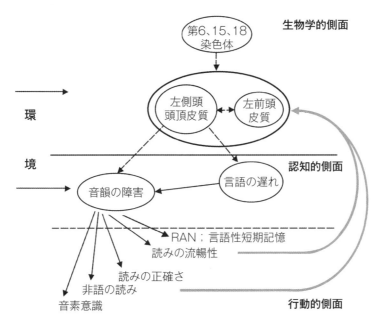

図2.15 音韻の障害がディスレクシアの多くの行動的徴候を引き起こす単独の中核的な原因であることを示すパスモデル

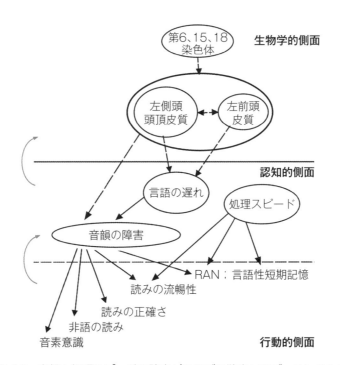

図2.16 音韻と処理スピードの障害がそれぞれ独立してディスレクシアの行動的兆候を引き起こすことを示すパスモデル

ディスレクシアへの対応

　ディスレクシアを理解することは、障害への対応を考えることである。ディスレクシアを持つ子どもは、音韻の障害を持っている。それが、単語の文字列（書記素：音素に対応する文字あるいは複数の文字）と言語音（音素）との対応を学習する上で重篤な困難を引き起こす。ディスレクシアのある子どもたちにとって、音韻障害を克服するように支援し、つづりと音の関係を学ばせる指導は有効であろう。この予測を支持する多くのエビデンスがある。

　ディスレクシアへの対応については、指導法の有効性について、よく統制された研究からエビデンスが得られている。研究には2種類ある。読み障害と診断された子どもたちを対象としたものと、読み障害のリスクが疑われる幼児に介入することで、読みの問題を予防しようとする研究である。これらを順に見てゆくことにしよう。

ディスレクシアを持つ子どもたちを教えること

　Hatcher、HulmeとEllis（1994）は、7歳の読みの力の弱い子どもたちに3種類の理論的に裏付けのある介入方法を実践し、その効果を比較した。対象児は、イングランド北部のカンブリア州の全児童を対象としたスクリーニングで、読み能力がおおむね下位15％内にあると判定された子どもたちである。IQによる除外はされていないので、全員がディスレクシアとは診断できないかもしれないが、相当数はディスレクシアであると思われる。

　研究のスタート時点で、子どもたちは4つの群に割り振られた。介入は20週にわたり、週2回、個別で30分の指導を行った。指導方法は、ニュージーランドのClay（1985）によって開発されたReading Recovery法をベースとし、読みのプログラムには、子どものレベルに応じて適切に選択された本を読ませることが含まれた。介入の形態は3種類であった。Reading Alone群（読み指導群）では、指導レベルに応じた本を読み、文脈と意味を活用しながら読む指導を受け、あわせて、単語の読み書きの指導も受けた。Phonology Alone群（音韻指導群）は、音韻スキルについての集中した指導を受けるが、読みの指導は受けなかった。Reading with Phonology群（読みと音韻指導群）は、基本的にはReading Alone群の指導法と同じで、それにPhonology Alone群の音韻の訓練を行い、フォニック訓練に力点が置かれた。さらに、この群の子どもたちは教材のプラスチック製の文字を使って、語頭子音を入れ替えて新しい単語を作る活動などを行った。こうした、文字・音対応や単語内のつづりと音の関係付けを行って、"音の関係付け（sound-linkage）"訓練を受けた。

　すべての子どもたちは、介入開始前と終了後に、読みとそれに関連した広範な評価を受けた。これら3つの群で見られた読みの進歩と、特別な指導を受けていない（その中の多くの子どもたちは学校や両親から様々な形で指導を受けているのであるが）統制群の結果を比較した。結果は驚くべきものであった。介入終了時で、Reading with Phonology群（読みと音韻指導群）が、他の2群より大きな進歩を示した。彼らは6か月にわたる実験介入期間に、読み年齢で12か月かそれ以上の伸びを示したのである。つづりと読解についても同様の結果であった。実験終了後9か月後のフォローアップでも、こうした群間の差が依然

として見出されたが、Reading with Phonology群（読みと音韻指導群）と他の群の差は若干減じていた。

　この研究は、極めて重度の読みの困難さを持つ子どもたちでも、体系的でしっかり計画された個別指導によって、上達するということの明確なエビデンスを示した。最も効果的な指導方法は、ディスレクシアの持つ困難さと密接に結び付いているものであった。Reading with Phonology（読みと音韻指導）を行う指導プログラムは、音韻の問題に直接取り組むものであり、音の関係付け（sound-linkage）訓練によって音韻と読みをはっきりと関係させるものでもあった。この関係付けこそが、このプログラムの成功の鍵であると思われる。Reading with Phonology群（読みと音韻指導群）の２倍の音韻スキルの訓練を受けたPhonology Alone群（音韻指導群）は、音韻スキルでは大幅な向上を認めたが、読みの向上には結び付かなかった。Reading with Phonology群（読みと音韻指導群）の指導が有効であったということは、トライアングルモデルで、効率のよい音韻回路を形成するためには、単語の文字（書記素）と文字が表す音素の結び付けを学習しなくてはならないということと軌を一にしている。Reading with Phonology群（読みと音韻指導群）の指導方法は、子どもたちの音韻（音素）表象を改善し、同時に読みを練習することで、音韻と正書法（orthographic）の表象との対応を直接に訓練することになるので、音韻回路を発達させる上で有効であるというのは、理にかなったことと思われる。

　この研究のデータをさらに分析した結果（Hatcher & Hulme, 1999）、指導法への子どもの反応の具合（読みの正確さの向上で判断すると）を最もよく予測するのは、介入開始時の音素削除スキルであった。言語性IQの高いものは、読解でより大きな進歩を示した。

　Torgesenらの研究は（Torgesen, 2001; Torgesen et al., 2001）、集中指導によってどの程度向上したか程度を明確に示したという点で重要である。その研究では、８歳から10歳のディスレクシアのある子ども60名が２群に分けられた。１群はLindamood Phoneme Sequencing（LIPS）のプログラムで指導された。それは単語を音素に分解して、ディコーディングすることと、一つひとつの音の構音を意識させることによって（articulatory awareness training）音素意識を向上させることに力点が置かれている。この２つの訓練が指導時間の85％を占め、単語やテキストレベルの読み書きに費やされるのは、指導時間のたった15％にすぎなかった。もう一方の群はEmbedded Phonics（EP）プログラムを受けた。このプログラムは、テキストを読むことに重きを置き、フォニックや音素意識の直接指導は短時間しか行わない。この研究の特徴は、指導の密度の濃さにある。子どもたちは８週間にわたって毎日２回50分の個別指導を受けた（Hetcherらの研究（1994）では20週で20時間であったが、この研究では８週で67.5時間の指導を受けることになる）。

　この研究の結果はとても印象的である。指導終了時にはLIPS群の方が少しよい成績であったが、その差は統計的に有意とまではいかなかった。両群ともに、指導開始時に、読みの正確さの標準スコアが70〜80であったが、指導終了時には、90まで伸びた（平均は100である）。これは、読みのスコア（reading scores）が、重度に障害されているレベルからノーマルの下限まで向上し、読みの困難さが大幅に改善したことを示す。介入終了から１年後、２年後のフォローアップでも、改善は維持されていた。しかし、読みの遅さは依

然として残っていた。

　Torgesenらの研究（2001）や、他の研究（Hatcher et al., 1994; Lovett et al., 1994; Wise, Ring, & Olson, 1999）の知見は、音韻意識の訓練と体系的なフォニック指導を合わせて行うことが、ディスレクシアの読み改善に有効であることを示している。Torgesenらの研究からは、音韻意識の訓練とフォニックでの読みの指導（音素を意識した読み指導）という基本原理を踏まえていれば、どんなアプローチでも同じような効果を上げることができるように思われる。

読みの失敗を予防する早期の介入

　指導の有効性に関する研究は、早期から、音素意識と文字とスピーチの関係の理解を促進するように介入すれば、読みの困難を予防することができるというエビデンスを示してきた。

　今や古典的とさえいえるBradleyとBryant（1983）の研究では、4歳児に音のカテゴリー分け課題（頭韻と脚韻の感受性を評価する検査）が実施された。音のカテゴリー分類の弱い子どもを4群に分けた。第1群は音のカテゴリー分類の訓練を行った。第2群は音のカテゴリー分類と文字・音対応訓練を行った。第3群は意味から分類する訓練を行った。この研究の仮説は、4歳で音のカテゴリー分類の弱さを持つ子どもたちに対して、訓練を行うことで、音韻スキルを向上させ、将来予想される読みの困難を予防することができるだろうというものであった。この仮説を支持する傾向は認められたが、読みが最も向上した者は、音のカテゴリー分類訓練と文字・音対応訓練を合わせて受けた者たちであった。

　最近の研究から、読み障害のリスクありと判断された子どもたちに対する予防介入の効果について興味深い結果が報告されている。Torgesenら（1999）は、読み障害のリスクが高い12％内にあると判断された子どもたちに、88時間の個別指導を行った。指導介入はキンダーガーテン在籍中に開始され、2年生まで継続された。この研究で最も効果的であったのは、先述したLIPSプログラムであった。この研究の協力者は、ほぼ平均レベルの読みの正確さ（標準スコア99）と速度（標準スコア97）を達成し、その状態が2年生から4年生まで持続した。注目すべきことは、研究の指導介入は、長期にわたる極めて密度の高いものであることである。

　Hindsonら（2005）は、音素意識の訓練と本の音読を合わせた指導を、ディスレクシアの家族性のリスクを持つ子どもとリスクのない子どもたちに行った。家族性のリスクがあるが、指導介入を受けない子どもたちは、統制群として扱われた。リスクあり介入あり群の子どもたちは、リスクあり介入なしの対照群より、介入後に、音素意識で向上が認められ、プリントコンセプト（print concept）（プリントについての概念。*訳注：本の扱い方がわかるか、挿絵と本文の区別がわかるかなどの活字・本に関する初歩的な知識のこと）のテスト成績がよかった。しかし、リスクあり群は、文字・音対応の知識と初期の読みスキルでは、リスクなし群に劣っていた。2年後のフォローアップでは、リスクあり群はリスクなし群より、読みとつづりで劣っていた。したがって、指導介入は、リスクあり群の読みスキルを向上させはするが、リスクなし群のレベルまで引き上げることは難しいと思われる。研

究の終了時の読みスキルを最もよく予測した指標は、キンダーガーテン時の音素意識スキルであり、音素意識がよいほど介入への反応がよいことが見出されている。

　Hatcher、HulmeとSnowling（2004）は、学校教育の最初の2年間に学級全体を対象とした4種の異なる指導方法を行って、その効果を比較した。すべての指導法の基盤は、高度に構造化されたフォニックに基づいた指導プログラム（Reading Alone）で、このプログラムに韻レベルの音韻意識訓練（Reading with Rhyme）を組み合わせたもの、あるいは音素意識訓練を組み合わせたもの（Reading with Phoneme）、韻と音素の意識訓練を組み合わせたもの（Reading with Rhyme and Phoneme）が用いられた。定型発達児群では研究終了時に4つの指導法による異なりは認められなかった。しかし、読み障害のリスクありとされた子どもたちでは、口頭での音素意識訓練を行った2つの指導法で、わずかではあるが信頼できる向上が認められた。この介入方法で、他の2つの指導法より読みの問題は軽減したが、読み障害を予防するには不十分であった。初期の音素意識スキルは、どの指導方法の群の子どもたちにおいても、読みのスキルの有力な予測指標であった（韻レベルのスキルよりはるかに有力である）。この研究は、Hindsonらの研究同様、音素意識の訓練が、早期の読み障害の予防を目的としたプログラムに含められるべき有効な指導法であることを示唆している。しかし、両研究ともに、ハイリスク児においては、介入によって読みの問題が改善はするが、読みの問題をなくすことはできないという事実をはっきりと示している。ハイリスク児の読み障害を予防するには、かなり長期にわたる相当密度の高い介入が必要であると思われる。

ディスレクシアの読みの困難さの対応と予防：まとめ

　体系的に整理され構造化されたフォニックリーディング指導（フォニックを活用して読むこと）と音素意識向上のための活動など理論的裏付けのある指導介入方法が、ディスレクシアの読みの問題に対して有効である。同様に、上記のアプローチの幼児版は、読み障害のリスクがあると判断された子どもたちの読みの問題を軽減する上で有効である。しかし、どれ一つとして即効薬はない。ディスレクシアの読みの問題を克服する／予防するには、長時間の熟練した密度の濃い指導が必要である。これまでのところ奇跡的な方策は見出されておらず、ディスレクシアのある多くの子どもたちは、読みスキルを発達させるために、長期間にわたる継続的な指導を必要としている。

本章のまとめ

　発達性ディスレクシアは、子どもの3〜4％に起こるよく見られる学習困難である。注意、言語、運動の障害など他の障害と併存することが多い。ディスレクシアのある子どもたちの問題は、言語音の処理に関与する（音韻メカニズム）脳のメカニズムの発達の問題によると考えられる。原因をめぐって様々な可能性について研究がなされているが、これまでのところ十分な裏付けのある唯一の原因仮説は、ディスレクシアの大半のケースは"音韻の中核の障害"（phonological core deficit）を反映しているというものである。遺伝的な

リスク要因がディスレクシアの原因として強く作用しているように思われる。ディスレクシアの対応の研究は進んでいて、子どもたちの読みの問題にどう対応するか、どう予防するかについてはかなりの知識の蓄積がなされてきた。音素意識の訓練と体系的に構造化された読み指導とを合わせて行うことが、障害に対応し障害の進展を阻止し、予防する上で有効である。そうした専門的な指導プログラムによって大いに恩恵に浴することができる多くの子どもたちが、いまだにその恩恵を受けることができないのは極めて残念なことである。

第3章
読み障害Ⅱ：読解障害

　読解困難児（poor comprehenders）といわれる読解障害のある子どもたち（children with reading comprehension impairment）は、ディスレクシアの読みの難しさとは、はっきりと対照的なパターンを持っている。これらの子どもたちは、通常の正確さと速度で単語を音読できるが、意味を理解することができない。読解障害についてはディスレクシアほど研究も認識もされておらず、また同様に私たちも読解障害について言及できることはわずかである。

定義と有病率

　第2章に記したように、DSM-Ⅳでは読解困難と音読の正確さ（reading accuracy）の困難は区別されていない。しかし、この2つの障害は、特徴も起源も全く異なるため、明確に区別することが重要である。読解障害の定義は簡単である：読解障害では、子どもたちは音読の正確さのテストで良い成績を示す一方で、標準化された読解検査では明らかな困難を示す。一般的に、研究で対象とする子どもを選定する基準は、音読の正確さは年齢相応だが、読解の成績は期待されるレベルを少なくとも1年下回ることである。年齢相応のスコアの解釈は難しい（例えば、7歳の子どもの1年の遅れとは、14歳の子どもの1年の遅れと同程度なのか、それとももっと遅れが大きいのか）。より妥当な診断基準は、標準化された検査において読解の成績が少なくともその子どもの音読の正確さの1標準偏差以下とすることだろう。

　これまで読解障害の集団研究はなかったが、初期の研究からは読解障害が比較的一般的であったことが窺われる。StothardとHulme（1992）、NationとSnowling（1997）は、任意に抽出された小学生のうちおよそ10％が相対的に高い音読の正確さを持ちながら、著明な読解障害を持っていたとしている。しかし、最近の我々の研究ではこのような読みパターンの有病率は恵まれた通学区域では少ないなど、学校のある地域によって異なることが示唆されている。

　読解困難の有病率が影響を受ける他の要因は、読解の評価に用いるテストである。読解テストは種類によって、単語レベルのディコーディングスキルに関する要求が異なるため、読解のテストとしての妥当性にばらつきが出るのである（これはディコーディングテストと

は対照的である。Keenan & Betjemann, 2006; Nation & Snowling, 1997)。例えば、読解問題の中には、テキストを参照せずとも、一般知識だけで答えられる場合もあるからだ。

イギリスで、読解の評価に最も幅広く用いられてきたのはNeale Analysis of Reading Ability（Neale, 1989, 1997）で、これは短いテキストを読んで、後から質問に答える形式である。Bowyer-CraneとSnowling（2005）は、この検査にある読解の質問を分析し、字義どおりの事項に加えて、まず第一に結束的な推論（cohesive inferences）が要求される問題であることを明らかにした。結束的な推論とは、例えば、文中の異なる部分を関係付けるために指示語や代名詞を同定していく過程などを意味し、読解に必須のものである。対照的に、当時イギリスで使われていた読解を評価するもう1つのテスト（The Wechsler Objective Reading Dimensions（WORD）；Wechsler, 1993）は、主として精緻化推論力（elaborative inferences）を評価している。精緻化推論力とは、問題文には書かれていない情報を加えていくことである。これらの推論能力は明らかにテキストの表現を詳細に理解することにつながるが、理解には必須ではない。Bowyer-CraneとSnowling（2005）は、Neale testの結果では読解困難があると考えられる子どもたちが、WORD testでは正常範囲内の成績であったことを指摘している。

読解の発達：理論的枠組み

言語スキルの役割

テキストを読んで理解するということは、話しことばの理解に関わるすべてとはいわなくても、その多くのプロセスを動員した複雑な作業である。すでに述べたとおり、あるテキストを音読できるということと、それを読解できるということには明らかな違いがある。論理的には、読解をするためには、適切なディコーディングが不可欠ではあるが、それだけでは十分ではない。GoughとTunmer（1986）は、この考えをSimple View of Reading modelの中で図示している。ここでは、読解はR＝D×Cの公式で表される。つまり、読解（reading comprehension(R)）は、ディコーディング（decoding(D)）と言語理解（linguistic comprehension(C)）の積となる。また、このモデルは、個人の読解力はディコーディング力に依存するという考えを示している。すなわち、ディコーディングが全くできないゼロなら、読解は成立しない。逆に、どんなにディコーディングがよくできても、言語理解（C）がゼロでは、読解は成立しない（図3.1参照）。

読解障害は、適切な音読の正確さ（ディコーディング）を持ち合わせた上で、読解力が低下していることと定義される。つまり、Simple View of Reading modelは、読解障害の子どもたちの持つ問題が言語理解（C）にあるという明確な予測を示す。しかし、逆に言語理解（C）もまた、言語の種々のサブシステム、すなわち文法（Box 3.1を参照）、意味（semantics：語の意味に関連する言語システム）、語用（pragmatics：与えられた文脈状況における関係性を表す言語システム）の相互作用に依存するのである。

第3章　読み障害Ⅱ：読解障害

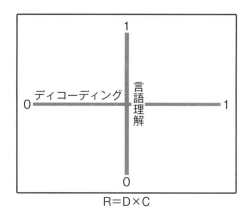

図3.1 Simple View of Reading model
（Gough, P. & Tunmer, W. (1986) より Hulme, C. and Snowling. J. がSage Publications Inc. Journalsの許可を得て作成）

　子どもの語彙の知識と言語の文法構造を処理する能力が、とりわけ読解にとって重要なことを示すエビデンスが多くの研究で報告されている。第2章で述べたとおり、Muter、Hulme、SnowlingとStevenson（2004）は、90名の子どもたち（おおよそ4歳9か月から6歳9か月）を対象に、読み学習の最初の2年間について縦断研究を行った。まず、就学後すぐに、読みのスキル、文字と音の対応知識、音韻意識、語彙知識について評価した。そして、1年後、再度同じ検査が行われ、さらに統辞意識（syntactic awareness）と形態素生成（morphological generation）に関する検査が行われた。

　統辞意識は、語順訂正課題を用いて評価した（Tunmer, 1989）。この課題では、子どもたちは、意味を成さない順番で提示される複数の単語を聞いた後、単語を並べ替えて、意味が通る文を作るように要求された。例えば、検査者が"Ben throwing was stones."と言ったら、子どもは"Ben was throwing stones."と答えなければならなかった。

　形態素生成課題では、意味が通るように適切に語尾変化を行って屈折語と派生語を生成する能力を評価した。検査の各項目では、子どもは絵を見せられた後、検査者から2つの

Box 3.1　文法と形態論

　文法とは、単語の配列と形態に関する言語のシステムである。統辞とは、文中における単語の配列の規則と、語順がどのように意味に作用するかを扱う。英語では、語順は文の意味を決定付ける。形態論は単語の意味の構成要素に関する言語のシステムであり、構成要素を操作することでどのように語の意味が変化するかを扱っている。わかりやすい例を挙げると、英語の名詞の複数形は通常複数を表す形態素"s"を単語に加えることで示される。つまり、"cake"という語では、"one cake"や"three cakes"のように、形態素"s"を付加することで1つ以上のケーキを話題にすることを示す。読解には、形態と統辞の知識の両方が必須である。

文を聞かされた。第一の文は語幹を含んだ文で、これを聞いた後に文末が省略された第二の文を聞き、子どもは語形を変化させて答えた。わかりやすくいうと、子どもは足りない語を補充し、新たな形態素の形を産生するよう求められた。例えば、"Here is a tree, here are three…" という課題では、[trees] を補充して答え、"The burglar steals the jewels, here are the jewels he…" では、[stole] と答えるといったように。

　この研究の当初（4歳9か月）および1年後、読みは単語のディコーディングスキルを指標に評価され、研究終了時（就学後2年）では、子どもたち全員に、読んだパッセージ（passage）について質問に答える短文読解テスト（Neale Analysis of Reading Abitliy）が課された。この研究の目的は、子どもたちの統辞や形態素スキルの差および語彙知識が研究終了時の読解能力をどの程度予測するかという興味深い疑問に答えることであった。結果を図3.2のパス図にまとめた。

　このパス図は、統計的に、5歳9か月時点での子どもたちの単語の読みの能力（例えば、ディコーディングスキル）は6歳9か月時点での読解能力を強く予測することを示している。しかし、この後は、語彙知識と文法スキル（統辞・形態素）が読解能力を予測するさらに重要な因子となる。まとめると、研究終了時の子どもの読解能力の違いの86％は、単語認識スキル（word recognition skill）、語彙、そして文法スキルで説明できる。これらの研究結果はSimple View of Reading modelからまさに予測したとおりであった。このパターンは、単語認識スキル、単語の意味理解（語彙）、意味を伝えるために単語および単語の要素の組合せ（統辞と形態素）をいかに使用するかによって読解能力が左右されるという理論を強く支持する。

　読解能力の予測値としてのディコーディングスキルと言語理解スキルの相対的な重要性は、年齢とともに変化するようだ。読み学習の最も早い段階では、ディコーディングスキ

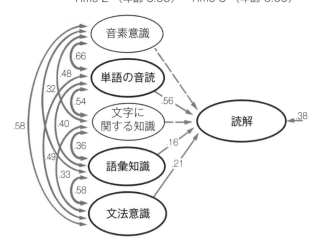

図3.2　読解の長期的な予測因子

(Muter, V., Hulme, C., Snowling, M.J., Stevenson, J., Phonemes, rimes, vocabularly and grammartical skills as foundations of early reading development. *Developmental Psychology*, 40, p. 675. Copyright© (2004) American Psychological Associationの許可を得て改変して掲載)

ルは非常に重要である。なぜならこの発達段階では、どの程度基本的なディコーディングスキルを習得したかということは、子どもによって比較的大きな違いがあるからだ。しかし、すでに読みの練習を積んだもう少し大きな子どもたちのディコーディングは適正レベルに達しており、言語理解スキルの違いがより重要となる。

　この発達的視点と関連して、Gough、HooverとPetersen（1996）は、幅広い年齢を対象に読解、言語理解、そしてディコーディングスキルの相互関係のパターンをまとめたメタ分析を報告している。幼少から年長にかけて、ディコーディングスキルと読解の関連性は減少傾向にある（すなわち、読解はディコーディングスキルに徐々に依存しなくなる）。その一方で、言語理解と読解の関連性は増していく。読解において相対的にいいスタートを切った子どもたちが、ディコーディングスキルの重要性が低下し、言語理解スキルの重要性が増す時期になると読解困難に直面することが起こる。Leach、ScarboroughとRescorla（2003）は、このように遅く現れる（late emerging）読解困難児のグループについて言及している。

テキスト読解の心的モデル発達に関するスキル

　読解についての心理言語学理論は、熟達したテキスト読解に必要な認知プロセスについて述べている。例えば、KintschとRawson（2005）は、それに関連した表象タイプを考える枠組みを示した。まず、テキスト読解の第1段階は、言語学レベルである。この段階はテキスト読解の基本的なプロセスで、テキストに含まれる単語を認識・理解し、それらの単語に文中の役割機能を与える。そして、次の段階では、読み手はあるテキストのパッセージが意図する意味的表象を構築する。これは第1段階の単語レベルよりも高いレベルで行われるプロセスである。KintschとRawsonは、テキストをミクロ構造とマクロ構造の表象に区別している。ミクロ構造は、互いに関連するidea unit（または命題）を一つのセットとして記憶する。命題は、たいていの場合、テキスト中の句（phrase）に対応する（例えば、the dog bit the man.「犬はその男に噛みついた」という句では、命題と句が直接に対応している）。命題の意味を見出すということは、文に含まれるそれぞれの単語の意味を知っているかどうかによって決まり（先ほどの例では、dog, man, bit）、また、文中での形式や語順が与えられたとき、語の正しい意味を理解するための文法規則を利用できるかどうかにかかっている（ここでは噛みついたのは人ではなく犬だったということ、これは過去に起こったことが文法規則から理解できることが必要である）。テキストの一貫したミクロ構造表象を構築することは複雑な作業であり、最低限の語彙と文法（統辞と形態）の知識、加えて推論能力も必要とされる。推論は読みに必要である。例えば、照応的指示（anaphoric reference）は、代名詞が示す目的語の理解を前提としているので、*John asked Peter for his ball back.*という文では、代名詞hisがJohnを指し、Peterではないということがわかるのである。

　さらに高いレベルにおいて、KintschとRawson（2005）は、テキストのミクロ構造表象に含まれる要素は、マクロ構造もしくはグローバルなトピックを含んだ高いレベルの表象に組み込まれる必要があると主張している（それらはすべての命題とそれらの相互の関連性を含む）。例えば、とても単純な物語で、初めに2人の人物が登場し、物語の中ほどで驚くような出来事が起こり、結末でその出来事が解決するとする。このような単純な物語の

場合、マクロ構造では、3つのトピックが互いに直接に関連付けられている。子どもは幅広い物語スキーマおよび様々な書きことばのスタイル（ジャンル）に関する知識を持っており、そのことが読解に大いに役立っている（Box 3.2を参照）。

小学校低学年では、物語といえば、子どもが読み聞かせや口承で伝えられた聞きなれたテーマのものである。後期になると、出来事の時間的順序を並べ替えたり、予想される結末を変えたりなど、著者が物語を異なる方法で描くのを読んで面白さを味わうようになる。このような読書鑑賞は、経験を重ねることによって可能となるため、読書量の多い流暢な読み手がこの意識を発達させるということは容易に理解できる。反対に、読解困難児、つまり本をあまり読まない子どもたちが、不利になるだろうこともよくわかることである。

ミクロ構造表象とマクロ構造表象はどちらも、KintschとRawson（2005）がテキストベース（textbase）と呼ぶ表象の一部である。また、いずれの表象も、テキストに記されたことばの中から直接的に導き出され、それぞれはパッセージが伝えようとする意味を読み手が理解するのに必要な異なるレベルを表している。仮に、読み手がミクロ構造表象しか持たないとしたら、読み手はパッセージの詳細に埋もれてしまう。マクロ構造表象を形成するということは、パッセージ（主旨）にある大きなトピックを抽出して、それらの相互の関連性を明確にすることである。

語用的スキル：与えられた情報を超えて

ここで、聴覚的理解と読解は、これまでは言及していない言語の領域：語用論（pragmatics）に依存するということを考える必要がある。語用的スキルは、意味を伝達するために言語を適切に使用し、「与えられた情報」を超えて、話し手（または書き手）の意図を推論する能力と関連している。パッセージを適切に理解するには、たいていの場合読んだ内容を一般知識と関連付ける必要がある。この考えはKinstchとRawsonが状況モデルと呼んだものと関係している。例えば、キッチンでの出来事についての文章を読んでいるとして、もうすぐ食事の時間になるので、母親が子どもに「食卓の準備をしなきゃ」と言ったとすれば、妥当な解釈としては「食事を始められるように料理とナイフ・フォークを並べるのを手伝ってほしい」ということになるが、それは文章で読んだ内容以上の意味を読み取っていることになる。文学的な手法の一つである皮肉などは、明らかに複数の意味の階層によって決まるものであり、それを理解するには文章を反芻し、心に留め、著者の意図する内容について幅広く理解する過程が必要である。読解とは、読解の基礎である言語理解と同様に、ワーキングメモリに頼る非常に相互作用的で建設的な過程である。それゆえ、一般的に読解に問題を抱える子どもたちが話しことばの理解の障害を持つことがあっても不思議ではない。

語用的な言語能力の観点から考えると、読解のためには、著者の意図するメッセージを引き出せるように、読み手は著者と共通の枠組みを共有し、また同時に、枠組みと関連することとそうではないことを区別し、字義的な意味を超えた推論をしなければならない。とりわけ読解に必要とされる語用的スキルの一つが、他者の考えや信条を受け入れる能力であり、このスキルは通常では心理化（mentalizing）または「心の理論」と呼ばれるもの

第3章 読み障害Ⅱ：読解障害

Box 3.2　物語スキーマ

　物語スキーマは、典型的な物語構成を表すテンプレート（定型書式）またはプロトコルである。基本的には、物語は「設定（例.むかしむかしあるところに）」「筋立て（何かが起こり）」「結末（みんな幸せに暮らしましたとさ）」から成り立っている。もっと詳しい物語スキーマは、登場人物と設定、出来事とそれへの反応、解決、そして物語の結末を含む。よくある物語スキーマは誕生日パーティ、動物園への遠足、学校生活での1日などの一般的な経験を描いている。そのようなスキーマは、読解プロセスを導く「道案内」のようなものである。以下に「The Story Maker's Chest」（Carbett, 2005）から引用した物語スキーマの例を示す。

サスペンスの物語フレーム

① 主人公は何かをしに出かける

② すべてが順調にいく

③ 不安が高まる―その場にふさわしくない音や光が生じ、脅かす

④ 主人公は逃げる、または、それを調べに行く

⑤ 主人公は捕まる／主人公はそれが何か理解する

⑥ それは有害なものでないことがわかる

である。心の理論は、就学前の子どもたちが他者の感情を受け入れる（感情移入する）ようになることに始まる。しかしながら、ジョークや嘘、批判、皮肉などの言語的表現手段を受け入れるには、より高度の理解力が要求される。物語では、このような字義どおりではない話題が頻繁に伝えられる。心の理論を持たない子どもは、物語の出来事の理解は不完全となることが多いだろう。自閉症を扱う章（*訳注：本書では原著第8章自閉症は省略）では、再びテキストの語用的側面について考えることとする。読解困難は、自閉症を持つ子どもたちによく見られる特徴である。実際に自閉症の子どもたちの多くは読解困難児の行動特徴と合致し、過読症（hyperlexic）と称されている（Nation, 1999）。

テキスト読解能力の基礎となる様々な表象形成に関するこれらの考えは、読み手が能動的に、パッセージの意味を解釈して、それを予備知識と関連付ける心的モデルをつくっていることを意味している（Johnson-Laird, 1983）。さらに、熟達した読解では、関連する情報を見分け、これを活性化した状態に保つことが必要である一方で、無関連情報はアクセスしにくい状態に保つことが必要である。このように考えると、読解は、ワーキングメモリも含んだ多くの様々な認知プロセスを利用しているということが容易に理解できる。実際には、読解においては、複数のプロセスへの注意の配分が大変重要であり、それは実行機能に頼るものとなっている。ワーキングメモリは、有限な能力である。したがって、読解プロセスの産物同士を同時にネットワーク化して結合させることが重要になってくる。例えば、個々の単語や文の意味のいずれかが一旦意味のあるチャンクに統合されてしまうと、それらを個々に思い出すことは非効率的になる。むしろ、新しい情報を処理するためには個々のものを思い出すことを抑制する必要が出てくる。理解を成功させるために表面的な細かいことを捨象することは、言語理解の一般的な特徴である（Gernsbacher, 1985）。

読解モニタリング

多くのプロセスが読解と関連することが明らかになってきた。重要なプロセスの一つに読解モニタリングがある。読解モニタリングは、3つの段階を含んでいる。まず、読む前にいくつかの活動（読みの目的は何か、読み手がテキストから抽出したいことは何かなどを検討すること）を計画し、次に自己評価をし、最後に読みながら修正することである（Ehrlich, Remond, & Tardieu, 1999）。うまく読解できないときは、意味を掴むためにおそらくパッセージを再度読み直し、問題解決に取り組むことが重要になる。上手な読解スキルと下手な読解スキルを持つ子どもの違いで明らかなのは、読んだ内容の理解をモニターしたり、能動的に確認したりする能力の違いである（Baker & Brown, 1984）。読み手が自分自身の読解をモニターできないと、読解がうまくいかないときに、それに気付き適切な代償行為（例えば、パッセージをもう一度読み直す、または知らない単語の意味を尋ねるなど）をとることができない。

まとめ

読解は、ほぼ確実に言語理解に関するあらゆるプロセスに関連しており、また読解に特有の他のプロセスにも関連しているといえる。図3.3（Perfetti, Landi, & Oakhill, 2005より）は、

第3章　読み障害Ⅱ：読解障害

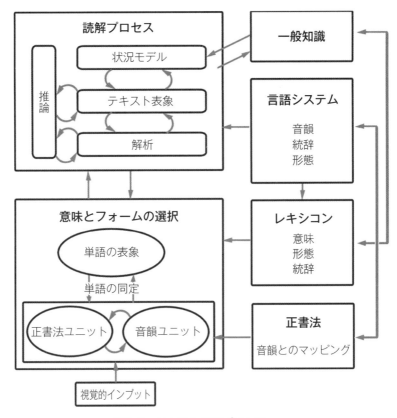

図3.3　テキスト読解プロセス

(Perfetti, C.A, Landi, N., & Oakhill, J. (2005). The acquisition of reading comprehension skill. Snowling, M.J. & Hulme, C. (編著) *The Science of Reading: A Handbook*, p. 229. Wileyの許可を得て転載)

関連するいくつかの主要なプロセスをまとめている。読解は、このように複雑なスキルであるため、多くの点に関してうまくいかないことが起こりうる。これまで述べたとおり、うまく読解できない有力な原因の一つにディコーディングの困難さがある。しかし、本章で取り上げる子どもたちには、単語認識（word recognition）や単語のディコーディングの困難さでは説明できない読解の問題がある。これらの子どもたちに見られる読解スキルのプロフィールについて、次で検討していくことにする。

読解困難児の読み障害のパターン

　読解障害の診断は、音読の正確さの水準から予測されるよりも読解能力が低い子どもたちを特定することによってなされる。多くの読解困難児は正確に流暢に音読できるため、学校では気付かれないといってもいいだろう。読解障害の基本的なプロフィールは、パッセージを正確に音読できるが、そのパッセージの意味について質問すると貧弱な答えをするような子どもたちである。さらに詳細にいうと、読解障害を持つ子どもたちは音読の正確さの測定においてもいくつかの微妙な違いを示し、その違いは読みの問題の根底にある

認知的な欠陥の観点から説明することができる。NationとSnowling（1998a）は、読解困難児と読み年齢をマッチさせた統制群に対し、頻度と規則性を変数にした単語を音読させた。2群ともに、高頻度語は正しく音読できたが、読解困難群では統制群よりも低頻度語の読みにおいて読み誤りを多く認め、例外語の読みでは正確性が低下する傾向が見られた。これは小さな違いではあるが、衝撃的な事実である。なぜなら、このグループは、非語のディコーディング能力テストでマッチされ、音韻能力には差がないからだ。トライアングルモデル（第2章で議論される）では、意味的能力に弱さがある子どもたちは、読みの発達では意味の経路が不可欠であるために、読みの学習が進んだ段階で特定の困難さが顕著になる。英語では、このことは、「音韻経路」では十分に説明できない単語の読みの問題として解釈される。すなわち、低頻度語と例外語の読みの困難さは、彼らが意味経路にわずかな障害を持つという仮説と一致する（Ricketts, Nation, & Bishop, 2007も参照）。

　テキストの読みでは、単語の認識は文脈から得るものが大きい。NationとSnowling（1998b）は、読解困難児がどれだけ文脈を利用するかを評価する目的で、彼らと単語の読み能力でマッチさせた定型発達児、ディスレクシア児の3群を比較した。読みにおける文脈効果は、子どもたちに例外語のセットを単語単独または口語体の文に続いて音読させる方法で評価した。文の音読では、文末の単語を読むという課題を課したが、子どもが簡単にその語を推量できるほどやさしい課題にならないように選定した（例　We end our assembly with a "hymn" わたしたちはその集会を"讃美歌"で閉じた；I went shopping with my mother and "aunt" 私は母と"おば"と買い物に行った）。成績は、音読の正確さと反応潜時の双方で評価した。

　3群の子どもたち（読解困難児、ディスレクシア児、統制群）はターゲット語を単独で読んだ場合は、正確さに違いはなく、単語の読みの能力は適切にマッチされていたことが確認された。しかし、文脈の影響下では差が生じた。すべての子どもたちに文脈効果はあったが、効果の程度は、統制群よりもディスレクシア群の方が高かった。一方で、読解困難群は統制群よりも効果の程度が小さかった。

　トライアングルモデルでは、文の枠組がもたらす意味的な活性化は、意味経路を刺激し、親密度の低い単語の発音を促す（図3.4を参照）と考えられる。ディコーディング能力が低いディスレクシア児は、文脈利用において非常に有利であったが、一方で読解困難児にはほとんど文脈の効果がなかった。興味深いことに、サンプル全体において文脈の促進効果は聴覚的理解能力と相関した。予想していたとおり、文脈の影響をほとんど示さなかった読解困難児は聴覚的理解力も低かった。

　要約すると、読解障害の子どもたちはディコーディング能力は問題がないと説明できるが、上記の実験研究では読解障害の子どもたちの読み能力の発達は、定型発達児と比べて些少の違いがあることが明らかになった。

読解障害の認知的説明

　読解障害（ディコーディングスキルは正常で、読み理解の障害がある）を示す子どもの読みの難しさのパターンは、彼らの言語プロフィールについて、明確な仮説を示す。ディスレ

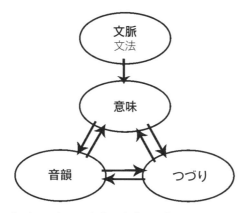

図3.4 SeidenbergとMcClelland（1989）のトライアングルモデル
(Seidenberg, M.S. and McClelland, J. A distributed, developmental model of word recognition. *Psychological Review*, 96, p. 526. Copyright© (2004) American Psychological Associationの許可を得て改変して掲載)

クシアのディコーディングの問題は、音韻の困難（phonological difficulties）と密接に関連することがよく認識されているので、一方の読解障害児では音韻能力は正常と考えがちだ。すなわち、読解障害児は、意味スキル・統辞スキル（そして、たぶん語用的スキルも）が障害されていると考えられることが多い。おおまかには、これらの推定は研究によって裏付けられている。これは、口頭言語（oral language）の異なる要素的スキルが、異なる種類の読み困難の原因となるという因果モデルにつながる（図3.5）。このモデルでは音韻スキル障害は、単語認識スキル（word recognition skill）の発達に問題を生じさせ、これが結果的に子どもの読解スキルを妨げるという。反対に、音読の正確さのスキルが十分であったとしても、語彙・文法（形態的統辞的）スキルが乏しいということが、読解に関する問題の原因となるかもしれない（これが読解障害児に見られるパターンである）。

音韻スキル

図3.5に示した読み障害の因果モデルは、音韻障害と読解困難児に見られる読み障害のプロフィールの間には直接的な関連性がないことを示唆している。音韻スキルの乏しさが、このモデルで唯一読解に影響を与える経路は、単語の認識困難（word recognition difficulty）（ディスレクシア）を経由する経路である。StothardとHulme（1995）は、音韻スキルについて読解困難群と年齢統制群とを比較検討した。さらに、読解の到達度テストで統制された年少児を加えた（いわゆる読解年齢統制デザイン（comprehension-age-matched design））。読解困難群のスプーナーリズム課題（口頭で提示された連続した2単語において、互いに相当する位置の音素を入れ換える課題。例えば"Shopping List"という語を聞いた後で、各々の語頭音素を入れ替え"Lopping Shist"と答える）の成績は、年齢統制群と一致していた（また、両群は、読解年齢統制群より良い成績であった）。読解困難群もまた、非語を年齢統制群と同程度に読むことができ、読解困難群が、単語のみ単独に示されても正しく音読し、ディコーディングの音韻情報利用には熟達していることを示した。同様に、読解困難群は単語を正しくつづることができ、そして両群ともに、音声どおりにつづる正確さは同

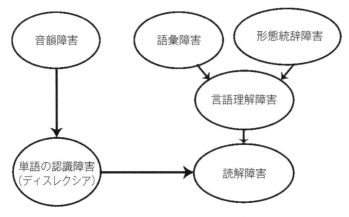

図3.5 読解障害の原因を示すパス図

じレベルであった。つまり、つづりを誤った単語であっても音の構造を表象することについては大変正確であった。これらの結果は、予測どおり、読解困難群がディコーディングとつづりのスキルの発達を支える音韻スキルには問題を持たないことを示している。これは、多くの研究者によって繰り返し報告されていることである（例えばCain, Oakhill & Bryant, 2000; Catts, Adlof & Ellis Weismer, 2006; Nation & Snowling, 1998a）。

ディスレクシアの研究ですでに見たとおり、子どもの音韻スキルの他の評価方法として、言語性記憶力評価法がある。StothardとHulme（1992）、Cain、OakhillとBryant（2004）のいずれも、単純なスパン課題（simple span tasks）では、読解困難児と年齢統制群・読解年齢統制群との間に記憶に差がないことを報告した。また、Nation、Adams、Bowyer-CraneとSnowling（1999）は、読解困難児は、短い単語・長い単語・非語のリストを年齢統制群と同じ程度に記憶した（Roodenrys, Hulme & Brown, 1993が定型発達児に用いた方法に従って）ことを明らかにしている。しかし、続く実験では、語順を記憶する際に意味的符号化の重要さがあるかどうかを評価する目的でWalkerとHulme（1999）が用いた方法が使用された。ここでは、読解困難児と統制群に、具象語（歯、皿など）と抽象語（幸運、誇りなど）のリストが与えられた。定型発達群は、具象語の想起が優れていた。すなわち、記憶課題においては単語の意味的表象へのアクセスが重要であるということが示された（Walker & Hulme, 1999）。読解困難児は、年齢統制群と同程度に具象語を想起することはできたが、抽象語では著しい困難を示した。これらの結果は、読解困難児が、抽象語の表象に問題があることを示唆している。これは、意味システムの欠陥であり、音韻記憶のプロセスではないということと一致している。

読解障害児のワーキングメモリの欠陥

音韻的な短期記憶は、ワーキングメモリのシステムの一要素である（Baddeley, 2003a）。音韻的な記憶課題においては読解困難児と一般的な読みの能力を持つ子どもとの間に違いはないが、読解困難児は音声言語情報の処理と貯蔵を同時に行うのは不得意という可能性がある。文レベルの読解過程や推論、一般知識などによって得られた情報がテキストの状

況モデルへ統合されるためには、読みながらまさにこのような処理が求められる。実際に、ワーキングメモリの能力は読解と強い相関関係にある（Cain, Oakhill, & Bryant, 2004; Leather & Henry, 1994; Seigneuric & Ehrlich, 2005; Seigneuric, Ehrlich, Oakhill, & Yuill, 2000）。

　Nationら（1999）は、読解困難児に、一連の短文を聞かせて正誤判断を行った後、各文の最後の単語を順番に思い出す（Box 3. 3参照）というセンテンススパン課題（Daneman & Carpenter, 1980にならって）を実施した。この課題は、言語処理過程（統辞と意味）、記憶と注意を含む複雑な課題であると同時に実行過程をみるものである。読解困難群と定型発達群は視空間的ワーキングメモリの把持基準では同等であったが、このセンテンススパン課題では読解障害児は定型発達群と比してより低い成績を示した。Cain、OakhillとLemmonら（2004）においても読解困難児は、センテンススパン課題においては著明な困難さを示すが、点の数を数え、数えた数を想起するカウンティングスパン課題においては標準的な成績を示すという類似した研究結果が得られている。

　De Beni、Palladino、PazzagliaとCornoldi（1998）は、読解困難児は言語性ワーキングメモリ課題において正しく想起できる情報が健常群より少ないだけではなく、定型発達群より侵入エラー（intrusion errors）を起こすことが多いという重要な見解を示した。読解困難児は、一度処理され記憶のリストの中に入れられた情報から、そのときに必要でない抑制されるべき情報を引き出してしまうのである。この傾向を調査する研究で（De Beniら、1998、実験2）読解能力は異なるが、論理的推論能力は等しい成人の2つのグループに対し、

Box 3.3　ワーキングメモリ課題の例

　ワーキングメモリを評価する際に実験心理学者がよく使う課題には、カウンティングスパン課題とセンテンススパン課題の2つがある。カウンティングスパン課題では、ドット（点）の描かれたカードを順番に見せられ、ドットの数を数えなければならない。これは古典的なワーキングメモリ課題とされている。なぜなら、カウンティングスパンは、処理（ドットを数える）と貯蔵（先に数えたものを記憶に保持する）の統合に関連しているためである。同様にセンテンススパン課題では順番に文を聞いて、それぞれの文が正しいかどうかを判断する。そして、そのあとで、それぞれの文末の単語を想起する。

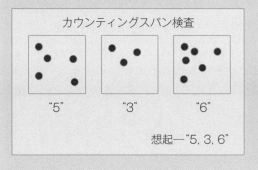

通常どおりリスニングスパン課題を行った後に、一連の動物名の単語リストをモニターさせ、それから、先ほど行ったスパン課題の単語を想起させた。すなわち、この課題は典型的なリスニングスパン課題のような文の処理は必要としないが、動物名をモニタリングするという類似した高次の実行過程が必要だった。この調査においても、2群の参加者はリスニングスパン課題と想起できた単語の数が異なった。しかしながら、2群は侵入エラーにおいても異なり、読解能力が良好な群では動物名と動物以外の名前で類似した侵入エラーの比率を示したが、読解困難者は動物名からの侵入エラーの比率が高かった。すなわち、読解困難者は一度情報が活性化されてしまうと、その場では不適切であっても抑制することが困難なようである。

この議論をさらに発展させ、Palladino、Cornoldi、De BeniとPazzaglia（2001）は、テキストを十分に理解するためには、関連のある情報を選択し関連のない情報を抑制するために、読み手はワーキングメモリの内容をモニターし更新し続ける必要があることを示唆した。彼らが議論したように、このことは単にテキストのある部分の表象を自動的に更新する以上のことを意味し、更新された方略を使用することにまで及んでいる。読解良好者と読解困難者間にワーキングメモリの内容を更新する能力の差があるのかを調査するために、Palladinoら（2001）は異なる更新課題（updating tasks）（Box 3.4参照）を用いて一連の5種類の実験を実施した。5つの実験で用いられた基本的な論理的枠組みは共通である。1秒ごとに単語のリストを呈示し、参加者にリストの中にある単語のモニタリングを行わせた（例えば、リスト中の単語の指示物のそれぞれの大きさを判断するなど）。それぞれのリストの最後に、参加者（読解能力が平均以上、またはそれ以下の大学生）に、単語の中で最も小さなものを例えば3または5個答えさせた。実験終了時に、事前には告げずに先ほど提示された単語のすべてを思い出すよう求めた。

この実験からは様々な評価尺度が得られた。ここで重要なのは、更新すべきリストから正しく想起された項目の数と侵入エラーの数である（侵入エラーとは、リストで提示された単語の中で、ターゲット語（正答）以外の単語のことである）。読解困難者は、更新課題の成績は不十分で、侵入エラーが多く見られた。しかし、最後の単語を想起する課題では、両群ともに同じような成績を示した。この成績パターンは、読解困難者は、記憶容量全体では優秀な読解者と違いはないが、記憶において一旦活性化された無関連情報を抑制することに困難があることを示唆している。

これらの研究結果をまとめると、ワーキングメモリ課題と読解課題の両方に成功することは、関連情報を選択する能力だけでなく、記憶の中の無関連情報を抑制する能力にも関連する可能性が示唆される。さらに、記憶更新への負荷が高まると、その成績は低下する。これらの研究の参加者は、子どもに焦点をあてた研究の参加者とは幾分異なっているため、読解力に差がある参加者の言語スキルの情報は得られなかった。読解障害児らについてもこれらの課題を調査し、記憶更新課題における問題点をこの子どもたちに共通する口頭言語の困難さのパターンと関連付けることは重要なことだろう。記憶更新の問題の原因は明らかではない。記憶更新の困難が、読解の困難さと因果関係を持つ可能性はある。あるいは、言語の困難さが基本にあり、これらが記憶更新課題の（発話の操作を必ずともなう）困

> **Box 3.4　記憶更新課題**
>
> 　Palladinoら（2001）が用いた記憶更新課題の一つは、参加者が親密度の高い動物名や事物名および抽象語の単語リストを聞き、具象語の指示物（動物／事物）のサイズをモニターすることであった。動物を含むリストの例は、次のとおりである（イタリア語で提示された）。
>
> 　　会議　　感覚　　キツツキ　　情熱　　法律　　ウシ　　幸福　　量
> 　　イモムシ　　子ヒツジ　　楽しみ　　カエル
>
> リストを聞いた後で、参加者はサイズが最も小さいものを3個「キツツキ、イモムシ、カエル」と解答することが求められた。

難さを導くのかもしれない。

読解困難児の言語理解の問題

　読解困難児は読解が不得意であると同様に、口頭言語理解にも問題があるとするエビデンスが示されている（Catts et al., 2006）。標準化された語彙テストで、読解困難児は語の意味の知識が乏しく（例えば、Nation & Snowling, 1998b）、また言語性IQのテストでもしばしば標準よりも低い値となる（Stothard & Hulme, 1995）。

　StothardとHulme（1992）は、読解困難児の文およびパッセージレベルの口頭言語理解能力を評価した。あるテストでは、Neale Analysis of Reading Comprehension testのパッセージを音読して子どもたちに聞かせ、質問に答えさせた。読解困難児は年齢でマッチした統制群と比べて、理解を求められる質問に答えられなかった。次に、Test for the Reception of Grammar（TROG; Bishop, 1983）の文を聞いて絵を選択する課題を実施したが、やはり読解困難児はこのテストでも年齢でマッチした統制群の子どもたちより成績が低く、理解年齢でマッチした年齢が低い子どもたちの成績と同等でしかなかった。類似した研究結果が文法理解のテストや（Catts et al., 2006）文法の鋭敏さを測るテストでも報告されている（Nation & Snowling, 2000）。

　テキスト読解に関連して、これまで多くの関心が寄せられてきた言語の処理領域の一つに照応的指示（anaphoric reference）がある。照応形（anaphors）とは、文中あるいは文の間の結束性を確かなものにする言語学的方略である。例えば、「ジェームズはレストランで最後にウエイトレスに合図をした。ウエイトレスは明細をもってきた。」という談話では、照応形は繰り返される「ウエイトレス」という単語である。通常は「ウエイトレス」は代名詞Sheや、状況次第ではより一般的な語に置き換えられる。どちらの場合も、十分に理解するためには照応形を先行詞と結び付ける必要がある。

　Ehrlichと共同研究者らは（Ehrlich, Remond, & Tardieu, 1999; Megherbi & Ehrlich, 2005）、読解困難児が照応（anaphora）の処理過程に影響する談話レベルの処理、特に代名詞の処理

において、障害があると報告している。フランス語では、代名詞の使用法は複雑で、統辞的機能（主語と目的語）に加え、文法上の性（有生物と無生物）や数（単数と複数）について標識を付与している。MegherbiとEhrlich（2005）は、クロスモーダル呼称課題で、読解良好児と読解困難児を比較した。その課題では、子どもたちは2種類の文を聞いた後で、スクリーンに提示された2番目の文の代名詞を2つの選択肢から選び、文を完成させなければならなかった。代名詞は、文の動作主と一貫性があるProbe A、または一貫性がないProbe Bのいずれかが提示された。例えば（MegherbiとEhrlich（2005）の727ページより改編）：

After a long time away, Ellie（A）had dinner with Sebastian（B）in a restaurant.
［Continuation］She chatted cheerfully with:
　　　［Probe A］him
　　　［Probe B］her.

熟達した読解能力のある子どもたちは有意な一貫性効果を示した。彼らは、文中の代名詞が動作主と一貫性があるときは、一貫性がないときよりも代名詞を速く選ぶことができた。読解困難児では、一貫性効果は小さかった。それにもかかわらず主役が、文中で照応形の近くに存在する条件下では（上述の例で、He chatted cheerfullyと続く場合）読解困難児は、有意な一貫性効果を示した。さらに2つの条件下では、テキストは同じ文構造だが、2文目の動詞がいずれかの主役に意味が偏るような条件を追加した課題が行われた。この条件では、読解困難児は、代名詞を選択する際に、動詞によって先行刺激が与えられた矛盾した情報を克服しなければならないときに、とりわけ著しい困難さを示した。これらの研究結果は、読解困難児が従前の文脈情報に基づき、適切な代名詞を活性化することに困難があることを示唆している。このようなオンラインの言語処理過程の困難さは、おそらくこの子どもたちの読解障害に大きく関わっているだろう。

　言語理解よりむしろ言語表出における談話レベルの処理を研究する目的で、CainとOakhill（1996）は、読解困難児のナラティブスキルについて物語の構成過程に特に焦点をあてて調査を行った。読解スキルが良好な7～8歳児12名と、読解スキルが劣る同年齢児14名が研究に参加し、読解力でマッチされた6～7歳の年少児らも比較検討のために参加した。彼らは、次のようないくつかの異なるプロンプトに従って物語を語るように指示された：トピックタイトル（Topic Title）（例　動物）、ディレクティッドタイトル（Directed Title）（例　お誕生日会）、配列絵（例　釣り旅行の絵）。ナラティブの評価は、子どもたちの物語の慣例的な型にはまった表現の把握、出来事の構成、接続語の使用に基づいて行われた。

　いずれの群の子どもたちもナラティブ産生時、開始、登場人物、場面、結末を含めたナラティブの慣例表現を用いることができており、なかでも良好な読解スキルを持つ児らは、最も一貫性のある物語を産生することができた（Box 3.5のすべての要素を含む完全なナラティブ、中間程度のナラティブ、物語のないナラティブの例を参照）。この一貫性の違いは、読解困難児が、テキストの命題と命題をつなぎ合わせるための接続語をほとんど使用しな

かったことから生じた結果であった。彼らは、年下の統制群と比較しても特にトピックタイトルに対して接続語を使用することが少なかった。CainとOakhillは節と節を結び付ける接続語の問題が、読解困難児が読解に困難を示す原因となっている可能性を示した。これは興味深い考えである。原因を表す接続語を使用するためには、子どもは、節と節の間の意味的関係付けに熟達していなければならない。このことは、究極的には言語理解力によって決まるのである。

　最後に、読解困難児の口頭言語の問題は広範囲にわたり重症であることを示す2つの言語スキルに関する包括的研究を示す。まず、Nation、Clarke、MarshallとDurand（2004）の研究では、読解困難群と年齢でマッチさせた統制群を比較した。両群の子どもたちは、テキストの音読の正確さと非語の読みのスキルは同程度だった。この研究では、語彙知識（平均効果量（average effect size）$d = 1.74$）、形態統辞的スキル（平均効果量$d = 1.09$）や広範な理解・表出言語スキル（平均効果量$d = 1.02$）を含む幅広い言語評価が行われた。これらの結果から、読解困難児が、同じ音読の正確さを持つ同年齢の定型発達児と比較した場合、幅広い言語的基準において、顕著な困難さを持つことが明らかになった。実際に、統制群には観察されなかったが、読解困難群では、かなり控えめな基準を用いても特異的言語障害（SLI）の診断基準を満たす子どもの割合が高くなった（23名中8名、35%）。

　Cattsら（2006）によって行われたもう一つの研究は、これまでに行われた大規模研究の一部であり、言語障害児についての住民をベースにした集団研究から選定された読解困難児57名、ディコーディング困難児27名、同年齢の定型発達児98名を比較検討したものである。子どもたちはそれぞれ、幼稚園、2年、4年、8年生のときに言語と読みのテストを受け、読みグループの分類は8年生のデータをもとに行われた。読解困難児は、標準範囲のディコーディングスキルを持つ子どもと比較すると、読解スキルが25パーセンタイル以下であることが示された。ディコーディングスキルについては、彼らは統制群とマッチされていた。同時に、理解語彙、文法理解、談話理解、音韻スキルのテストの成績についてのデータも得られた。

　予想していたとおり、ディコーディングには問題がないが読解に困難のある子どもたちは、語彙・文法スキルに弱さを示した（しかし、彼らの音韻スキルは標準的であった）。彼らは、また談話処理や聴覚的理解にも著しい障害を示した。推論のもとになる既述の事項を覚えているとき（例えば推論すべき箇所の近くに既述の事項があるとき）は定型発達児に匹敵する推論の成績を示した。しかし、彼らは、既述の事項と推論がテキスト中のそれぞれ離れた場所にあるとき、他群の子どもと比較して、一段と大きな困難を示した（読解困難児群と統制群の効果量は$d = 0.64$）。

　Nationら（2004）と同様に、Cattsらも多くの読解困難児が言語障害（language impairment）の診断基準を満たすというデータを報告した。この子どもたちは言語障害のハイリスク児としてフォローアップされたコホートの一部であったため、幼稚園で特異的言語障害（SLI）という研究上の診断がなされた子どもたちについて、正確なデータを提供することが可能になったのである（SLIについては第4章を参照）。相対的に、ディコーディング困難児と読解正常児では、SLIと診断されたのは0.3%から5.8%の間の低比率にとど

まった。しかしながら、読解困難児では21.2%がSLIと診断され、さらに10.8%が全般的認知力の低さにともなう言語障害と診断されたのである。

Box 3.5　イベント構造の異なるナラティブの例

（Cain, K. (2003) Text comprehension and its relation to coherence and cohesion in children's fictional narratives. *British Journal of Developmental Psychology*, 21, 335-351. Copyright© The British Psychology Societyの許可を得て複製）

物語のない例
トピックタイトルプロンプト：The Farm「農場」
子どもの回答："One day there was a man who had a big farm and there was lots of animals in it. The End."（ある日、大きな農場を持っている男の人がいました。そして、その中にはたくさんの動物がいました。おわり。）

中間的な物語
配列絵プロンプト：The Fishing Trip「釣り旅行」
子どもの回答："Once upon a time this little girl and her mum and her dad went fishing on a boat and the dad was fishing in the sea and then he saw some birds eating something and then he caught a fish."
（昔々、小さな女の子と、お母さんとお父さんはボートで釣りに行きました。お父さんは海で釣りをしていて、鳥が何かを食べているのを見つけました。そして、魚を1匹捕まえました。）

完全な物語
配列絵プロンプト：The Fishing Trip「釣り旅行」
子どもの回答："One day a family and their little girl decided to go fishing. They went down to the harbor and asked if they could borrow a boat so they could go fishing. Then the dad went fishing, but no fish came and he started to get a bit miserable. Then the little girl threw some bread into the water for some swans and the fish liked the bread and when the fish came up for the bread one of them went near the hook and then the dad caught a big fish and everyone was happy. The End."
（ある日、家族と少女は釣りに行くことにしました。彼らは港に行って、釣りに行くためのボートを借りられるか尋ねました。それから、お父さんは釣りに行きましたが、魚は1匹も釣れず、少し惨めな気持ちになりました。その後、少女が白鳥たちのために水にいくつかパンを投げると、魚はパンが欲しくて、水面まで上がって来たとき、1匹が釣り針の近くまで来て、その時、お父さんは大きな魚を捕まえました。皆が喜びました。終わり。）

読解困難児における意味的欠陥

多くの研究では読解困難児が持つ言語理解困難の特性について詳細なレベルまで焦点をあて、特に意味レベルでの言語処理を研究してきた（例えば、Megherbi & Ehrlich, 2005）。読解困難児は記憶した抽象語の意味の表象に選択的な欠陥を持つというNationら（1999）の研究結果がある。加えて、NationとSnowling（1998a）は、読解困難児は類義語判断（「ボート」と「船」では意味が似ているか？）で、音読の正確さの能力でマッチした統制群の子どもたちと比較し、反応が遅く誤りをより起こしやすく、また意味的な語の流暢性課題（輸送手段を思いつくだけ挙げてください）で挙げた語が少なかったと報告している。

NationとSnowling（1999）は読解困難児の2つの語の間の意味的関係についての感受性を調べるために、一連の単語と非語を聞いて、それぞれが単語であったかどうかを判断する意味的なプライミング課題を実施した。ターゲット語はカテゴリーの観点から（同一カテゴリー語）も頻度の観点から（プライムとターゲット語が話しことばで同時に生じる頻度）も関連がある語が音声提示され、先行刺激として与えられた。読解困難児は統制群のように意味的なプライミング効果を示したが、カテゴリーメンバーに基づいた意味的な関連性に対する感受性は低かった。彼らは、猫と犬のように強い関連性があるカテゴリーメンバーに対してはプライミング効果を示したが、電車と飛行機のようにカテゴリーメンバー同士が強く関連していない場合はプライミング効果を示さなかった。対照的に、統制群はどちらの項目でもはっきりとプライミング効果を示した。この結果は、読解困難児では意味記憶における単語間のつながりが定型児よりも非効率的に貯蔵されていることを示唆している。

LandiとPerfetti（2007）は、EEG事象関連電位（ERP）の研究から、読解困難児の意味処理の根本的な脆弱さについてさらなるエビデンスを示した（図3.6参照）。この研究では、標準化された読解テストに基づいて、大学生を読解能力が高い群と低い群の2グループに分類した。2つのグループに、単語の読みのスピードや非言語性の知能（動作性知能）の違いはなかった。参加者に事象関連電位（ERP）を記録しながら3種類の課題を実施した。意味的（単語）課題では、連続して2つの単語の対が視覚提示された後、語の対が意味的に関連があるかどうか判断するよう求めた（例 関連性のある対：レモン―梨、関連性のない対：熊―トラック）。意味的（絵）課題では、同一カテゴリー（関連性あり）または異カテゴリー（関連性なし）の線画を提示した。最後に、音韻（単語）課題では、対になった単語が視覚提示され、その対が異つづり同音異義語かどうかの判断を求めた。

2つのグループは音韻課題での事象関連電位には違いは生じず、予測されたように読解能力が高い群も低い群も単語の読みと音韻課題では正常であることが示された。しかしながら、絵と単語どちらの意味課題においても、読解能力が低い群は判断を下すまでの反応が遅延した。また、2群はERPコンポーネントの強さ（振幅）（P200とN400、刺激提示の後におよそ200msecと400msecに起こる）に違いが生じ、とりわけ意味単語課題でその傾向が見られた。これらの違いは、読解能力が低い者は（文字であろうと絵であろうと）個々の単語の意味情報へのアクセスが根本的に弱いことを示唆している。

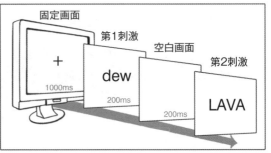

図3.6 Landi and Perfetti（2007）が意味処理過程を調査するための事象関連電位を用いた研究のイラスト（Elsevierの許可を得て転載）

読解障害児の新規の語彙学習

読解困難児の意味処理の困難さが示されたが、新しい音韻形態を学ぶことが困難なディスレクシアの子どもたち（Aguiar & Brady, 1991）とは対照的に、読解困難児は新しい意味表象を確立していくことの難しさが予測される。

Nation、SnowlingとClarke（2007）は、同年齢の読解困難児と定型発達児、各12名に新規の4語の名前と意味を教えた。新規語彙はそれぞれ4つの意味的な属性（具象的属性3種と抽象的属性1種）を持った3音節の非語とした。例えば、*corbealyon*とは、小さく、毛が生えた、醜い鳥、という具合である。まず、子どもたちは新しい単語の名前と意味的な属性を教えられた。その後、音韻形態と意味の学習が一定の基準まで達成された後に、それらの非語を定義し、音韻形態を想起するよう求められた。翌日、彼らは再度、新しい音韻形態を想起し、続いてその非語を妨害刺激を含む物体の絵とマッチさせる課題を行った。

読解困難児は、年齢をマッチした定型群と同程度の試行数で新しい非語を学習し、音韻形態を想起することには問題なかったのに、非語を定義することは、それより有意により大きな困難があった。学習後すぐに非語の定義を聞いて非語の音韻形態を想起することにおいては差はないが（テストは音韻と意味の学習の両方を評価していることに間違いはないが）、一日たつと、読解困難児の新しく学んだ語の意味的属性を思い出すことは対照群より劣っていた。これらの見解は、読解困難児は音韻学習はノーマルだが、新規の語彙の意味的な属性を学習すること（そしてそれを強固なものにすること）は困難であるという仮説を支持している。

一般的には、読解困難児は文脈から新規語の意味を推測することが困難であるが（Cain, Oakhill, & Elbro, 2003; Cain, Oakhill, & Lemmon, 2004）、これは言語ワーキングメモリスキルが低い成人の特徴的なパターンでもある（Daneman & Green, 1986）。Cainら（2003）は、7～8歳の読解困難児15名に対し、それぞれに新規の語彙が組み込まれた8種類の短い物語を提示した。子どもたちは物語の中で新規語が出てきたらすぐにその語の意味を推測するよう求められた。単語は定義を述べた文脈がすぐに続くか（近い条件）、または無関係な文脈の後に続いた（遠い条件）形で示された。すべてのテキストを読んだ後、子どもたちはその単語をもう一度定義するよう求められ、その単語の意味は0～2点で採点された（単

語の意味について正確に推測できた場合は2点)。

　定義が書かれた文脈を読む前に、新規の単語の意味を正しく推測する方法には子どもによって様々なバリエーションがあった。ベースラインにおけるこの違いが、近い条件と遠い条件のいずれにおいても、子どもが語を定義する能力を推測する際に考慮された。読解困難児は、パッセージの中で新規語彙が定義されていたとき、語の意味を想像することが難しく、とりわけ定義文が単語から離れたところに提示されている場合に困難であった（Cattsら、2006年の研究結果と同様）。

　まとめると、読解困難児は新規の語彙の意味を文脈から推論することも、また、直接示された単語の意味を覚えていることも両方とも苦手である。語彙学習のこの困難さは多くの読解困難児で認められる語彙の障害の要因となりやすく、語彙知識の障害はこの子どもたちに起こる読解の問題の一つの主要な要因であるかもしれない。語彙知識の少なさは文中の出来事間の関係性を推論する能力に影響すると考えられる。とりわけ意味的な関係性がきちんと理解できない出来事同士の関係性も理解できないときには、なおさらその影響は大きいと思われる。

読解障害の要因となる推論スキルの問題

　すでに見てきたとおり、読解を成功させるためには、常に推論を行う必要がある。活字となっている単語は完全に明示的であるとは限らず、与えられた情報以上の内容を理解し、不足したものを補うために様々な推論が行われるのである。読解の際に行われる推論を分類する種々の方法が、提案されている（例えば、Graesser, Singer & Trabasso, 1994）。多くの異なるタイプの推論がある一方で（Box 3.6参照）、読解困難児の研究でとりわけ関心が寄せられてきたのは結束的な推論と精緻化推論の2つのタイプである。結束的な推論とは、テキストの異なる部分同士の関連性を維持するために必要な推論である（代名詞と前述の指示対象を同定することは結束的な推論の一形態である）。結束的な推論を適切に利用できないと読解はうまくいかず、あるいは相当に制限されてしまうだろう。精緻化推論とは、テキストが含まない情報を補足するために行われる推論である。このような推論は、テキスト表象をより豊かにする可能性があるが、多くの場合、読解には必ずしも必要ではない。読み手は読む際には、複雑かつ柔軟な方法で推論をする。多くの文脈において、読み手は、テキストから可能なすべての推論結果を導き出しているわけではないと思われる。むしろ、読解を支えるのに必要な、より明白でより重要な推論を行っているようだ。与えられた情報を精緻化する推論よりも、テキストに結束性を求める推論の方がより多く行われているようである。読み手が理解に役立つより重要な推論を行うということは、認知的な努力の点で理にかなっている。

　Cattsら（2006）の研究で、読解困難児は推論能力が低いことが示唆された。おそらく、子どもたちの読解過程で推論能力が年齢とともに向上することは当然のことであろう。Barnes、DennisとHaefele-Kalvaitis（1996）は、6歳児と16歳児における推論能力の発達的な違いについて調査した。彼らは、年齢による知識量の違いを統制するため、まずすべての子どもたちに対し、後に読むパッセージを理解するために必要な新しい知識を教えた。

Box 3.6 推論タイプの例

(Graesser, Singer, & Trabasso, Constructing inferences during narrative text comprehension, *Psychological Review*, 101, pp. 371-395. Copyright© (1994) American Psychological Associationの許可を得て改変して掲載)

推論のタイプ	説　明	分　類 （例　結束的）	ソース （例　知識ベース）
照応関係 (Anaphora)	同じものを表す2つの語を関係付ける。例 "The *car* came racing round the corner. Everybody scattered as the *vehicle* crashed into the wall." 「車はコーナーを回って来た。その乗り物が壁に激突したとき、人々は散り散りになった。」	結束的 (Cohesive)	テキストベース
代名詞照応分析 (Pronoun resolution)	前の指示対象と代名詞を関係付ける。例 "John picked up Mary's book. *He* had wanted to read it for ages." 「ジョンはメアリーの本を拾った。彼は長い間その本を読みたいと思っていた。」	結束的 (Cohesive)	文法知識
格構造役割の割当 (Case-structure role assignment)	行為者、目的語、受領者、時間または場所の役割を名詞句に割り当てる。例 "The elephant(agent) gave his bananas(object) to the monkey(recipient)."「象（行為者）は彼のバナナ（目的語）を猿（受領者）にあげた。」	結束的 (Cohesive)	文法知識
因果的先行詞 (Causal antecedent)	テキスト中の行為や出来事を説明する。例 "The campfire started to burn uncontrollably. Tom grabbed a bucket of water"「キャンプファイヤーは手に負えないほど燃えだした。トムは水の入ったバケツをつかんだ。」という文が来たら、トムが火を消すために水を手に取ったということが推論される。	ローカル一貫性 (Local coherence)	知識ベース
上位の目的 (Superordinate goal)	テキスト中の登場人物を動機付けるための総合的な目的。"It was Sam's mum's birthday and Sam wanted to buy her a present."「サムの母の誕生日だったので、サムは母にプレゼントを買いたいと思った。」という文が物語の初めに出てきた場合、上位の目的 (*Sam wanted to buy his mum a present*.「サムは母にプレゼントを買いたいと思った。」という文）は、"Sam woke early and went to the shops to find something special."「サムは早く起きて、特別なものを見つけるために店に行った。」という文が後半に出てきた場合に推論が行われる。	グローバル一貫性 (Global coherence)	知識ベース

第3章 読み障害Ⅱ：読解障害

推論のタイプ	説　明	分　類（例　結束的）	ソース（例　知識ベース）
主題的推論（Thematic inferences）	パッセージ全体の目的または教訓：例 "never play with fire."「火遊びをしてはならない。」	グローバルな一貫性（Global Coherence）	知識ベース
登場人物の感情反応（Character emotional reaction）	テキスト中の行為や出来事に対する登場人物の反応：例 "Sam gave his mum a lovely a present."「サムは母に素敵なプレゼントをあげた。」という文からは、彼の母が大変喜んだろうことが推論される。	一貫性（Coherence）	知識ベース
因果的結果（Causal consequence）	テキスト中で予想される行為や出来事の結果：例 "The dragon turned towards the knight and let out a fiery roar."「ドラゴンは騎士の方を振り返って炎とともにうなり声を出した。」という文または騎士がドラゴンによって傷つけられたことが推論される。	精緻化（Elaborative）	知識ベース
名詞カテゴリの具体化（Instantiation of noun category）	一般的な名詞を特定の型に精緻化する。つまり、"the fish attacked the swimmer."「魚が遊泳者を襲った。」という文を読んだ後では、"fish"「魚」は "shark"「サメ」を意味する。	精緻化（Elaborative）	テキストベース
道具的推論（Instrument inference）	行為者が、行為を遂行するために使用する特定の物について推論する。すなわち、次の文で騎士が剣を使ったと推測すること。"the knight lunged at the dragon and pierced his shiny scales."「騎士はドラゴンを突き刺して、光沢のある鱗に突き通した。」	精緻化（Elaborative）	知識ベース
状態の推論（State inference）	事物や登場人物などの変化しない状態。テキストの因果的構造とは関連がない。例 "a dog has a tail."「犬にはしっぽがある。」	精緻化（Elaborative）	知識ベース
下位の目的行為（Subordinate goal action）	行為者がテキストの上位目的とは関係のないゴールをどのように達成したか：例 "you might infer that Sam took the bus to the shops to buy his mum a present."「あなたは、サムは母にプレゼントを買うためにバスにのって店まで行ったと推論するかもしれない。」	精緻化（Elaborative）	知識ベース

この知識ベースはガンという名前の想像上の惑星に関わる内容で、「惑星ガンに住んでいるカメの足にはアイススケートがついている」といった情報である。一定の基準まで知識を得た後、惑星ガンに関する読解テストを実施した。その結果、基準まで知識ベースを学習すれば、研究に参加した最も年齢の低い6〜7歳の子どもたちでさえテキストの結束性を維持するのに必要な推論を行えることがわかった。しかし、推論能力の違いに影響すると考えられる他の要因を統制してもなお、子どもたちのテキストからの推論能力は年齢とともに明らかな向上を認めた。いいかえると、発達とともに見られる推論能力の向上は、知識の違いによって生じるものではなかったということである。

Oakhill（1982、1983、1984）の先駆的な研究の多くが、読解困難児は読解の過程で推論することが不得意であることを示した。Oakhill（1983）は、具体化（instantiation）と呼ばれる特定の種類の推論について調査した。具体化とは、一般的な単語に対して文脈から推論して限定された特定の意味を与えることである。例えば、*The fish frightened the swimmer*（その魚は遊泳者をおびえさせた）という内容を読んだら、多くの人はここでいう魚とはサメのことだと推測するだろう。Oakhillは、読解能力が低い子どもは読解能力が高い子どもに比し具体化が少なく、これは彼らが文脈を用いて単語の意味を明確に推論することが少ないことを示唆した。また、Oakhill（1982）は、読解能力が高い子どもたちに比し、能力が低い子どもたちは、構成的推論（constructive inferences）（2つの異なる情報源を統合するために必要な推論）が少ないため、読んだ内容を一般知識と統合することが困難であることを示した。

CainとOakhill（1999）は、読解困難児と年齢を統制した定型発達群（年齢統制群）、Neale Analysis of Reading Abilityの検査上で同程度の成績を示した年下の定型発達群（読解年齢マッチ群）とを厳密に比較することで、読解困難児が読解中に行う推論の生成過程を調査した。パッセージに含まれる連続した2つの文の情報を統合するために必要な推論（パッセージベース）、パッセージからの情報と一般的な知識を統合するための推論（一般知識ベース）の2種類の推論能力を調査した。読解困難群はどちらの推論能力も年齢統制群より劣っていたが、年齢の低い読解年齢マッチ群との比較では、パッセージベースの推論能力のみ劣るという結果だった。

推論過程の欠陥が読解障害を引き起こすという知見の難しさは、これが本質的に"高次のレベルの"困難であるためである。推論の問題は、もっと基礎的な困難の結果かもしれない（例えば、語彙知識の乏しさや言語性ワーキングメモリの制限など）。推論の障害の要因の一つに、知識の制限がある（例えば、仮に一般知識としてサメが危険な魚であることを知らなければ、泳いでいる人が怖がる魚といえば多分サメだと推測できない）。Cain、Oakhill、BarnesとBryant（2001）は、予備知識の違いが統制された場合にも読解困難児が推論の問題を示すかどうかを調査した。この研究では、Barnesら（1996）が用いた手続き（上記に記載）を用いて、読解のテストを行う前に、子どもたちはガンという空想上の惑星に関する基礎知識を教えられた。調査では読解困難児13名と、彼らと同年齢であり、かつ音読の正確さのレベルがマッチされ、さらにNeale Analysis of Reading Abilityの成績が著しく異なる読解良好群の間で比較を行った。その結果、ガンについて事前に教えられた知識を

問う具体的な質問に対しては読解困難群も正しく解答できたが、知識をもとに推論を行う読解問題においては、読解困難群は読解良好群よりも低い成績を示した。この結果と同様のパターンが、Barnesらの研究では、年齢の小さな子どもと大きな子どもとの比較で認められた。すなわち、年齢の小さな子どもたちは、読解困難群のように、ガンという惑星について適切に学んだとしても、推論が必要な読解問題では、知識をもとに推論することができないという可能性が示された。

　読解困難児にとって推論を要する質問が難しかったのは知識が少なかったからではない。なぜなら、知識ベースの直接的な質問に答えることに対しては、両群の子どもたちに違いはなかったからである。しかし、直接的な質問に対して応答できたとはいっても、両群の子どもたちが新しい知識に対して等質の表象を得たとは限らない。読解困難児は、ガンという惑星について新たに学んだ知識が、記憶の中に効果的に統合されていない可能性がある。この可能性に関連したことだが、読解困難群は、統制群に比して惑星ガンについて教えられた情報を学習するまでにより多くの時間を要する上、すぐに忘れてしまった。また、読解困難群は推論を必要としない言葉どおりの読解問題（推論しないで答えられるような問題）の成績も低かった。推論の困難さは読解困難児がテキストを読むときの問題点の一つと考えるのが妥当な結論だが、それは（意味記憶へ情報を組織化し、貯蔵するといった）より基礎的な処理の問題を反映しているのかもしれない。

読解困難児の読解モニタリングの欠陥

　読解モニタリングとは、読んでいて理解できなくなったときに、それに気付く能力のことである。話しことばのスキルやワーキングメモリの効果を統制した後であっても、読解モニタリングは、読解に個人差を生む要因となる重要なものである（Cain, Oakhill & Bryant, 2004）。Ehrlich、RemondとTardieu（1999）は、説明文における照応関係処理（processing of anaphora）を行う際のメタ認知モニタリングの役割について調査をした。10歳の読解困難児らを対象に、自己評価課題（direct self-evaluation task）と不一致検出課題（inconsistency detection task）を用いて行った。研究では、子どもが自分のペースで読み進める手順を用いた。段落内の文の一部分がコンピュータスクリーンに表示され、それを読み終えると次のスクリーンに提示されたテキストへと読み進めることができた。また、希望すればテキストを見直すことができた。

　各テキストは、1〜2文から成る導入文に続いた文にターゲットとなる照応形が埋め込まれていた。照応形を含む文は、意味の上から3つのユニットに分けられた。第1ユニットはターゲットの照応形を含み、第2・第3ユニットは指示対象に関する情報を説明した。中核となる節の読みに時間がかかれば、それは子どもが表に出さずに内的に（implicit）評価や修正を行っていることを反映しており、また、子どもがテキストの前の部分に戻って「振り返って」確認する回数は、顕在化した形での（explicit）評価を示すというのがここでの理論上の解釈だった。最後に、複数選択肢による質問でそれぞれのテキストについての読解が評価された。

　自己評価課題では、まず、子どもはそれぞれ、テキスト全体を読み、それからテキスト

を部分ごとに区切って再度読んだ。次に、自分の読解を6段階で評価した。中核となる部分に関し、照応形の先行詞は、常に先行文の主語名詞となっていた。照応形は名詞の繰り返しまたは代名詞として表され、それらは統辞機能が異なり、文の主語または目的語のいずれかであった。例えば次に示す例のとおりである。照応形は、イタリック体で示された中核となる部分の主語として機能し（第1ユニット）、続く2つの文節がさらなる情報を伝えている（第2ユニットおよび第3ユニット）。

Discovering sea animals is a constant source of surprise. Shells brought by the waves are plentiful on most shores. After the tide / *these shells (they) can be picked up* / in the puddles left in the holes on the rocks / or even more easily in the sand covered by see weeds.
海洋動物を発見することは驚きの連続である。波に運ばれた貝殻は海岸に豊富に存在する。潮が引いた後、／これらの貝殻（それら）を拾うことができる。／岩穴に残された水たまりの中に／または海藻に覆われた砂の中から簡単に。

目的語として機能する課題でも、中核となる部分以外は同じ構造だった。

After the tide / people can pick up these shells (them) / in the puddles left in the holes on the rocks...
潮が引いた後、／人々はこれらの貝殻（それら）を拾うことができる。／岩穴に残された水たまりの中で...

不一致検出課題においては、ターゲットの照応形が同じ語彙内容を繰り返している場合、または、同じ文法上の性や数のままではあるが、意味の連続性を持たずに語彙内容が変化した場合を除いて、テキストは類似のものが使用された。子どもの課題は、テキストに合わない単語を見つけ出すことだった。

自己評価課題では、読解困難児は読解良好児と比較して読む時間が長くなった。しかし、不一致検出課題の処理時間は同程度であった。重要なのは、不一致検出を目的とした課題から、読解良好児では約39％が読みが遅くなり、読解困難児ではそれが11％であったという結果が得られたことである。このことは、読解が熟達した児は、テキストに一貫性がない場合、読みの速度を調節することができるということを示唆している。照応形に関する一貫性効果は有意であったが、群間差が見出された。読解良好児は、一貫性のない第1ユニットから第2ユニットへ移行する中で、読み時間に有意な増加が見られたが、読解困難児は第2、第3ユニットではなく第1ユニットにおいてごくわずかな読み時間の増加が見られただけだった。同じように、読解困難児は、読む際にほとんど前に戻って見直して振り返ることをせず、これらは不一致とは関係のないことのようだった。読解困難児は、不一致をほとんど検出することができず、不一致に気付いても、不一致を生み出す単語を同定するのが困難であった。スキルの劣る読解児（読解困難児）は、自らの読解力を良好な

児らと比較し、劣っていると評価していた。しかしながら、複数選択肢への彼らの解答は彼ら自身の能力を過大評価していることも示唆した。総合すると、読解困難児は、一貫性の欠如に気付けはするが、なぜそれが生じたのかは説明できないことが示された。照応処理過程で困難を生じるのは、メタ認知モニタリングの欠陥に関連がありそうだが、これらの読解の2側面の間の因果関係は不明確である。

　要約すれば、読み手の姿勢が何らかの役割を果たしていると想定されるが（Cataldo & Cornoldi, 1998）、我々は、いまだ何が読解モニタリングを支えているのか十分な見解を持つに至っていない。読むということは、一人ひとり理解するための一貫性の水準を向上させるために不可欠である（van den Broek, Young, Tzeng & Linderholm, 1999）。つまり、子どもが読んだ内容を理解するために目的を持つことや、意味が通らないときに意図的に自己修正をしながら振り返り作業を行うよう十分に動機付けられることが重要なのである。このような動機付けの不足は、長い年月の間、読んだ内容を理解しようと苦労を重ねて、読みを楽しむことができなかった読解困難児を特徴付けるのかもしれない。

読解障害児の縦断研究

　本章で言及した研究のほとんどが横断研究で、子どもを並列的な関係で見ている。読解障害児の縦断研究はほんのわずかである。読解困難児の長期的な研究結果を考えるとき、争点となるのが研究対象である読解困難児のプロフィールの一貫性である。CainとOakhill（2006）は、8歳の読解困難群と統制群の追跡調査を行った。子どもたちが11歳になった時点でも、読解困難群のほとんどがNeale Analysis of Reading Abilityの尺度において読解能力が低い状態が続き、その結果は一般的な認知能力によって予測することができた。

　K. Nationによる2つの未発表研究においても類似した研究結果が示されている（パーソナルコミュニケーション）。最初の研究は、StothardとHulme（1992）による6年間の読解困難児の追跡調査である。28名の子どもたちのオリジナルサンプルのうち、23名（13／14名の読解困難群と10／14名の年齢でマッチさせた統制群）が13歳の時点で再評価できた。読解困難群の平均は統制群に比し3標準偏差以上下回り、依然として読解の水準は低い状態であった。第二の研究は、NationとSnowling（1998a, b）が行った18名の読解困難児の追跡調査で、各々の群に新たに5名の子どもたちを加えて再調査を行った。8歳半で読解困難児として診断を受けた子どもたちは、4年半後にも依然として読解の困難さを示した。第二の研究では、読解困難児全員の読解スコアは統制群の平均を下回り、読解困難児18名のうち、4名のみが統制群の1.5標準偏差以内の読解スコアとなった。サンプルの半数は統制群の平均点から2標準偏差以下であった。

　Cattsら（2006）は、読解困難児のプロフィールの一貫性を調査するため、8年生で読解困難児と診断された子どもたちの発達初期段階のプロフィールを遡って分析した。読解困難児は口頭言語にも問題を示すことが一般的であったが、意外なことに、彼らは年齢統制群との比較では、幼稚園児の時点で、音韻意識にも問題を示したことが判明した。Box 3.7に示したように、時とともに彼らの読みの段階にも変化が認められた。

Box 3.7　読解困難児とディコーディング困難児の読みの発達

　下記4つのグラフは、Catts、AdlofとEllis Weismer（2006）が縦断研究で行った読解困難児、ディコーディング困難児（ディスレクシアに相当する児）と定型発達児の異なる読みテストにおける成長のパターンを示したものである。上段の2つのグラフは、（a）単語の認識（WRMT-R Word ID）と（b）ディコーディング（WRMT-R Word Attack）を表している。読解困難児と定型発達児は2年生の時点で同程度の成績で、2年生から8年生の間に同程度に変化していることがわかる。一方、ディコーディング困難児は研究期間中、一貫して障害が続いた。

　下段の2つのグラフは読解の発達を表している。（c）はGORTの読解テスト、（d）はWoodcock-Reading Masteryのパッセージ読解テストで評価した。GORTでは、読解困難児は、4年生以降に明らかな欠陥を示している。対照的に、彼らはWoodcock-Readingのパッセージ読解テストでは、ディコーディング困難児と比べ良い成績を示している。これは、このテストではディコーディングの正確さに重点が置かれているためである（しかしながら、4年生から8年生の間で読解困難児群の成績はやや低下している）。上段と下段のグラフのパターンの違いは、異なる検査が、読解の異なる側面を反映することを示すものである。

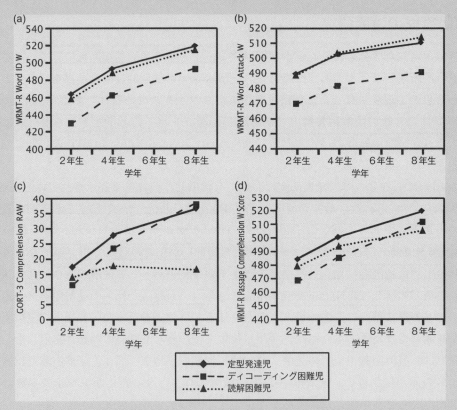

2年生から8年生にかけての読解の諸側面の発達

（H.W. Catts, S.M. Adolf, and S.E. Weismer. Language deficits in poor comprehenders: A case for the simple view, *Journal of Speech, Language and Hearing Research*, 49 (2), 288-289. Copyright (2006) American Speech-Language-Hearing Association の許可を得て転載。無断複写・複製・転載を禁ず）

読解困難児の読みの問題は、年齢が上がるとともに、より幅広い問題へ変化することがあるのだろうか。すでに示したように、読解困難児は例外語を読むこと、とりわけ低頻度の例外語を読むことが困難であった。さらに、理解力の欠如、特に推論能力の低下が読解語彙の発達を妨げないとしたら驚きである。

　発達とともに読解困難児の読みの正確性が低下するというエビデンスが、特異的言語障害児の読みの研究から複数示されている（Bishop & Adams, 1990; Stothard, Snowling, Bishop, Chipchase & Kaplan, 1998）。幼稚園で言語発達の遅れがあった特異的言語障害の子どもたちは、8歳の時点では音読の正確さの方が理解よりも有意に高かった（読解困難児のプロフィール）。しかし、7年後の追跡調査では、単語認識（word recognition）、非語の読み、読解など読みの全般に幅広い問題を抱えていた。言語の基礎に脆弱さを抱えるこの子どもたちは、おそらく読みのモチベーションが低いため、読む経験が非常に少なかった結果として、同世代の子どもたちについていけなくなったと考えられる。これらの読み能力の低下は、とりわけ動作性IQが100以下の子どもたちに顕著に見られた。

　まとめると、読解障害にいたる発達経路は複数あるようだ。さらに、読解困難児の認知障害の特徴は、年齢とともに複雑に変化していくように思われる。読解障害に関する原因とともに、その結果についても明らかにするために縦断研究が切実に望まれている。

中核となる認知障害と読解障害の原因の可能性：まとめ

　読解障害のある子どもたちは、読解の検査と同様に話しことばの理解の検査においても困難さを示す。我々がレビューした研究は、読解困難児は意味の領域（語彙の理解）および文法の領域（意味を伝える語の形成と統辞の形態を扱う）に根本的な困難さを示している。事実、読解困難児は相当な割合で言語の困難さがあり、その困難さは、かなり深刻なため、特異的言語障害（SLI）の診断基準を満たしているが（しかし、研究でSLIと特定された子どもたちの大多数は、それまでにそのような診断を受けていない）、対照的に、これらの子どもたちの音韻能力は年齢に比して正常に見える。読解においては、これらの子どもたちは高次レベルの推論能力に問題があり、テキストの様々な部分の知識を関連付けたり、読んだ内容と一般知識を関連付けることが困難である。似たような問題が音声言語理解でも証明されそうだが、まだそのような研究は行われていない。

　図3.7には読解障害児の認知的な基盤についての単純化した理論を示した。この理論には、互いに部分的に独立した読解障害の2つの原因：意味の問題と形態的統辞の問題がある。これらは口頭言語システムの障害であり、直接話しことばの理解の問題につながる（聴覚的理解の障害）。この理論では、Simple View of Reading modelで提示したように、読解の問題は聴覚的理解の問題によって生じると考える。

　この理論は確かに明快で検証可能だが、あまりに単純すぎるかもしれない。図3.8に示した理論は、この理論をやや複雑化している。ここでは読解障害に特異的なプロセスについて、一つの（あるいは複数の）障害を仮定する。このような障害として有力なのは理解のモニタリングの障害だが、他にもあるかもしれない（読んでも内容を理解できなかった経

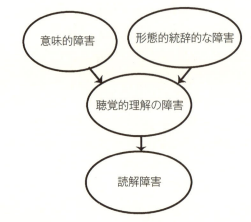

図3.7 聴覚的理解障害が介在して読解障害を引き起こすことを示すパス図

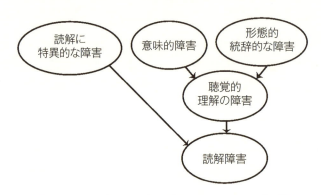

図3.8 読解障害の分離可能な原因を示したパス図

験から、読みに興味を持てなくなったというモチベーションの問題など)。このような理論は、読解障害は、根本的に音声言語能力の弱さに大きく依存し、さらに読みに特異的なプロセスも関わっていると捉えている。考えてみると、最初の理論は読解障害のある小児によくある状況だが、2番目の理論はより学齢の高い読解障害児の実態に近いだろう。音声言語能力の基本的な障害があり、それが適切な聴覚的理解力や読解能力の発達に影響すると仮定すると、読んでも読解できないという失敗経験が連鎖反応を引き起こし、熟達した読解スキルに重要なストラテジー(読解モニタリングなど)の発達を阻害することが予測される。

読解障害の病因論

　読解障害は、ディスレクシアと比べて、おそらくは特異性や限局性が低い障害であり、また研究も進んでいない。これら2つの理由のために、読解障害が起こりうる生物学的な基盤はほとんど解明されていない。著者らの知る限りでは、行動遺伝学、脳画像研究のどちらも、読解困難のプロフィールを示す子どもたちに実施されたことはない。しかし、以下に示すような関連した研究が存在する。

読解の遺伝学

　言語障害との関連性を仮定すると、読解障害への遺伝の影響は大きいと考えられる。読解能力の遺伝的な影響は、言語能力（言語性知能）の発達における遺伝要因の影響を調べることで間接的に評価することができる。読解障害と言語能力の低さには関連があり、言語能力のテスト（特に語彙知識のテスト）で検出されるような言語能力の欠陥は、読解の問題を引き起こす。言語能力はおよそ.5〜.6とかなり高い遺伝可能性を示すことが立証されている（Plomin, DeFries, McClearn & Rutter, 1997を参照）。それゆえ、読解障害の根底にある言語の欠陥は、明確に遺伝的影響を示すものと考えられる。

　読解の行動遺伝学的分析については、Keenan、Betjemann、Wadsworth、DeFriesとOlson(2006)がコロラドの調査で双生児の標本を用いて報告した。標本は74名の一卵性双生児（MZ）、60名の同性の二卵性双生児（DZ）、62名の異性の二卵性双生児からなり、平均年齢は11歳（範囲は8〜17歳）で、少なくとも双子の1人には読解困難があった。子どもたちにはそれぞれ広範なテストバッテリーを実施した。分析に用いられた評価は、単語認識（word recognition）、聴覚的理解、読解、そしてIQの各スコアから構成された。この研究の第一目的は、読解能力の個人差における遺伝率を推定することであった（第1章を参照）。しかし、第二の目的は、読解能力に対する遺伝の影響が、単語の認識や聴覚的理解に遺伝が与える影響とどの程度重なるのかを評価することであった。

　分析には、コレスキー分解（Cholesky）として知られる方法を用いた。それは、階層的な回帰分析と同等な手段であり、どの程度遺伝的な（あるいは環境的な）特徴の差異が、他の遺伝的な（または環境）の特徴の差異と共通するかを算定するための統計的な手続きである。第一の分析は、単語認識、聴覚的理解、そして読解の評価を用いて行った。遺伝推定率は単語認識では.61、聴覚的理解.51、読解.61であり、これら一つひとつに対する遺伝的要因の影響は著名だった。2つの互いに独立した遺伝因子が読解に関係するすべての遺伝的影響を説明した（図3.9を参照）。第一の因子（A1）は単語認識、聴覚的理解、読解の3つの要素に対し、有意に個人差を生じさせる要因となっていた。次いで影響を与える要因として、第二の遺伝子（A2）は、聴覚的理解と読解に付加的な差異を生じさせた。モデルの中でテストされた第三の遺伝因子は、先の2つの因子の影響を考慮すると、読解の差異に影響を与えなかった。まとめると、単語認識と聴覚的理解に対する遺伝的な影響は、読解の個人差を十分に説明し、simple view of readingの予測に見合っていた。さらに、3つの尺度すべてに影響する一つの環境要因が存在し、読みや言語能力に対して家庭や学校の環境がおそらく個人差に影響していることが示唆された。

　当時予測したとおりに、読解の個人差にはかなりの遺伝的な要因が影響していた。しかし、この遺伝的要因は一般的な認知能力の差異にどの程度関連しているのだろうか。この問題を調査するため、Keenanらはこのデータの第二の解析を行い報告した。今度はまずIQに対する遺伝的な影響を調査し、続いてその遺伝的要因が読解の個人差に影響する他の要因とどの程度オーバーラップするかを調べた。今回の標本におけるIQの遺伝率は.68であり、IQにおける遺伝的影響は単語認識（word recognition）、聴覚的理解、読解に対し

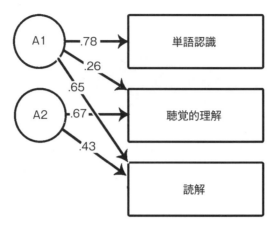

図3.9 読解障害に影響する複数の遺伝的影響
(Keenan, J., Betjemann, R., Wadsworth, S., DeFries, J., and Olson, R. Genetic and environmental influence on reading and listening comprehension. In *Journal of Research in Reading*, 29 (1). Copyright (2006) Wileyの許可を得て掲載)

ても同様に主要因となっていた。IQへの遺伝的影響を考慮すると、興味深いことに、第二の遺伝的要因は単語認識と読解の差異を生じさせるが、聴覚的理解には影響を認めなかった。第三の遺伝的要因は聴覚的理解と読解の差異に影響していた。同時にこれらの知見は、聴覚的理解には、IQから独立したかなりの遺伝的影響が存在することを示唆している。Keenanらは、これは、IQテストでは測定することはできないが、読解に影響を与える読解モニタリングや推論スキルなどではないかと推測している。

この調査は、双生児研究としては比較的に標本サイズが小さく、テストした子どもの年齢が幅広い点で限界がある。遺伝と環境が読解に影響するパターンが年齢によってどのように変化するか知ることができれば興味深い。先に示したように、読解困難が、長期的に、読解モニタリングなどの効率的なメタ認知的ストラテジーの発達へマイナスの影響を与えることを知るのも興味深い。

読解困難の神経系の関連要因

遺伝的研究と同様に、読解困難に関する神経生物学上のエビデンスは少ない。Leonard, Eckert, Given, BerningerとEden（2006）は、読解障害がある子どももない子どもも含めて、読みと言語に関する神経解剖学的関連要因について調査した。本研究参加児には特異的な読解困難のプロフィールを示す子どもはいなかったが、Leonardら（2006）は、読解に問題のないディコーディング障害児（ディスレクシアと同様のプロフィールを持つ）が、脳構造の観点から読解障害児と異なることを示した。本研究は、同グループによる先行研究に基づいて、脳のいくつかの重要な領域の複合測定量、すなわち解剖学的リスク指標（anatomical risk index（ARI））が定型発達児とディスレクシア児を鑑別できることを示唆した（第4章参照）。この研究の新知見は、神経解剖学的な量的指標を読みと言語という行動指標と関連付けたことであった。

音韻スキル、RAN課題（rapid automatized naming）、読み課題、読解課題、言語理解と

表出の検査を含むテストが実施された11〜16歳の22名に対し構造的MRIスキャンが行われ、各児について、側頭平面・複合平面（combined plana）・小脳前葉の非対称性、脳容積および第1・第2ヘシェル回の表面積から解剖学的リスク指標が算出された（Leonard et al., 2002）。解剖学的リスク指標の値は、陰性から陽性に及び、ゼロが標準（または低い）リスクを表した。リスク分散の境界をゼロにすることで、2種の解剖学的サブタイプを得ることができた。

ここでの重要な結果は、読解、言語理解共に解剖学的リスク指標に有意な相関関係が見られ、特に、読解困難のある陰性指標の子どもが多いことであった。したがって、彼らは脳容積とヘシェル回の表面積が標準に比べ小さく、側頭平面、複合平面および小脳前葉が左側に向かう非対称性が比較的弱い傾向が見られたのである。しかし、同じ子どもたちでも読みと言語の両方に障害のある傾向が見られるので、リスク指標が読解自体にどの程度関連しているかを評価することは厳密には難しい。これとは対照的に、よりディスレクシアに近いプロフィールを呈し、問題が広範囲に及ばず理解の問題がない子どもたちは、陽性リスク指標を示す傾向があった。

この研究の限界は、少数の雑多なサンプルを対象とし、そのうちの何例かはIQ測定を行っていないことである。したがって今後の検証が必要である。しかしながら、本研究は読解の弱さに関連する脳の解剖学的パターンは、ディスレクシアに関連するものとはおそらく異なることを示唆している。読解困難児が幅広い言語処理の問題を抱える一方で、ディスレクシア児らには音韻処理に関連するより限局的な困難さがあるという報告が増えていることを考えると、これは当然のことである。以上をまとめると、読解困難が言語障害と強い関連性を持つことを考えると、読解困難は、口頭言語をつかさどる脳の機能発達の異常と関連する遺伝的リスクファクターの産物である可能性がある。一方、読解は、長年にわたって培われてきた高次レベルの読解ストラテジーの使用にも依存する。そのため読解困難児のプロフィールをつくり出す環境の役割があることも軽視してはならない。我々の知る限り、これらの問題に言及している研究はまだない。

読解障害への指導介入

読解障害への指導介入に関するエビデンスは限られている。定型発達児のための読解指導に関するメタ分析は、テキスト読解を向上させるために最も効果的な8つの方法について報告している：読解モニタリング、協同学習（cooperative learning）、新規語彙学習のための組織的な図式化／意味化（graphic/semantic organizers）、物語構成トレーニング、質問応答、質問作成、要約、多角的指導による指導の8つである（National Reading Panel, 2000）。熟達したテキスト読解に必要な"メタ認知"ストラテジーは、予測する・質問する・明確にする・要約する・想像するといった各能力と考えられた。多かれ少なかれ、メタ認知ストラテジーは、子どもが自分が持つ言語・認知力を引き出し、読んだテキストに関して一貫性のある心的モデルを構築するために使われる。読解ストラテジーを育てるよい方法としてこれまで支持されてきた方法に、相互教授法（reciprocal teaching）がある（Brown

& Palinscar, 1985)。相互教授法では、子どもが最初にストラテジーの利用方法を教師から教えられる。その後、今度は子どもがテキストの一部分や段落ごとに読み、次のようなストラテジーを練習する。

・質問する
・要約する
・単語の意味や解りにくいテキストを明確にする
・次の段落で何が起こるかを予測する

練習の間、教師はフィードバックをしたり、必要であれば追加の手本を示しながら生徒をサポートする。指導付きの練習は、徐々に生徒同士のやりとりとなるように意図され、生徒たちは互いにテキストに取り組み、質問をし合い、答えに対してコメントし、要約し、それを改良していく。同じように、活動には、互いに単語の意味や物語の出来事を推測することも含まれる。

　読解困難児とされる子どもたちへの指導の効果については、これまでにほんのいくつかの研究があるのみである。YuillとOakhill（1988）は、推論スキルに焦点をあてた指導法を開発し、推論練習を、読解練習（一斉読みと読解を問う質問に答える）と高速ディコーディング指導（rapid decoding training）と比較している。読解スキルが高い、あるいは低い7歳児が、それぞれ3つの指導条件のいずれかで7セッションの指導を受けた。読解能力はNeale Analysis of Reading Ability II（NARA II）（Neale, 1997）で測定し、読解スキルの低い児に対しては、高速ディコーディング指導に比べ、推論練習と読解練習が大変有効であることが明らかになった。推論練習と読解練習間には効果について有意差が認められなかった。推論練習条件下では、NARAの個人得点の伸びは著しく、参加児の読解年齢の改善は平均17か月であった。

　OakhillとPatel（1991）は、読解困難児の読解力の改善に有効な指導法として、心的イメージトレーニング（mental imagery training）の可能性に注目した。読解困難児22名と読解良好児ら22名に対し、具象画・変形画を用いて、頭の中で物語を思い描くことを少人数グループで指導した。その後、子どもたちに読解内容の質問に心的イメージを用いて答えるよう促した。OakhillとPatel（1991）は、読解困難児らは、読解良好児らに比べ、イメージトレーニングが有効なことを見出し、「イメージストラテジーを使用する能力は彼らの持つ記憶力の限界（OakhillとPatel（1991）の114ページ参照）を回避することに役立つ一方法かもしれないこと」を示唆した。物語読解を目的とした心的イメージトレーニングについては、Joffe、CainとMaric（2007）が、小人数のSLI児についても報告している。しかしながら、その研究でも、OakhillとPatelの場合と同様に、読みまたは言語に問題のある子どもの未介入統制群をもうけなかったため、トレーニングによる変化の解釈が困難となっている（練習効果または再テスト効果の影響が加わっているかもしれない）。そうは言っても、読解スキルを向上させる方法としての心的イメージストラテジーは、さらなる検討に値する方法であると思われる。

Johnson-Glenberg（2000）は、読解困難児らにとって、視覚的トレーニングプログラムと言語的トレーニングプログラムのどちらがより有益であるかを検討した。言語ベースの相互教授プログラム（verbally based reciprocal teaching program）（RT）（Brown & Palinscar, 1985）と視覚ベースの視覚化／言語化プログラム（visually based visualizing/verbalizing program）（Bell, 1986）が比較検討された。読解困難児59名が、いずれかのプログラムまたは統制群に分けられ、16週間の小グループ指導に参加した。いずれのトレーニングプログラムにおいても、読解困難児の読解力に関わる読み・言語・記憶力スキルを向上させる同程度の効果が見られた。Johnson-Glenberg（2000）は、これら2つのストラテジーを組み合わせて指導することが、とりわけ効果を発揮するだろうと示唆した。

これらの研究は、我々に読解に特有な構成要素を示し、読解困難児にとって、有望な読みスキルの改善策を生み出した。しかしながら、我々の知る限りでは、実際の教育場面においてランダム化比較デザインでこれらのアプローチを検証した研究はまだない。

まとめと結論

読解障害は、ディスレクシア児に見られる読みの困難さのパターンとは際立った対照を示す。読解障害児の多くは、標準的なスピードで正確に音読することはできるが、読んだ内容について理解することが難しい。一方で、ディスレクシア児は、正確に読むことに大変苦労するが、ディコーディングが難しいパッセージでも要旨をつかむことは得意かもしれない。強調しておかなければならないのは、このように対照的なパターンは極端な形であり、両方の問題のある読みスキルの弱い子どもたちが多く存在するということである（このような子どもたちは、"garden variety"（雑多な）読み困難児と呼ばれることもある（Stanovich, 1994））。

読解障害児とディスレクシア児に見られる対照的なパターンは、臨床上でも理論上でも重要なことである。理論的にいえば、すでに述べたとおり、これら2つの障害は、言語システム（音韻、意味、文法）の中の異なる部分が他と分離して発達しているという証拠を示している。このような言語のサブシステムがそれぞれ読みの異なる側面の基盤をなしている。読みにおける単語認識スキル（word recognition skill）は、音韻スキルに依存し、一方で、ディコーディングされたテキストの読解は、意味や形態統辞（文法）スキルに依存する。

今日まで、読解障害児の認知的特性についてはディスレクシア児に比べるとほとんど知られていなかった。これまでに最も有力なエビデンスは、読解障害児は音韻と関係しない言語スキルと聴覚的理解に困難さを示すということである。さらに詳しくいえば、図3.10にMortonとFrith（1995）が示すように、読解障害児は意味処理に困難さがあり、文法的側面にも問題があることを示すエビデンスがあるのである。まとめると、これらの基盤の弱さは、語彙知識の発達を妨げ、読解困難児のプロフィールの本質的な部分である読みにおける推論の能力（テキストの内容を統合していくためには必須のプロセス）の発達も妨げることが予想される。そして、読解の持続的な困難が持続すると、例えば「見直し」など

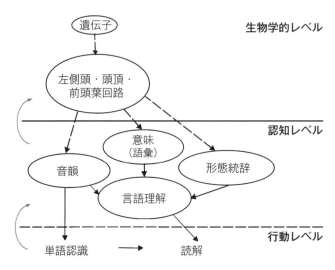

図3.10 読解の困難について考えられる要因を示したパスモデル

のメタ認知ストラテジーの発達を阻害し、読解モニタリングがいい加減になる。これらの意味と文法の問題は、言語情報を符号化し、記憶に貯蔵する方法の違いにも関係するだろう。このような意味で、Perfetti、MarronとFoltz（1996, p.159）がいうように、読解の問題はより基礎的な言語理解、すなわち「単語を同定し、意味を活性化し、句を構成し、意味をまとめる等といった基礎的なプロセス」の障害の結果生じうるという考えに賛成できる。読解モニタリングの問題は、読解の難しさの結果、生じるとも考えられ、指導介入プログラムによって、そのようなストラテジーの発達が効果的に育まれるというエビデンスもある。

　結論として、我々は本章の初めにSimple View of Reading modelを紹介し、このモデルで、読解困難児は、ディコーディングには問題はないが、聴覚的理解に困難を持つことを述べた。この子どもたちの困難さは、トライアングルモデルでも説明できる。トライアングルモデルの観点で見ると、読解困難児は音韻経路が保たれているが、おそらく意味表象の欠陥によって生じたと思われる意味経路の障害がある。しかし、これまでに見てきたように、読解困難児の問題は単語レベルでの読みをはるかに超えるものである。異なる言語スキルと様々な読解の構成要素の間にある因果関係は今のところよくわかっていないが、実際の操作のプロセスを理解するためにさらなる縦断研究が大いに必要とされている。

第4章
特異的言語障害
(特異的言語発達障害)

　言語の理解と表出の問題は子どもが経験すると思われるハンディキャップの中でも、最もフラストレーションのたまる独立したハンディキャップであろう。特異的言語障害(特異的言語発達障害)(Specific Language Impairment)は、非言語性能力(NVIQ)より口頭言語(oral language)のスキルがかなり悪く、かつ考えうる他の原因(例．聴覚障害)などでその障害を説明できない場合に使われる用語である。最近の研究によれば、SLIは神経生物学的障害であり、その発達は遺伝的な危険因子に負うところが大きいことが明らかにされている。しかし、SLIの子どもたちが示す言語の困難さのパターンにはかなりの幅が認められる。これから述べるように、ある子どもは発話に困難さが見られるが、ある子どもはそうではなく、ある子どもは言語の社会的使用に苦手さがあり、ある子どもは言語表出は苦手でもコミュニケーションは上手だったりする。

定義と有病率

　DSM-Ⅳ(American Psychiatric Association, 1994)では、個別に実施された言語発達の評価結果が「非言語性知的能力」から期待されるレベルより低い臨床的にSLIと呼ばれる子どもたちに対して、「コミュニケーション障害」(Communication Disorders)という用語が使われている。この用語はまた、言語能力が、感覚障害や学習障害、環境剥奪による低下として想定されるレベルよりもさらに低下している場合にも使用される。DSM-Ⅳではコミュニケーション障害は、表出性言語障害(expressive disorder)(表出が最も障害されている)、受容—表出混合性言語障害(expressive-receptive disorder)(言語の理解と表出が障害されている)、そして音韻の障害(phonological disorder)(意味の伝達のための言語音が障害されている)などに分類されている(DSM-Ⅳには吃音症と特定不能のコミュニケーション障害の定義もある。これらの定義は、コミュニケーションを妨げる流暢性や声の問題ではあっても言語発達にともなうものではないため、SLIの議論とは必ずしも一致しない)。

　ICD-10(World Health Organization, 1993)も同様に、言語機能に年齢からみて−2標準偏差(SD)以上の隔たりがあるか、少なくとも非言語性IQに比べて−1SD以上の差がある子どもをSLIの基準としている。この基準では、表出性言語障害と受容性言語障害を区別し、言語の使用に影響を及ぼす神経、感覚または身体障害のある子どもは診断から除外されて

いる。また、どちらの分類基準においても、自閉症（autism）のような広汎性発達障害を持つ子どもも診断から除外されている。

　臨床においては、子どもをSLIとする基準は一定していない。通常、SLIと診断するには、標準化された言語検査の下位項目の得点が低いにもかかわらず言語の問題を適切に説明できる障害（例えば難聴や非言語性IQの低下）がないことが必要である (Bishop, 2001)。しかし診断に際しては、研究者たちは各々が異なる言語検査を行い、カットオフレベルも異なっている。例えば、SLI協会 (SLI Consortium, 2004) は、『Clinical Evaluation of Language Fundamentals (CELF-R)』検査 (Semel, Wiig, & Second, 1992) における受容性または表出性言語（あるいはその両方）の得点が、年齢を基準として最低でも－1.5SD以上低く、非言語性IQが少なくとも80以上である場合に、SLIと診断している（それよりもIQの低い子どもは除外される）。

　SLIの疫学的研究として最も規模の大きいものの一つが、Tomblin、RecordsとZhang (1996) によって行われた研究である。この研究では、3つの言語機能（語彙、統辞、ナラティブ）と2つのモダリティー（受容性と表出性）の評価のための検査が施行された。この5つの言語機能の領域のそれぞれについて、年齢に対するその子どもの得点を表す合成得点が使用された。言語に障害があるというためには、子どもたちは少なくとも5つの言語合成得点のうちの2つで平均を－1.25SD以上下回る必要があった。さらに、特異的言語障害（SLI）と名付けるためには非言語性IQが85以上であり、感覚の発達と社会－情緒発達が定型的であることが必要とされた。

　言語障害（language impairments）と診断される子どもの数やその特徴は、診断に使用される基準の厳密さによって異なる。SLIの有病率は3〜6％と見積もられているが、成長するにつれて言語障害が改善する場合もあるため、事態は複雑である (Bishop & Edmundson, 1987; Tomblin et al., 1997)。また、他の発達障害同様、SLIにおいても男児の方が女児より多い（3:1－4:1）が、Tomblinら (1997) の研究ではその比は1.33:1と、小さくなっている。

SLIの永続性

　今では言語障害のある子どもの追跡研究は多数存在する。短期的研究としては例えばAram と Nation, 1980; Conti-Ramsden, Botting, Simkin と Knox, 2001; Stark et al., 1984 などがある。長期的研究としては例えばAram, Ekelman と Nation, 1984; Botting, 2005; Conti-Ramsden, Simkin と Botting, 2006; Felsenfeld, Broen と McGue, 1992; King, Jones と Lasky, 1982; Stothard, Snowling, Bishop, Chipchase と Kaplan, 1998 などがある。SLIの子どもの多くは就学前に気付かれ、この時期の言語の問題は多くの場合成長するにしたがって改善する。しかし、SLIの子どもの50〜90％が、小児期を通して言語障害が認められ、その多くが読み障害につながるという研究もある (Bird, Bishop, & Freeman, 1995; Bishop & Adams, 1990; Catts, 1993; Catts, Fey, Tomblin, & Zhand, 2002; Magnusson & Naucler, 1990)。しかし、言語障害が軽度であったり、きわめて限局的な症状である場合には、一般的には予後は良

好である。

　BishopとEdmundson（1987）は、4歳の時点でスピーチと言語の問題（speech-language difficulties）を呈していた87名の子どもを、18か月間という短期間、経過観察をした研究において、結果がばらついた要因の幾つかを明らかにした。子どもたちは4歳の時点で、SLIか非言語性IQの低下（−2SD以下つまり一般的な遅れのグループ）のあるスピーチと言語スキル（speech-language skills）の障害かで2つにグループ分けされた。全体的には、そのうち約37％の子どもの言語の困難（language difficulties）は5歳半までには改善した。SLIの子どもは44％が改善したが、遅れのあるグループは89％が言語障害のある状態のままであった。このように、IQの高い子どもたちの方が言語障害を克服できる場合が多かった。そして彼らは、非言語性IQとともに、3種類の言語検査によって、86％の子どもたちの結果を正しく予測できると述べた。その3種類とは、意味的関係性の表出が必要なナラティブ検査、絵カード呼称検査、意味と統辞の表出検査である。実際には、ナラティブ課題のみでも83％の子どもたちの結果を予測することが可能であった。

　BishopとAdams（1990）は、BishopとEdmundsonの研究の対象児のうち83名について、8歳半の時点で再評価を行った。5歳半の時点で改善していた子どもたちの、表出言語と読み能力についての評価はおおむね良好であった。この「改善」グループは、聴覚的理解課題（統辞理解検査であるTROGと、社会的常識を問うWISCの理解課題）で軽度の問題を示したが、言語、読み、スペルでは平均点であった。これと対照的に、5歳半の時点で言語障害を呈していたグループは、表出言語と読みのすべての面で障害があり、読解は平均の域ではあるものの、読みの正確性（reading accuracy）に比べれば劣っていた。当然のことながら、5歳半の時点で全般的遅れを呈していたグループ（言語障害と非言語性IQの低下あり）の結果は最も悪く、言語と認知機能のすべての検査で重度の障害を呈していた。

　Stothardら（1998）は、BishopとEdmundson（1987）の研究の対象児のうちの71名を、15〜16歳の時点でフォローアップした。その結果は、8歳半の時点の再評価で報告されたパターンとはやや異なっていた。言語の困難が持続している子どもと5歳半で全般に遅れを認める子どもたちは、15歳半の時点でもその様相は変わらず、言語と読みのすべての面で重度の障害が認められた。実際には、言語の困難が持続している子どもの言語スキルと非言語性IQは、この時点ではさらに低下していた。しかし、5歳半の時点で言語スキルが改善したと考えられたグループでも、15歳の時点での音韻スキルと読み書きに関しては対照群ほど良好ではなかった。この子どもたちは、8歳半の時点の再評価では読みスキルは定型発達児と相違なかったので、音韻と読みのスキルの発達に後から影響が現れる（late-acting effect）という事実が示されたといえよう。このグループの、口頭での言語表出のスキルは、この時点でもノーマルであったということは心強いことである。しかし、Snowling, Adams, BishopとStothard（2001）の研究では、この子どもたちは、卒業試験（GCSE）では、読みスキルをマッチングした定型発達児に比べると成績が低下していたことが示された。また、予想どおりとはいえ、5歳半の時点で言語の困難（language difficulties）のあったグループの成績は、さらに低かった。図4.1はこの研究に基づく図であるが、同一の時点で測定された読み能力のレベルと教育の成果が密接に関連していたこ

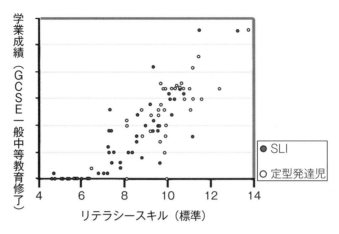

図4.1 言語障害の既往がある若年者のリテラシースキルと学業成績の関連
(Stothard et al., 1998からのデータ)

とが示されている。

　以上をまとめると、就学前から青年期までを追跡した長期研究から、就学までに初期の言語障害が改善した子どもは、比較的予後が良好であるという予測が成り立つといえる。成長するにしたがって読みの困難さという新しいリスクが生じることも明らかではあるとしても、その問題は発達の過程の後々にならないと生じない問題である。また、5歳半の時点で言語障害が残存していた子どもたちには言語と認知の問題が残るということも明白であった。そしてこのことは、非言語性IQが良好な子どもにも一般的な遅れのある子ども（結果は予測どおり最も悪い）にも共通なのである。

　就学前に言語の困難の既往歴のある成人が、大学でどのような成績をとるのかを調べた別の研究では、彼らの学業の困難は明らかであった（Knox, Botting, Simkin, & Conti-Ramsden, 2002）。Aramら（1984）は、スピーチと言語の困難（speech and language difficulties）と診断された20名の子どもを10年後に調査した。13～16歳の時点で、40％の子どもが言語性IQ80以下であり、読み、スペル、算数のテストの成績が非常に悪かった。さらに、通常学級に在籍していたのは彼らのうち25％にすぎなかった。Aramらは、就学前に気付かれるスピーチと言語の困難は、その後の長期にわたって続く言語と学習の問題の始まりにすぎないと述べた。しかし、彼らの研究の対象は正常な知能を持つ子どもに限られていたわけではないので、IQが低いことから引き起こされる一般的な言語の困難（language difficulties）と言語の障害（language disability）による特異的影響とを区別することは難しい。

　予後が芳しくないことは、正常な非言語性IQを持つ受容性言語障害の子どもたちの結果からもいうことができる。Mawhood、HowlinとRutter（2000）は、理解面に障害のある発達性言語障害と診断された19名の男児の経過を報告した。彼らの言語の困難（language difficulties）は成人になっても明らかであった。音読では47％が10歳レベルかそれ以下であり、読解は42％が、そしてスペルでは63％が同様の状態であった。さらに在学中は、いかなる国家試験（national examination）もパスした者はいなかったが、後に2名が職業資格を得ることができた。対照群である自閉性障害（autistic disorders）のある子どもたち

の方が予後がよかったが、それは特別な場を設けて、彼らのニーズに合わせたプログラムで教育されたからであろう。SLIの場合、このような機会はほとんど設けられることがない（長期的な結果の報告についてはClegg, Hollis, Mawhood, & Rutter, 2005を参照のこと）。

　同様の研究として、Tomblin、FreeseとRecords（1992）は、言語の困難（language difficulties）の既往があった35名の若年成人の臨床記録を分析している。彼らは17〜25歳の間に、各種の言語検査を受けていた。SLIの既往のある人は対照群（小児期の動作性IQでマッチングした健常者）と比較すると、すべての言語検査と検査を受けた時点の動作性IQで低下が認められた。特に興味をそそられるのは、SLIの既往のある20名の動作性IQは、小児期に98.5だったものが、青年期に89.75まで低下したことである。これはBotting（2005）とStothardら（1998）の研究でも同様であった。

　以上を要約すると、就学前の言語の問題は、青年期まで続く言語と学習の問題の前兆であることは確かだが、その結果は非常に様々である。小学校低学年で言語の困難（language difficulties）が明らかな子どもは、成長するにしたがって言語に加えてより広範な認知スキルの障害を呈するようになる。さらに、口頭言語スキルが小学校低学年までに改善したように見える子どもも、かなり成長してから読みの問題を呈する危険性が大きい。この様相は、初期の言語の遅れが改善したように見えても、子どもが読み書きの学習課題に取り組むときには「幻の改善」となると述べたScarboroughとDobrich（1990）の見解を支持するものである。

　ここまで述べてきた研究は、SLIの子どもたちの言語と認知の成績に関してのものであった。しかし、言語スキルは社会的相互関係において核となる重要性を持つため、SLIの子どもたちの心理社会的な結果についての研究も数多い。スピーチと言語の障害（speech-language disorders）を持つ子どもの横断研究からも縦断研究からも、この子どもたちの精神疾患のリスクの高さが明らかにされている（Beitchman, Cohen, Konstantareas, & Tannock, 1996）。それに加え、精神科へ紹介された事例の半分以上が言語障害のある子どもであり、多くの場合はそれ以前には診断を受けていなかったとも述べられている（Cohen, 1996）。

　BakerとCantwell（1982）の報告は、言語の困難（language difficulties）のある子どもよりスピーチの障害のある子どもの方が、精神病的な問題を持つ率が低いと述べた最初の報告である。スピーチと言語の障害が改善しないことと精神疾患の進行が関連していると述べた研究もある（Beitchman et al., 1996; Benasich, Curtiss, & Tallal, 1993）。4歳時点でSLIとしてBishopとEdmundson（1987）が研究した対象児が成人した後にSnowling、Bishop、Stothard、ChipchaseとKaplan（2006）が彼らの心理社会的問題を研究したが、その研究でも同様の結果が報告されている。結論としては、特に5歳半の時点で言語の困難（language difficulties）が改善しているといわれた子どもでは、精神疾患の発生率は低かった。言語障害が残った成人の主な問題点は、注意のコントロールと社会的な障害（social impairments）であった。これら2つの問題はある程度独立しており、それぞれの障害で言語の様相は異なっていた。注意の問題には、限局した表出性言語困難が併存する傾向があり、社会性の問題は、受容−表出混合性言語障害と併存する傾向があった。注意の問題と社会性の問題の両方が併存している場合は、認知発達が全般的に遅れていた。学習の困難さが

言語障害と行動の問題を媒介するという見解のとおり、青年期において心理社会的側面において最も劣悪な状況にあり、言語障害のある子どもは読み書きのスキルも最低の水準であった。

メンタルヘルスの問題はさておき、言語障害のある子どものフォローアップ研究では、自閉症スペクトラム障害の罹患率の増加という面も存在する（Conti-Ramsden et al., 2006）。しかし、これが言語障害の結果から生じると結論付けるのは早すぎる。反対に、Bishop、Whitehouse、WattとLine（2008）は、成人の自閉症スペクトラム障害（autism spectrum disorder）の現在の診断基準は、子どもの頃に言語障害の既往があった人たちの多くにあてはまると主張している（「診断の代替（diagnostic substitution）」例）。子どもの頃に自閉症（autism）ではなく言語障害と診断された38名の成人のフォローアップ研究では、8～25名が（厳密な診断基準によると）現在の自閉症スペクトラムの診断基準を満たしており、このことは、特に子どものときに言語の社会的使用（pragmatic language impairment）に問題があった事例で顕著であった。

SLIとその他の発達障害の併存

今まで見てきた研究から、SLIと他の障害の併存率は高く、それは単なる偶然ではないことは明らかである。この問題に関する知見は疫学的なサンプルではなく臨床的な研究から得られているので、母集団における真の併存率を正確に見積もることは難しい。すでに述べたように、SLIと読み障害は高率で併存するが、それは、読みのスキルはそれ以前に存在する口頭言語スキル（oral language skills）を基盤として発達するという事実を考えれば自然な結果である（Snowling & Hulme, 2005）。協調運動障害もSLIに合併する率が高い。そのことから、Hill（2001）は、「特異的」という用語をSLIの子どもに使用することを問い直すべきであると述べている（そのような子どもたちの多くは、問題が言語だけではないからである）。そして最後になるが、言語の問題は一般的な学習困難に合併することが多いという事実もある（非言語性IQの低下）。確かに、小さい頃はSLIの診断基準を満たす子ども（非言語性IQが正常域）でも、成長するにしたがって非言語性IQが低下することがある（Botting, 2005）。このことは、子どもの言語障害は、他の様々な機能領域に影響を及ぼす深刻で広範な発達の問題のサインとなることが多いことを示している。この意味でいえば、言語に「特異的」な障害という厳密な診断基準を真に満たす子どもは、非常に稀かもしれない。

言語の定型的発達：理論的枠組み

子どもたちのスピーチと言語の障害（speech and language impairment）の原因や特性に関する研究について議論する前に、SLIの子どもたちではどのように言語発達が障害されているのかを理解する枠組みとして、言語獲得の定型的発達について明らかにしておくことは重要である。

言語の構造

　Bishop(1997b)が述べているように、「言語はあまりにも容易に獲得され、あまりにも普遍的であるがゆえに、それがどれだけ複雑な現象なのかということを忘れてしまいがちである」(Bishop, 1997bの本のp.1)。言語の処理システムは多くの構成要素で成り立っており、第3章でも述べたように、音韻、統辞、意味、そして語用という特化した下位システム（subsystems）がいくつも備わっている。音韻論は語音が意味の違いを表す言語のシステムについて研究する。Capとgapの音韻論的相違は、前者は頭にかぶるもので、後者は物同士の間の空間を意味する違いとなる。音韻論自体にも2つの下位システムがある。分節音韻論（segmental phonology）は単語内の言語音の対立を扱い、超分節音韻論（suprasegmental phonology）は単語内の高さ、持続、強さなどのイントネーションに関わることを扱う。音韻論と音響的・調音的特徴を扱う音声学を区別することは重要である。しかし、単語内の異なる位置の音同士の音声の違いは必ずしも意味の違いを示すわけではない。例えば、/d/という音素は［dog］という単語の語頭では有声だが、［mad］という単語の最後の位置ではむしろ無声の/t/に近い音となる。これは異音として知られている（/d/という音素は様々な発話文脈で様々な形で現れる）。英語話者は意味の指標となる音素の違いには敏感だが、通常は異音の音声学的な相違には気付いていない（/d/が様々な文脈で異なる現れ方をするということに気付いていない）。

　多くの人は、「文法」は文をひとまとめにするために必要なルールのシステムを意味する用語であると考えている。このシステムは「統辞」というとより正確である。正式には、文法は統辞論と同様に形態論も含んでいる言語のシステムである。形態論は単語や意味単位（形態素）の基底構造に関係する。例えば、「boy（男の子）」という単語は単一の形態素だが、「cowboy（カウボーイ）」はcow（牛）とboy（男の子）という2つの形態素を含むと考えることができる。カウボーイタイプの複合語の頻度は英語では比較的低く、ドイツ語やオランダ語では高い。しかし、英語のcampingやcampedも2つの形態素でできており（camp＋ing、camp＋ed）、decampedは3つの形態素から構成されている（de＋camp＋ed）。このように形態素を加えて基本形の意味を変える研究は、屈折形態論として知られている。屈折形は語の一部（例：-ed、-ing）であって独立には存在しえないが、語幹と組み合わされると、文法的機能を発揮する。屈折形態素は、過去時制と現在時制あるいは単数と複数というような意味上の対立関係を示す役割を果たす。

　意味論は文や単語（語彙）レベルの意味に関する言語システムである。したがって、文法と意味論は強い関連性があるということは明白にしておかなければならない。文の文法構造（統辞）は、通常はそれが伝達する意味と密接に結び付いており、形の異なる文法的形態は文中で特定の意味役割を担う（例：名詞は動作主あるいは目的語であり、動詞は動作を特定する）。しかし、現実世界の知識からみれば、意味に不合理があっても、文法的には文として成立する場合があることも明記しなければならない（例：The fish walked to the bus.）。語彙的意味論（lexical semantics）は語彙的知識との関連が深く、語の機能またはその意味的関連性に基づいて範疇化したシステムと考えられている。

図4.2　語用の困難さの例

　最後に取り上げる語用論は、文脈の中で言語がどのように使用されるかに関する理論である。Grice（1998）によれば、熟達したコミュニケーションは、話し手と聞き手がある前提を共有することで成り立っている。その前提は、コミュニケーションとは、情報豊かで話し合いやその状況の話題に関連したものでなくてはならないというものである。信頼でき、明確で、曖昧さがなく、効率的に整理された形でなされなければならない（Sperber & Wilson, 1995）。その場の状況に直接関係しない話題について長々と話したり、その場の状況にそぐわない大げさで格式ばった様子で話したりするなどの不適切な"態度"は、この前提を破ることになる。語用論的な誤りは、話し手が聞き手の視点を考慮しなかったり、伝達したい内容に関する情報が少なすぎたり多すぎたりした場合にしばしば起こることである（図4.2を参照）。

言語獲得

　言語獲得の理論においては長年、言語学習は生得的に備わっている言語構造によるもの、特に文法「規則」を抽出する特定のメカニズムによってなされるという考え方が主流であった。この理論的枠組にそって、SLIの文法的問題は単一の優性遺伝子の作用を反映していると仮定した研究者たちがいた（Gopnik & Crago, 1991）。それに代わる考えとして、言語学習には子どもがさらされる言語からの入力が重要であるという理論が唱えられた。文法的カテゴリーが生得的に備わっているという考え方に対し、こちらの考え方では、言語獲得とは子どもが耳にすることばのインプットから規則性を徐々に抽出するプロセスであるとされる（Chiat, 2001; Tomasello, 2000）。定型発達の言語獲得の全体について述べるには紙幅が限られているので、興味のある読者にはKarmiloffとKarmiloff-Smith（2001）の総論が役に立つであろう。我々は、ここではSLI児の研究の背景となった言語発達の側面に焦点を絞り、特に聴覚と音韻スキルの発達、形態統辞面（文法）の発達と意味について述べる。

聴覚と音韻スキルの発達

　定型的な言語発達においては、子どもはスピーチの知覚に関わる聴覚的な手がかりを聞

きとらなくてはならない（Box 4.1を参照）。このプロセスには、基本的要件として音源定位や注意力が必要であることは明らかである。具体的にいえば、スピーチの知覚（speech perception）とは音の振幅（loudness）の変化によって、単語の塊を捉えたり、ピッチの変化を区別したり、音声信号の様々な構成要素間のギャップ（ずれ）を捉えたりすることである。しかし、学習がどのように進められるかという面には制約もある。子どもはスピーチの流れの中の違いをすべて検出できるわけではない。言語学習は社会的なもので、子どもは自分が接する人々から聞こえてくる言語での区別の検出に長けてゆく（Kuhl, 2004）。

近年、誕生後に子どもが周囲のスピーチへ向ける注意の下地となる、胎児の聴覚的刺激に対する反応について研究が数多くなされているが、それに比べて、新生児と幼児の基礎的な聴覚的分析に関しての研究は多くはない。しかし、子どものスピーチの知覚については一群の重要な研究がある。新生児はスピーチを範疇化して知覚する力が出生前に「プログラムされている（preprogrammed）」、つまり新生児は世界中のどの言語でも獲得できる潜在的な力を持っているという考えが、長年影響力を持ってきた。この幅広い音声カテゴリーに対する感受性は、生後1年間に徐々に母語で重要とされる対立に対する感受性に狭まり（Mehler & Christophe, 1994）、9か月までには単語の大まかな形が捉えられるような音素配列パターンやプロソディーの手がかりに対して鋭敏になる。

スピーチの表出スキルは、スピーチの知覚の発達に並行して、6か月頃の喃語によって始まる。この喃語は典型的には単純な音節の繰り返しである。音韻面の発達の研究において伝統的に重要視されてきたのは、子どもがどんどん産生するスピーチを収集し、それらの音声の中に、子どもたちが意味の区別をつけるために用いる規則性と一貫性を記述することであった（Ingram, 1981）。話し始めた頃には、子どもは自分の言いたいことを簡素化するという単純化のプロセスを取ることがよくある。例えば、語頭の弱い（強勢のない）音節を省略したり（例：tomatoと言わずに「mato」と言う）、子音の連続を減らしたり（例：brickと言わずに「rick」と言う、twigと言わずに「wig」と言う）、子音の同調といわれるような単語内の別々の子音を同一の構音点で産生することが起こる（dogと言わずに「gog」と言う、go awayと言わずに「wowuway」と言う）などである。

文法の発達

Roger Brown（Brown & Fraser, 1964）のパイオニア的な研究以来、言語発達の普遍的な様相が広く知られるようになった。子どもはまず単語でコミュニケーションし始め、単語をつなげて2語発話となってからより複雑な文構造へと発展させていく。18か月から24か月の定型発達の子どもは、単語をつなぎ合わせて短い句を作る。一人で文を作り出すためには十分な語彙がなければならないから、文法の発達は語彙の発達（語彙知識）と複雑に結び付いている。語彙の発達は学齢期あるいはそれ以降まで続くが、文法は就学前にかなり急速に発達する。

子どもにとって大きなハードルとなるのは、聞こえてくる文に含まれている項構造（argument structure）について学習することである。項構造とは、文における様々な単語の役割（動作主、動作、属性など）のことや、文脈においてそれが必要なのかそうでないの

Box 4.1　スピーチ（speech）の知覚

　スピーチ（speech）を知覚する方法を習得するプロセスの複雑さは、発話（spoken phrase）の音声スペクトログラムを読み取ろうとするときに実感することができる。スペクトログラムは、縦軸に音の周波数が、横軸に時間が示され、色の濃さ（darkness）の程度は音の振幅（エネルギー：energy）を表している。下の図はよく似た２つの発話（spoken phrase）のスペクトログラムを示している。図の下部の文字は、口頭で言ったことば（spoken words）の音のタイミングにおおよそ合わせてある。注目すべき第１の点は、スペクトログラムに示された音を同定することはむろん、ことばの境界を同定することすら困難ということだ（例外は、大量のエネルギーが幅広い周波数帯に広がっている子音/s/である）。実際には、単語同士が結び付いて「調音結合」が生じた途切れのないスピーチにおいては、口頭で言ったことば（spoken words）に明らかな区切れはない。特に、"walk" と "walked" の音の違いは一目ではわからないことを強調しておきたい。つまり、過去分詞 "-ed" は一続きのスピーチの中では、目立たない（low salience）（音声実質が少ない）。SLIの子どもにとって、スピーチの中から過去形に気付けるようになるのは大変難しいということは注目に値する。

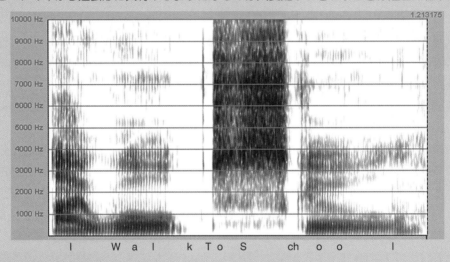

a）私は歩いて学校に行く（I walk to school）

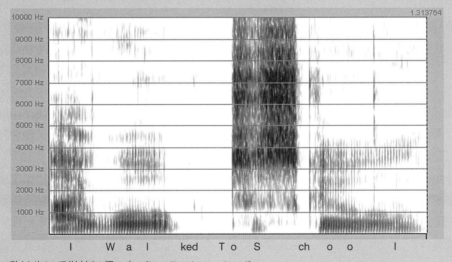

b）私は歩いて学校に行った（I walked to school）

かに関することである。子どもにとっては、もし適切な形式の文を産生しようとしたり、新しい語彙項目（特に動詞）の意味に見当をつけるために文の枠組を使用する場合（このことを統辞的ブートストラッピングプロセス（syntactic bootstrapping）という）には、項構造に関する抽象的な一般化が重要である。例えば、「mummy kimmed the ball into the hedge（ママがボールを垣根にkimした）」という文では、項構造の知識があればkimというのは、ある場所からもう一方へボールを動かす動作を表しているということがわかる。あるいは「mummy kimmed to the girl（ママはその女の子へkimした）」という場合は、kimmedという単語は、やはり動作ではあるが、物をある場所からどこかへ動かすという意味ではないとわかるのである。

　言語学者の多くは、子どもたちが大人の統辞カテゴリーを持っているにもかかわらず適切な形式の文を産生することに失敗するのは、言語運用の限界（performance limitation）があるからと考えている。この考え方をとる研究者たちは、子どもの文法が成人の文法とどのように異なるのかを明らかにするために、子どもの言語を研究してきた。これに代わる考え方として、子どもたちは受け取った言語入力の操作に認知的プロセスを使っており、抽象的な文法的カテゴリーは、言語の生得的に組み込まれている特性というよりもその操作から生じてくる産物であるという見方もある。

　Tomasello（2003）は、認知論の代表的な提唱者である。彼は、子どもの初期言語は、単語、句、あるいは発話全体を模倣学習することで獲得され、これは子どもがそのときに持っている言語的枠組みの中で構築されると述べた。英語話者の子どもたちの例で驚異的なのは、初期言語において、冠詞のaとtheをほぼ完全に異なる名詞の組み合わせに使用しているという例であった（Pine & Lieven, 1997）。しかし、子どもたちは初期の段階から様々な構造を創造的に組み合わせることができる（「daddy's car」と「see daddy」から「see daddy's car」を作り出す）のに、自分のレパートリーにかなりの数の例文を蓄えるまで、それを一般化しない。子どもたちは一般的に動詞の主語と目的語の知識を持つという説に対して、Tomasello（2000）は動詞の獲得の例を使って、子どもは特定の知っている動詞で自分たちが表現できる関係を言い表していると述べた。例えば、ある子どもが「boy hits, thing to hit with, hit ball」ということを知っていたとしても、「boy eats, thing to eat with, eat cake」は知らない場合があるということである。

　文法形態の知識に関するその他の同様の議論としては、屈折形に関するものがある。屈折形は語彙項目に付加され、その語彙項目が置かれた文脈に関連あるいは一致しながら意味を変換するマーカーとなる。例えば英語では、名詞が一つ以上ある場合（複数形）は、名詞に-sが付加される（例：books）。動詞の動作主が一人だったら（三人称単数）、-sが動詞の語幹に付加される（例：he jumps）。Tomaselloは、子どもたちが同じ統辞カテゴリーに属する項目間の関係性を抽出できるようになるのは、3歳の誕生日前後だと述べた。この説で重要なのは、初期の子どもの言語は、文法的能力においては矛盾するように見えるものも混在しているが、様々な言語ユニット（linguistic units）を含んでいるということである。

　言語獲得においては、子どもたちが種々のマイルストーンにたどり着く年齢はほぼ一様

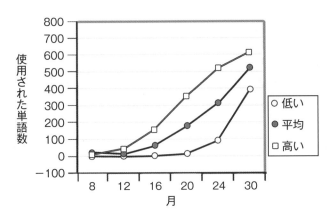

図4.3 表出語彙の増加を、平均的な語彙数の子ども、90パーセンタイル（高い）および10パーセンタイル（低い）に位置する子どもで比較。1歳まではほとんど差が認められないが、その後、個々の子どもの成長の軌跡は分かれ、24か月頃にはパーセンタイルが低い子どもでは89語、高い子どもでは534語となり、最も大きな差が見られる。
(Figure 4.7, p. 112, Bates, E., Dale, P. and Thal, D. (Fletcher, P. and MacWhinney, B. 編著), Individual differences and their implications for theories of language development. In *The handbook of Child Language*, Blackwell, 1995から許可を得て改変して掲載)

で普遍的道筋をたどるという一般的な認識に対して、子ども全体では言語発達の速度やスタイルにかなりばらつきがあるという事実も存在する。言語理解と表出の間、また、言語の構成要素間（例：語彙と意味スキルの間）に乖離がある子どもたちもいる。Bates、DaleとThal（1995）は、『マッカーサー乳幼児言語発達質問紙』（MacArthur Communicative Development Inventories（MCD-I), Fenson, 1993）の標準化の際に収集したデータに基づいて、このような個人差について明らかにした。MCD-Iは子どもの言語発達について両親に記入してもらうチェックリストである。乳児用は396の語彙項目のチェックリストがあり、両親は子どもがその単語がわかるか（理解）あるいは使っているか（表出）について答える。幼児用はさらに広範なもので、表出（680語かそれ以上）と子どもが使う単語の組み合わせの範囲にチェックする。8〜16か月児の両親673名が乳児用に回答し、16〜30か月児の両親1,130名が幼児用に回答した。さらに、一部の両親は6か月後にもう一度調査に協力し、個人の特徴の再現性と発達の段階的連続性に関するデータが提供された。

　Batesら（1995）は、大部分の子どもたちが8か月から12か月の間に、あるいは16か月までに理解語彙の中央値が169語に達することを明らかにした。表出はやや遅れて12か月頃に始まり、16か月までに平均64語であった。しかし、図4.3に示すように、データにはかなりばらつきが認められた。

　同様に、16か月から18か月以降のことばの連鎖の始まりとその発達には大きな幅があった。さらに、平均発話長を尺度とすると、定型発達の同一生活年齢の子どもが使用する文法のレベルは、6か月から1歳程の幅があることが明らかになった。その中でも注意を引いたのは、いわゆる「話すのが遅い子たち（late talkers）」と呼ばれたグループであった（Paul, 2000; Paul, Hernandez Taylor, & Johnson, 1996）。この子どもたちは2歳の時点で、言語の理解は普通なのに表出の発達はその呼び名が示すように遅れていた。多くの子どもたちは就学

までに同年齢の子どもたちに追いつくが、遅れが続く子どもたちも確実にいて、語彙の発達の問題より文法と統辞の問題を呈することが示された（Rescorla, Roberts, & Dahlsgaard, 1997; Rice, Taylor, & Zubrick, 2008）。

言語発達の多様性（variation）は、様々な言語構成要素の発達の相対的な速度にも見られる。例えば、言語理解と言語表出は関連性が強いにもかかわらず、10％程度の子どもたちは、理解が表出より明らかに優れており、そのようなプロフィールは「話すのが遅い子たち（late talkers）」によく見られる。これとは対照的に、定型発達の子どもたちには語彙発達と文法発達にほとんど乖離は見られないものの、通常は文法よりも語彙の方がいくぶん先行するために、語彙は文法発達のペースメーカーと考えられている。確かに、子どもたちはかなり長い間単語を屈折させずに使うし、一般的な名詞に加えて機能語や動詞、形容詞が増えて、語彙がある程度豊かになってはじめて単語をつなげて話し出す。このようなデータをまとめて考えると、言語の受容と表出の認知的土台には違いはあるとしても、文法と語彙の土台には共通性が存在するといえる。

SLIの子どもの言語発達

議論の余地があるとはいえ、SLIの子どもの言語の最も驚くべき特徴は、その発達の開始の遅れとその後の発達の遅さである。これまで見てきたように、ほとんどの定型発達児には、生後1年までの間に初語が出現する。しかし、言語障害のある子どもの初語は2歳頃であり、語連鎖はさらにかなり後になる。その上、SLIの子どもの多くは音韻に何らかの問題があるが、それは就学までに改善することが多い。したがって、SLIの子どもの言語発達の初期段階の基本パターンは、一語発話の発達が長く続き（つまり語彙発達（lexical development）がゆっくり）、単語を並べて長い発話にする学習が遅れることである。SLIの子どもが言語理解より言語表出の方に困難を示すことはよくあることで、受容（理解）に問題のある子どもは特に表出が乏しいことがわかっている（Rutter & Mawhood, 1991）。

一般的に、SLIの子どもの語彙（単語レベル）スキルの発達は文法能力より良好だが、その年齢にしては限られた範囲の語彙しか持っていない。SLIの子どもによく見られる語彙的問題は喚語困難であり、意味的に関連する語で代用することがよくある（ラクダに対して「やぎ」と言う）。語彙的問題としては動詞の獲得の困難もある。Leonard（1998）が述べたように、これは子どもたちが統辞的な問題を抱えているからである。というのも、動詞の意味は文構造があって初めて明確になるからである。

一般的にSLIの子どもたちは、受容面と表出面の文法的側面に大きな困難があり、統辞や形態論の問題が含まれている。これは、ある程度は語彙発達の遅れによるかもしれないがそれだけではない（Bishop, 2006）。SLIの子どもたちが統辞のある種の規則の学習に困難があるとする理論は多く（van der Lely, 1994; van der Lely & Stollwerk, 1997; van der Lely, Rosen, & McClelland, 1998）、その他、特に動詞形態素論（verb morphology）のような文法的形態素論（grammatical morphology）が中心的問題とする理論もある（Conti-Ramsden, Botting, & Faragher, 2001; Rice, Wexler, & Cleave, 1995）。そうであるにしても、SLIの子どもの言語発

表4.1 RapinとAllen（1987）の分類法に基づく言語障害の主なサブタイプ

言語のサブタイプ	特　徴
言語性聴覚失認 Verbal auditory agnosia	話しことばを理解することができない"語聾"の一種。
発語失行 Verbal dyspraxia	スピーチ（speech）の運動企画の障害。スピーチ産出メカニズムの神経学的障害（例：ディサースリア）とは関連なし。
音韻プログラム障害症候群 Phonologic programming deficit syndrome	連続したスピーチ（speech）の産出および明瞭度の障害。言語理解には問題なし。
語彙－統辞障害症候群 Lexical-syntactic deficit syndrome	音韻プログラム障害症候群と似ているが、文法と文産出も障害され、言語理解も悪い障害。
音韻－統辞プログラム障害症候群 Phonologic-syntactic programming deficit syndrome	言語表出の障害で、喚語困難、限定された語彙、文産出の誤りで特徴付けられる。構音（speech sounds）は正常。言語理解も障害される。
意味－語用障害症候群 Semantic-Pragmatic deficit syndrome	言語の社会的コミュニケーションにおける使用の障害。発言は形をなしてはいるが不適切で、会話の順序交代が障害され、言語理解は字義どおりすぎる傾向がある。

達はほとんどの点で定型発達の順序に沿ったものであり、誤りのタイプにおいて違いを示す子どもは比較的少ないということは注目すべきことである。換言すれば、SLIの子どもの発話に見られる誤りの多くは、SLIの子どもより年齢の低い定型発達の子どもの誤りに似ているといえるのである。

SLIの言語の問題の性質と不均質性（heterogeneity）

一人の子どもをSLIとして分類することは、言語の複数の領域（語彙、文法、そして音韻）に非常に重度の問題があるとすることである。これは、ディスレクシアの子どもが音韻面にのみ問題を持つことと対照的である。SLIとして同定するための複雑な検査を行った結果、子どもたちが広範かつ異なる言語の問題を持つ不均質なグループであることがわかっても驚くには値しない。SLIの子どもたちをサブタイプに分ける試みは数多くなされてきた。ディスレクシアにみるように、そのような試みは困難に満ちたものであり、分類法の多くはかなりの数の子どもを分類不能とした。これまでは受容言語スキル（理解）と表出言語スキル（産生）を分けて考えることが一般的であった。今最も頻繁に引用される分類法はRapinとAllen（1987）が提唱したもので、表4.1に示されている。この分類法は障害されている言語の側面から分類する方法であり、表出あるいは受容の言語機能のどちらが障害されているかで分類するのではない。しかし、この2つの分類方法の重複は避けられない。RapinとAllen（1987）の枠組みでいえば、第一義的に表出言語スキルが障害されるのが発語失行（verbal dyspraxia）と音韻プログラム障害であり、受容と表出の言語スキルが障害されるのは、言語性聴覚失認（verbal auditory agnosia）、音韻－統辞プログラム障害症候群（phonologic-syntactic programming deficit syndrome）、語彙－統辞プログラム障

害症候群（lexical-syntactic programming deficit syndrome）、そして軽微な形で意味−語用障害（semantic-pragmatic disorder）である。

Conti-Ramsdenら（1997）は、クラスター分析と呼ばれる統計的手法によって、イギリスの学校の言語指導教室に通う大規模な子どもの母集団から、5つの困難さのプロフィールを同定した。そのクラスターは以下のとおりである。

1　表出言語と受容言語が重度に障害され、単語の音読とともにすべての言語のテストの成績が低い子どもたち。これは最も大きいグループとなった。
2　複雑かつ多様な単語の障害があり、文法とナラティブにも問題があるが、音韻と表出語彙は比較的良好。
3　適切な表出語彙と理解力を持ちながら表出性音韻障害（expressive−phonological impairments）により単語の音読の苦手さや音韻やナラティブの障害がある。
4　音韻と単語の障害（phonological and single word deficits）、表出語彙の乏しさ、それ以外はプロフィール3に準ずる。
5　音韻、表出語彙、文法の理解そして単語の音読は良好だが、担任から言語の社会的な使用に問題があると思われるタイプ。このような子どもたちは語用的側面に問題があると考えられる。

Van Weerdenburg、Verhoevenとvan Balkom（2006）は似たような手続きを使ってオランダ語話者のSLIの子どもたちから4つのクラスターを抽出した。課題は語彙―意味能力（形態論を含む）、言語性の系列記憶、発話産生（speech production）（音韻面）、聴覚的概念化であり、他の研究者たちが提唱したクラスターとの共通性を強調した。

我々は、SLIの子どもたちをいくつかのグループに分けるどんな特定のシステムをも支持するわけではない。しかし、純粋なスピーチの障害（speech impairments）（speech sound disorder, SSDともいう）は、言語障害（language impairments）の子どもに見られる問題とは異なるものである（Bird, Bishop, & Freeman, 1995; Nathan, Stackhouse, Goulandris, & Snowling, 2004; Raitano, Pennington, Tunick, Boada, & Shriberg, 2004）。また、言語の形式と構造に影響を与える障害は、コミュニケーションのために言語を社会的に使用することの障害とは性質が異なるということも一般的に認められている（Bishop, 1998; Bishop & Norbury, 2002）。コミュニケーションのための言語使用の問題や社会的な関係性の問題は、現在は通常、語用的言語障害（pragmatic language impairment）といわれている（PLI）。PLIの子どもたちは、通常自閉症にともなう特徴を示すが、自閉症とPLIの子どもの障害の重複部分については研究が進められているところであり（Bishop & Norbury, 2002）、今後の検討が必要な重要なグループである。この章ではSLIの古典的なタイプの子どもたちに焦点をあて、PLIについては8章と9章で述べる（*訳注：本翻訳書では原著8章（autism）は割愛。原著9章は第5章として掲載）。

SLIについての言語学的理論（linguistic theories）と認知的理論

　SLIの研究の多くは心理学者や言語学者によって行われており、この2つの学派の研究者たちは、障害の性質や原因について異なる理論的解釈を示している。SLIについての主要な理論の一つは生成文法の言語学的枠組みに基づくものであり、子どもの問題は、言語学的知識（linguistic knowledge）の欠陥（deficit）（例えば文法的な）に由来するとされる。このアプローチで重要なのは、言語の心的表象（mental representation）はモジュールになっており（Fodor, 1983）、他の認知機能から独立して働いていると考える立場に立つということである。この言語学的な考察によれば、SLIは文法規則の発達の不具合（a failure）（一部は生得的）とするのが最も理解しやすい。もう一方の認知論的アプローチは、心理学を基盤としており、SLIの問題は規則の知識の問題というより、むしろ処理過程の障害を反映しているとみなしている。このアプローチは、言語は、本来、動的で分散的なもの（distributed）で、他の様々な認知の要素と、本質的、あるいは生得的に、相互に影響し合うと考えている。この見解によれば、文法的な障害は単独ではほとんど起こらず、より基本的な認知の障害に続いて、あるいは関連して起こると考えられている。この2つのアプローチは疑いもなく我々のSLIの理解に寄与しているといえる。

SLIの言語学的説明

　SLIは個々の様相の相違はあるにせよ、一般的には、その多くは意味を表す形態素や語順の使用（形態統辞論（morphosyntax））に顕著に弱い部分があるとされている。英語圏のSLIの子どもたちは、言語発達が同じレベルにある定型発達の年下の子どもより、文法形態素（特に屈折形）の使用が要求される文脈において、それを使うことがはるかに少ない。様々なSLIの「言語学的な（linguistic）」説明理論は、SLIの子どもたちに見られる文法の障害に焦点をあててきた。これらの理論は、詳細な部分ではかなり異なっているが、根本的なレベルでは同一である。つまりSLIに見られるこの問題を、背景にある文法の障害と関連付けているのである。いずれの場合にも、文法とは、その言語を使用する成人話者の文法能力（the grammatical competence）の基盤にあると仮定されている規則の組合せ（a formal set of rules）である（ある意味では、1957年に最初にChomskyによって唱えられた生成文法）。

文法的パラダイム（規範）の問題としてのSLI

　Pinker（1979）は、SLIの子どもの文法障害の研究で用いられる言語習得の形式的理論について概説した。彼はこの理論を「学習可能条件（"learnability condition"）」と呼んでいる。学習可能条件は、生成文法を子どもが獲得していることが前提である。生成文法は、語彙の構成要素によって他の形式文法と区別しうるものである。

　Pinkerによれば、屈折形は、関連する語彙項目と共に一組の等式として貯蔵されている。
　例：［sings］＝［sing］＋時制（TENSE）＝現在；＋数（NUMBER）＝単数
　　　［called］＝［call］＋時制（TENSE）＝過去
　　　［running］＝［run］＋アスペクト（ASPECT）＝進行形

これらの等式がどのように学習されたかを説明する方法として、子どもたちは「パラダイム（規範）」を創り出しているという理論が提案されている。パラダイムは、関連する接辞（affix）がセルの中に入った行列表と考えることができる。子どもは、まずある語彙項目の様々な活用のしかたに関するその単語固有のパラダイムを学習する。この単語固有のパラダイムは、徐々に普遍的なパラダイムの発達を促し、語幹のない接辞のみの表が形成される（Box 4.2）。いったん普遍的なパラダイムが適切に配置されると、子どもは、新しい語彙にそれを付けることで自分で屈折形を創り出して使用することができるようになる。したがって、wugのような新しい名詞が与えられると、複数を表す屈折形が加えられるし（two wugs）（Berko, 1958）、動詞のwugであれば過去時制を表す屈折形を加えるのである（yesterday they wugged）。

　Gopnik（1990）はPinkerの理論的枠組に則り、SLIの子どもは、例えば数、性、有生性、時制、アスペクトなどの統辞－意味論的側面が"見えていない"と述べた。この見解をとれば、なぜSLIの子どもは限定詞や代名詞を適切に選択できないという文法の障害を呈するのかということが説明可能である。GopnikとCrago（1991）はこれを証明するために、SLIの子どもと世代をまたぐ家族のデータを分析し、障害のある6名の成人（16歳〜74歳）と、健康な6名（8歳〜17歳）のデータを比較した。2つのグループは年齢を一致させてはいなかったが、高年齢群の方が成人文法を持つ証拠を多く示すはずだという期待は支持されなかった。

　この家族に施行した言語検査は、口頭命令の理解、実在語と非実在語の複数形と派生形

Box 4.2　屈折に関するピンカーの単語固有パラダイムと普遍的パラダイム

	単語固有パラダイム			普遍的パラダイム		
	人称			人称		
時制	一人称単数	三人称単数	複数	一人称単数	三人称単数	複数
現在形	Walk	Walks	Walk	-	-s	-
過去形	Walked	Walked	Walked	-ed	-ed	-ed

　ピンカーは、パラダイムがいかに書き込まれるかを説明するために、接辞はタイプごとにそれぞれ階層的な概念があると提案している。例えば、数（複数）のような、どの言語にも普遍的にみられて意味と明らかな関連性がある屈折は最初に書き込まれ、抽象的概念は最後に書き込まれる。抽象的概念の例としては、時間軸上における出来事の分布の仕方を反映する動詞の相（アスペクト（aspect））が挙げられる。冠詞（a, the）はパラダイムでは屈折と同様に表される。英語では冠詞は2種類しかなく、限定性（definiteness）によって区別されるが、例えばフランス語のような他の言語では、冠詞は性（gender）（un/une；le/la）と数（number）（les）によって変化する。重要なのは、後で述べるように、屈折の音声学的特徴（音響学的に目立つ度合い）も階層内の位置に影響するということである。

の生成、能動形と受身形、代名詞、所有格の構文理解のテストであった。被験者たちは、さらに文の文法性判断を求められた。表4.2は、課題例と結果のまとめである。

表4.2に見るように、SLIの被験者は、形態論的な屈折形や派生形の生成と、素性マーキングを必要とする非文法文を修正するテストで問題が見られた。しかし、彼らの言語能力は、代名詞、複数形、受身形の理解や句の項構造の文法性判断などの統辞面の検査では障害が認められなかった。さらにSLI群は、一続きの漫画の絵を説明するナラティブ課題において成績が悪かった。前の絵の動作主を言い表すために、代名詞という言語学的方略を使えば（*the man*を指すために*he*を使う）ナラティブの結束性（cohesion）が保てるが、SLI群はすべてを名詞句で表す傾向があり、被験者の1人は、ナラティブというよりも描かれている内容を一枚ずつ順に述べただけであった。

被験者の人数の少なさといくつかの課題の天井効果により、GopnikとCrago（1991）の調査結果の解釈は、複雑なものとなっている。さらに、同じ家族を研究対象とした他の研究者によれば、その家族が持つ広範な音韻障害によって、自発話の誤りの原因を明確にすることが難しくなっているという。しかしGopnikらは、これらのことは、この家族の人々が持つ文法的な問題という観点から理解するべきであると主張している。特に彼らは、抽象的な形態的特徴（morphological features）を表す文法のレベルが障害されており、彼らの構文の誤りの多くはこの理由で説明可能であると提起した。

この家族の中のSLI事例の発話の誤りを、抽象的な形態統辞的規則（morphosyntactic rules）の障害によるものとして説明する場合に明らかとなる問題の一つは、障害のある家族の一人において、正しい文法形態（例：I like books）と誤った文法形態（例：I like python）が共存していることである。同様に、彼らは代名詞を正確に理解できるにもかかわらず、ナラティブで代名詞を用いる方が適切と思われる場合でもそれを使用しない傾向があった。さらに家族の中でも若年の2名は、書字課題で、規則語より不規則語の方が正しく書けるものが多い傾向があった。明らかに根底に共通の規則があると思われる事例間に見られる一貫性のなさは、SLIの人はその規則を持っていないという考えに問題を投げかけているように思われる。しかし、GopnikとCragoは、これらの結果は、SLIの家系の人々は、新しい単語を一般的なパラダイムで決められたパラメータに則して標識された語彙項目ではなく、分析せずに単語全体として獲得する形で語彙学習をしていることが示唆されたと主張している。もしこれが本当だとしても、このような説明の真偽を確かめることは非常に困難である。ある規則がうまく作用しているように見える場合は、いつでも項目が「分析されず丸ごと全体」として学習されたからで、規則がうまく作用しないときは、その規則自体の失敗と考えうるからである。GopnikとCargo（1991）はPinkerの構想に立ち戻り、これらの結果に基づいて、"単一の優性遺伝子が、そのメカニズムを制御して、形態論を成り立たせるパラダイムを構築する子どもの能力を生み出す"（p.47）という大胆な結論を出すに至った。

van der Lelyら（van der Lely, 1994; van der Lely & Stollwerck, 1997）は、形態論的パラダイムの獲得の難しさを想定するのではなく、このようなパラダイムを正しく関連付けることの高次の障害である提案している。The Representational Deficit for Dependent Rela-

第4章　特異的言語障害（特異的言語発達障害）

表4.2 同一家系内のSLIのあるメンバーと障害のないメンバーのGopnikとCargo（1991）の言語テストにおける反応のまとめ

課題	例	SLIとコントロール群の反応差
事物の操作（単純）	Please touch the book/s 本（1冊／複数）に触って下さい	差なし；しかし、SLIのある3名は、単数形と複数形に奇妙な反応が見られた
事物の操作（複雑）	Put the crayon on the balloons 風船の上にクレヨンを置いて下さい	
非語の複数形生成（絵を見て発話する）	This is a zoop These are……（zoops） これはズープです。これらは…（ズープス）	SLI群で障害あり
口頭命令の理解	Here are three crayons; drop the yellow one on the floor, give me the blue one, and pick up the red one. クレヨンが3本あります。黄色を床に落として、私に青を渡して、赤を取って下さい。	差はないが、SLI群の方が誤りが多い傾向あり
再帰代名詞と非再帰代名詞の理解（4枚の絵の中から適切なものを1つ選択）	He washes him He washes himself 彼は彼を洗う 彼は自分自身を洗う	差なし
性別を表す代名詞の理解（4枚の絵の中から適切なものを1つ選択）	He holds him/her He holds them 彼は彼／彼女を抱きしめる 彼は彼らを抱きしめる	差なし
能動態・受動態の否定形の理解（4枚の絵の中から適切なものを1つ選択）	The truck does not pull the car The truck is not pulled by the car トラックは車を引っ張っていない トラックは車に引っ張られていない	差なし； SLI群は課題中4/7は成績不良だったが、1/7はむしろ良好
対照所有格の理解（4枚の絵の中から適切なものを1つ選択）	The girl's baby The baby's mother 女の子の赤ちゃん 赤ちゃんの母	両群ともに反応はほぼ完全
文法性判断と修正	The boy kiss a pretty girl The little girl is play with her doll 男の子はかわいい女の子にキスする 小さい女の子は自分の人形で遊んでいる	SLI群は文法性判断と文の修正に障害あり； 反応に時間がかかった
派生形態素：文の完成	There is a lot of sun It is ……（sunny） 日の光が満ちている お天気が……（よい）	SLI群に障害があり、反応に時間がかかった
項構造に関する文法性判断（主題の関連性thematic relations）	The girl eats a cookie to the boy 女の子は男の子の方にクッキーを食べた	差なし
時制マーキング：文の完成	Each day he walks 10 miles Yesterday he …（walked）10 miles 毎日彼は10マイル歩く 昨日彼は10マイル……（歩いた）	SLI群に障害があり、反応に時間がかかった

Gopnik, M. and Cargo, M. B. Familial aggregation of a developmental language disorder, *Cognition*, 39, 1-50, copyright（1991），Elsevierの許可を得て転載

tions（RDDR；依存関係の表象障害）理論は、一致（agreement）と時制の難しさを予測している。その上、受動文（例：*The boy is chased by the girl*）の使用や理解と、代名詞の指示関係（例：*Baloo Bear says Mowgli is tickling him*）に関しても予測できるが、これはどちらも統辞関係の距離の長さに依存する（van der Lely & Harris, 1990）。SLIの子どもたちには、このようなタイプの文や複雑で階層的に構成されている言語の別の側面に関して際立った困難さがある。The Computational Grammatical Complexity hypothesis（計算的文法的複雑性仮説）（van der Lely, 2005）によれば、SLIの不均質性は、規則に支配された統辞、形態、音韻という3つのシステムの少なくとも一つにおける複雑な計算の障害に起因するとされる。

SLIと選択的不定詞期の延長（extended optional infinitive）

RiceとWexlerら（Rice, 2000; Rice & Wexler, 1996）は、SLIの子どもに見られた文法的な困難さについて若干異なる説明を提起している。ここでは、動詞の時制と一致の標識（tense and agreement marking for verbs）に焦点を絞るとしよう。英語では、-edという標識は、過去時制を表すために普通に使われており、-sは三人称単数の標識として使用されている。図4.4が示すように、定型発達児が5歳までにこのような文法標識の使用を習得するのに対し、SLIの子どもはそうではなく、成人の文法への軌道に乗っているようには見えない。

この説明の背後にある言語理論は複雑だが、SLIに関する基本的な知見を理解するためにその詳細までを理解する必要はない。理論について説明するためには、まず動詞に関する"定形（finite）"の定義が必要である。英語では、動詞は定形または不定形の形をとることができる。定形動詞（finite verbs）は、句の主動詞として独自に機能することができ（例：he *sings*）、不定形動詞（nonfinite verbs）（例：*to go*）は、通常は句の中で別の文法形式と結合されている必要がある（例：*he wants to go* to school）。定形動詞の一致や時制の標識は、必須（obligatory）である（例：he *walks*, she *walked*；Box 4.3参照）。対照的に、不定形動

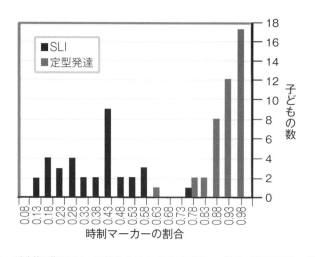

図4.4　時制標識を正しく表出する5歳児の割合：（○）定型発達；（●）SLI.
(Toward tense as a clinical marker of specific language impairment in English-speaking children, by Rice, M. L. & Wexler, K. *Journal of speech and Hearing Research*, 39, 1239-1257. Copyright (1996) American Speech-Language-Hearing Associationの許可を得て転載。無断複写・複製・転載を禁ず)

Box 4.3　定形動詞の文法マーキング

主語と動詞の一致
　動詞句 "She walks" において、"-s" は動詞 walk と主語 she（三人称単数）の一致に関する標識となる。"she walk" と言うと非文法的になる。

過去時制の標識
　"Yesterday they walked" という句において、"-ed" は過去において歩くという行為が起こったことを示している。"yesterday they walk" と言うと非文法的になる。

複雑性
　英語では、定形動詞は常に表層形でマークされているわけではない。例えば、単数・現在形の I walk では、定形ではあるが、walk に文法標識が付与されない。もしこれを She walks に変えれば標識がつく。

詞は標識はつかず、何もつかない語幹の形をとる（例：They liked to walk, she made him walk　この2つの例では、動詞の語幹は to 不定詞、もしくは使役動詞 made と結合している）。さらに問題を複雑にするのは、英語では定形動詞は表層構造においては必ずしも標識がつかないため、こういった区別が必ずしも明確ではないことである。例えば、一人称現在形 I walk は定形であり、walk には文法的な標識はついていないが、これを "she walks" に変えた場合は標識がつく。

　Wexler（1994）によれば、子どもたちは定形（finiteness）が文法の一部であることを理解しているのに、実際には、時制の標識をつけない文をいう時期がある。その一方で、成人文法で時制や一致の標識をつけないところでは、彼らもやはりつけない。Wexlerは、これを the Optional Infinitive（OI）Stage（選択的不定詞期）と呼んだ。SLIの子どもの発話における数多くの誤りは、定型発達児ではこのような誤りがすでに克服されている年齢を過ぎても見られ、その現象と上述の説明がよく合致する。そこでRice、Wexlerと Cleave（1995）は、SLIの文法的な発達は、Extended Optional Infinitive（EOI）Stage（正しく言えたり脱落したりする時期に長くとどまっている）として考えられると提案している。

　英語圏のSLIの子どもに対するこの理論的予測を調べるために、Riceら（1995）は、55～68か月齢のSLIの子ども21名の群と、定型発達の子ども2群の成績を比較した。定型発達群の第1群は年齢をマッチした5歳児、第2群は平均発話長（MLU）をSLIの子どもにマッチした3歳児であった。これらのグループの子どもたちは、まだOI期の不定詞の使い方を示しているかどうかを評価するために、多くの課題を与えられた。子どもの言語は、自発話のサンプルを収集して評価し、さらに構造化した設定場面で特定の文法構造を引き出すことが試みられた。過去形の標識の使用（"he walked" のように、動詞の語幹に -ed を加える）は、説明するための最も簡単な例である。子どもから過去形の標識を引き出すために、彼らには絵を提示した。例えば、梯子を登る少年の写真を見せて、「男の子が梯子を登って

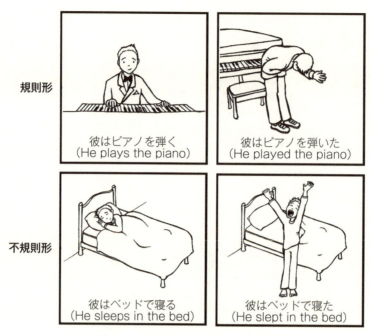

図4.5　過去形生成課題のイラスト

います（"the boy is climbing the ladder"）」と言う。続いて、少年が梯子を登り終わった絵を見せて、「男の子は何をしましたか（"What did the boy do?"）」と尋ねた。この場合、適切かつ文法的に正しい反応は、動詞 "climb" に過去時制の標識をつけた形（-ed）、"he climbed the ladder …" あるいは "the boy climbed the ladder …" である（図4.5の絵の例を参照）。

結果は、まさに驚くべきものであった。この課題において、定型発達の5歳児は、92％の発話で正しく過去時制形の動詞の標識（climbed）を使用した。3歳児は50％であり、SLIの子どもではわずか27％であった。このようにSLIの子どもは、動詞の過去時制形-edを正しく生成することに関しては、3歳児に劣る可能性が高かった（結果に同様のパターンが得られたのは、動詞の三人称単数の標識や助動詞beやdoを正しい形で使用することであった）。

要約すると、SLIの子どもたちは、形態統辞的側面の習得に特異な困難さがあった（時制と一致の動詞形の標識）。この点では、彼らが文法規則を習得するのは、平均発話長（言語発達の段階の一般的指標）でマッチングした年下の定型発達の子どもより遅かった。このパターンは、これが発達の単純な遅れの範囲を超えていることを示唆しており、彼らには動詞の定形表現において特異な難しさがあることを示している。EOI理論では、その欠陥（deficit）は、子どもたちが時制の標識が主節で義務付けられるという知識の一つを知らないことにあると考えられている。RiceとWexler（1996）によれば、SLIの子どもたちは、障害のない子どもに比べて、この未熟な文法をかなり長期にわたって使用する。時制標識の形態素の問題は、産生だけではなく理解にも存在する（文法性判断で検査）（Rice, Wexler, & Redmond, 1999）。さらに、ほとんどの子どもたちが5歳で成人の文法レベルに到達する一方で、SLIの子どもは、時制標識形態素の使用に関しては同年齢の集団に追いつくこと

はできない (Rice, Wexler, & Hershberger, 1998)。8歳になってもSLIの子どもが "Granny see me" と言うのを聞くことがあるかもしれない。

SLIの言語学的（文法的）理論（linguistic（grammatical）theories）の評価

　今まで述べてきたような言語学的もしくは文法的な理論は、SLIの子どもに共通して見られる言語の顕著な難しさについて、多くの示唆を与えてくれる。しかし、SLIの説明としてはこれらの理論にはいくつか難点がある。その説明は、いずれも本質的に言語システムに内在する構成要素の障害を仮定している。つまりこの子どもたちは大人の文法規則システムの構成要素を一つあるいはそれ以上欠いているというのである。しかし、我々がこの本の中でとっているアプローチの観点から見れば、このような説明は満足できるものではない。私たちには、このような言語システムの構成要素（もしくは構成要素の組み合わせ）の発達がなぜうまくいかないのかの説明が必要なのである。このことに対して、これらの理論の支持者の反応の一つは、おそらく言語習得の生得性理論の観点からのものであろう。この理論によれば、言語は生得的な知識に全面的に依存して発達する一種の "本能（instinct）" (Pinker, 1994) である。さらにいえば、一部の理論家たちは、文法システムとは、ある荒削りな入力が与えられただけで発達するような、生得的に細かく明記されている規則に依存するものであると考えるだろう。この見方をすれば、SLIの子どもは、文法の "遺伝子が欠落" している (Gopnik & Crago, 1991) ことになる。これは広く議論され続けていることであるが、我々は、このような生得論者の議論を信じるわけにはいかない (Crain & Pietroski, 2001; Sampson, 2005)。しかし結局のところ、このような説明は、次節で考察するSLIの認知理論が追求するような、より基本的なレベルに収束するであろう。さらにより限定されたレベルでは、SLIの文法理論に問題を提起する根拠が数多くある。

　そもそも、SLIの子どもに見られる形態素の使用の障害は絶対的なものではない。例えば子どもたちは過去時制を示すための-edなどの特定の形態素の標識を全く使用しないのではなく、また文法規則を全く理解しないのでもない。彼らは、定型発達の子どもに比べて、そのような語の構造を産生したり、またはある規則に従ったりすることの頻度が少なく、一貫性も低いのである。実際には、同一の言語でみれば、SLIの子どもに見られる形態素の誤りのタイプは、年下の定型発達の子どものものと大方は同じである。SLIの子どもは、自分から形態素を使おうとすることもあり、そのようなことは "he throw*ed* it." のような過剰に一般化した誤りによって示される。このことは、SLIのある子どもが、年下の定型発達児とほぼ同じ方法で、言語の形態素のシステムを学ぶことを示唆している。ただそのような学習がより困難なだけなのである（言語の語彙システムの学習がそうであるように）。このような学習の度合の異なるパターンは、規則の欠陥（deficit）という観点で捉えるのは難しいように思える。

　様々な言語を学ぶSLIの子どもの観察からは、さらなる問題が見えてくる。英語は、形態素システムが比較的単純な言語である。しかし、他にもより複雑な形態素システムを持つ言語はたくさん存在する。もし単純に、SLIの子どもたちがいわゆる "形態素規則を学習する" ことができないとすると、より複雑な形態素システムを持つ言語では大きな問題

が起こることが予想される。しかし、実際は、その反対のようだ（L. Leonard, 2000参照）。複雑な語形変化の形態素を持つ言語を学習しているSLIの子どもは、英語学習に比べて語尾変化の問題を起こすことが少ないことがある。例えば、イタリア語話者のSLIの子どもは、動詞の語尾変化の理解と使用、および形容詞の一致、名詞の複数形の語形変化が、言語力の同等な年下の子どもたちに似ている。とはいえ、このレベルは年齢をマッチした群に比べれば低いのだが（Bortolini & Leonard, 1996; Leonard, Bortolini, Caselli, McGregor, & Sabbadini, 1992）。同様に、動詞の語尾変化の使用は、スペイン語圏や（Bedore & Leonard, 2001）ヘブライ語圏のSLIの子どもには比較的骨が折れることであり、それは語形変化が複雑な言語だからである（Dromi, Leonard, Adam, & Zadunaisky-Ehrlich, 1999）。この言語間の比較は、SLIの言語学的な説明を普遍文法構造や規則のレベルの障害に求める立場への挑戦となる。むしろ、問題なのは、入力（input）において証拠（evidence）を同定することおよび／または解釈すること（identification and/or interpretation）であるかもしれない。Leonard（2000）は、英語話者の子どもたちが耳にする言語入力には様々な相があり、それが彼らの屈折形態規則の習得の困難さに寄与するかもしれないと推測している。要するに、この説は、言語習得の認知理論と整合性がある（Tomasello, 2000）。

　最後に、我々は、定型発達における動詞形態素の発達パターンの説明に、形式的な文法規則が導入されてきたことに対し疑問が投げかけられていたことに注意すべきである。例えば、Freudenthal、PineとGobet（2006）は、オランダ語と英語話者の子どものOI（optional infinitive）の発達パターンを調べた。彼らは、発話の終末部分をコード化する際のバイアスを単純な計算モデルで示した。彼らは、実際に子どもたちが聞きとった発話のパターンに関する情報（子どもに向けた発話の大規模なデータベースの分析から）とバイアスを組み合わせると、子どもが動詞の形態構造を習得する際のカギとなる主な特徴を説明することができると述べた。このモデルはまた、オランダ語と英語の学習のパターンの相違をうまく説明しており、それはこの２つの言語の入力パターン（子どもに向けた発話）の違いに関連していた。ここでもまた、このような根拠や理論化は、言語習得の認知理論と整合性が高いのである（Tomasello, 2000）。

SLIの認知理論

　SLIの認知理論は、SLIの子どもたちが示す言語学習の難しさを説明する基本的なメカニズム上の問題を見出そうとしている。大づかみにいうと、SLIの背景となる認知の障害は、普遍的か特異的か（general or specific）のいずれかとして概念化されている。普遍的な要因の一つは、処理速度である。言語学習は、普遍的な処理能力の資源（processing resources）を必要とする複雑な作業であるため、まさに認知処理能力の限られた容量に向き合わなければならない作業の一種といえる。この見解によれば、SLIは根底では普遍的な資源が限られている可能性があり（Kail & Salthouse, 1994）、言語能力と非言語能力に共通したかなりのばらつきがあるという報告（Colledge et al., 2002）はこの説に一致するものである。これとは対照的に、「特異的な処理の障害」という説は、言語の効果的な学習や使用に必要となるであろう特異的な処理（例えば、ある種の聴知覚処理）障害を示唆している。

SLIの速度と容量の制限

　SLIにおける普遍的な容量制限を主張するために引用される多くの説は、言語処理課題中に見られる作業の複雑さとパフォーマンスとの間のトレードオフを根拠にしている。発話における単語の省略の誤りが文が複雑になるほど増加することは、言語レベルが同等の年下の子どもたちに比べ、SLIの子どもたちに目立っている。実験的な課題では、SLIの子どもたちは、即座にマッピングすること（fast mapping）と新奇な単語の学習（novel word learning）に困難を示し、課題の提示が速くなるほどそれが一層悪化した（Ellis Weismer & Hesketh, 1996）。SLIの子どもたちは、語彙性判断課題における単語認識と単語のモニタリング課題でも遅く、文理解も非効率的であった（Montgomery, 2000）。

　もし言語固有の機能障害でなく普遍的な容量制限がSLIに関与しているとすれば、言語性と非言語性のいずれの課題においても、障害は広範囲の課題で明白となるはずである。非言語性課題は、例えば、図形の心的回転やペグの移動などであり（Bishop, 1990; Johnston & Ellis Weismer, 1983）、言語性課題は、絵の呼称（Lahey & Edwards, 1996; Leonard, Nippold, Kail, & Hale, 1983）や文法性判断（Wulfeck & Bates, 1995）などであった。これらの課題の結果から、普遍的な速度低下という仮説の提案がなされた（Kail, 1994）。普遍的な速度低下の問題を検討するための現在までの最大規模の研究において、Miller、Kail、LeonardとTomblin（2001）は、SLIの子ども、IQをマッチさせた対照群、さらに非特異的な言語障害（nonspecific language impairments, NLI）のある子どもの言語性課題と非言語性課題の反応時間（RT）を直接比較した。言語障害のある2つのグループは、両方とも対照群より遅かったが、最も遅かったのはNLI群（IQの低さあり）であった。

　もし処理速度の低下がSLIの原因であるなら、刺激提示の速さは、言語の反応に影響を与えるはずである。Hayiou-Thomas、BishopとPlunkett（2004）は、定型的な言語発達の子どもでSLIをシミュレートするという新たな実験的なアプローチを用いた。この研究では、6歳児に、通常の発話速度の50％に圧縮された音声を提示して、文が文法的か否かの判断を求めた。この文法性判断課題の成績の結果は、SLIで報告された誤りと同様のパターンを示した。つまり、名詞の形態（複数形 -s）では成績がよく、動詞の形態（過去時制 -edと三人称単数形 -s）の成績は非常に劣っていたのである。記憶負荷を増大させた条件でも同様の結果が得られた。言語障害のない子どもに負荷をかけた処理をさせることによって、SLIに類似した反応パターンが得られたという結果は、SLIの言語運用の背景に処理障害があるという仮説を支持するものである。しかし、その子どもたちは、前置詞（in, on, at）を含む句について判断させる条件では困難を示した。このことは、通常SLIでは報告されていないことで、先に述べた負荷をかけた条件下で言語障害のない子どもがSLIに類似した反応パターンを示したという結果の主張の力を弱めることとなった。

SLIの聴覚的処理障害

　SLIの仮説としてもう一方で有力なのは、低次の聴覚処理の障害が原因で引き起こされるという主張である。音声知覚の問題が言語発達にマイナスの影響を与えると考えられている。この分野の研究の多くはもともとはTallalらの研究に始まる。そこでは、現在、聴

覚的復唱課題(Auditory Repetition Task; ART)として知られている方法が使用されている；（第2章で既述）。この課題では子どもたちに、最初に2つのボタンと2種類の音の関連付けを学習させ、音1でボタン1、音2でボタン2を確実に押すことができるようにする。この予備練習の後、子どもたちは2種類の音を連続して聞き、その順番どおり（1-1、1-2、2-1、または2-2）にボタンを押さなければならない。この課題ではSLIの子どもたちは、提示音が短い（75ms）場合と、音と音の刺激呈示間隔が短い（150msまたはそれ以下；Tallal & Piercy, 1973）場合に困難を示した。このことは、SLIでは急速に変化する聴覚情報の処理が特に障害されているという時間的処理障害の証拠と考えられた。発話を聞き取るということは、本質的に高速で変化する聴覚情報の系列を処理するという性質を持っており、そのために非常に弱点になりやすい。この考えに沿って、TallalとPiercy（1974）は、SLIの子どもたちは、最初の数ミリ秒に2つの音を区別する決定的な対立が生じる破裂音（例：/ba/と/da/）の連続の"復唱"（ボタンを押すことによる）には困難を示したが、刺激間における決定的な相違の時間がより長い母音同士の課題では破裂音よりは良好な成績を示すことを明らかにした。しかしTallalの初期の研究は何回も追実験された結果、SLIの子どもたちは、平均的にはART課題の成績が低下するかもしれないが、その困難さは提示速度が速い刺激に限定されたものではないということが見出された（例：Bishop, Bishopら, 1999）。

この分野で使われた別の課題に、聴覚逆向認知マスキング（auditory backward recognition masking; ABRM）がある。この課題では、マスカー（妨害音）は先行するテスト音の素性の処理を妨害する。この効果は、テスト音とマスカーの提示間隔が短い場合に特に強く作用する。Wrightら（1997）は、8歳のSLI児群と年齢をマッチした対照群をABRMの枠組みを用いて比較し、音を識別できた閾値に劇的な群間差が見られたことを報告した。実際に、この状況では言語障害児（language-impaired; LI）と対照群の間の成績の一致は見られなかった（マスキングが音と同時、またはマスカーが音より前に存在する順向マスキングで提示された場合との比較において）。音が、フィルター（帯域通過）雑音の代わりに音の周波数に近い周波数を除外した"周波数ノッチ"雑音の中で提示されたときは、言語障害児も対照群も成績が向上した。しかし、LI児は、逆向マスキング条件では成績を向上させる効果があったが、順向性または同時マスキング条件ではそれほど成績の向上は見られなかった。さらに重要な知見として、LI群の4名の事例はその後の検査で、マスカーに周波数ノッチを増やすと、成績が対照群レベルまで向上することが示された。これらの知見から、SLIの子どもたちが深刻な聴覚処理障害を呈するのは、特定の時間と周波数の状況においてであることが明らかにされた。

この研究以降、少なくともSLI児のあるサブグループについては、周波数弁別が問題であることに関して、かなりの証拠が積み重ねられてきた（Hill, Hogben, & Bishop, 2005; McArthur & Bishop, 2004a; Mengler, Hogben, Michie, & Bishop, 2005）。多くの研究から、SLIの子どもの30～40％は周波数弁別課題に問題があると思われる（G. McArthur, 個人的コミュニケーションによる）。その上、SLIで周波数弁別が苦手な子どもは、正常な閾値を持つ子どもに比べて非語の音読が劣る傾向がある（彼らは不規則語の音読にはさらに特異的な困難さがあ

る；McArthur & Bishop, 2004a, b）。

　同じ対象者に対する中枢性聴覚処理のいくつかの指標を調査するための初期の研究の一つが、Bishop、Carlyon、DeeksとBishop（1999）よって行われた。彼らは時間的な手がかりを用いて逆向マスキング、周波数変調、周波数弁別を検出するための閾値を推定し、2年前に測定されたARTの成績とこれらを比較した。逆向マスキングおよび周波数変調の課題では個人差が目立った。この課題の成績は相互に、また2年前に調査したARTの測定結果とも相関していた。したがって、これらの異なる聴覚課題は、時間を経ても変化しない共通の処理過程に関わっていることを示唆している。しかし、聴覚課題のいずれにおいてもSLI児と対照児との間に信頼性があるといえるほどの差異は認められず、聴覚課題の成績は、言語性尺度より非言語性尺度と相関する傾向が見られた。全体として、SLI児と対照児間の成績の差異の小ささや、グループ内の個人差の大きさなどから、彼らは、聴覚的な障害は言語障害の原因として必要条件でも十分条件でもないと結論付けた。

　今日まで、SLIにおいて、持続時間と振幅のような言語の韻律的特徴を表す音響的な手がかりに関する研究は比較的少ない。このような手がかりに対する感度は、単語学習に必要な分節的情報を抽出する際の重要な要件であるといえる。この問題を調べるために、Corriveau、PasquiniとGoswami（2007）は、7～11歳のSLIの子どもたち21名の群と2つの対照群とで、聴覚的および音韻的処理課題の成績を比較した。対照群は、一方は年齢をマッチさせた群（CA群）で、もう一方は理解および表出の語彙知識をマッチさせた年下の群（LA群）であった。鍵を握る聴覚課題は、振幅包絡線の立ち上がり開始時間と持続時間（amplitude envelope onset rise time and duration）の弁別であった。それらは単語の中の音節の強弱（stress）の有無の知覚に重要であると仮定されていた。振幅包絡線の立ち上がり時間を評価する2つの課題があり、それぞれ標準と目標音の間で判断することを子どもに求めた。いずれの場合にも、子どもは、その開始に注目して"よりはっきりした方の"刺激を指摘するよう命じられた（図4.6参照）。持続時間を弁別する2つの課題では、一組の音が提示され、子どもはより長い音の方を指摘しなければならなかった。さらに、時

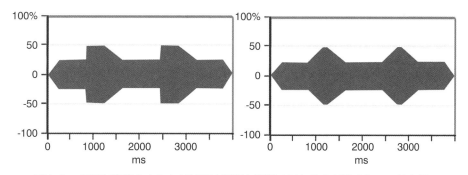

図4.6　振幅包絡線の立ち上がり開始時間を評価するための刺激のシェマ的な図
（Basic auditory processing skills and specific language impairment: A new look at an old hypothesis by K. Corriveau, E. Pasquini, and U. Goswami. *Journal of speech, Language and Hearing Research*, 50 (3), 652. Copyright (2007) American Speech-Language-Hearing Association の許可を得て転載。無断複写・複製・転載を禁ず）

間的順序判断課題、音の強さ弁別課題、音素削除課題と異なる脚韻を判別する課題を行った。

この研究の著者らは、SLIの子どもの70〜80％は、振幅包絡線の立ち上がり開始時間に関する課題の一つと持続時間弁別課題では、同年齢児の5パーセンタイル値を下回っていたが、時間的順序判断課題と音の強さ弁別課題では正常な遂行能力を示したことを報告している。しかし、SLI児とCA対照群との間の差の効果量については、臨界振幅包絡線の立ち上がり時間の課題におけるCohen's d（1－傾斜閾値：0.49；2－傾斜閾値：0.18）は、音素削除課題（2.58）や異なる脚韻を判別する課題（2.12）における群間差よりもはるかに小さく、またそれらは、非言語性IQにおける群間差の効果量の大きさと似ていた（0.47）。その上、SLI群は、対照群に比して、ワーキングメモリ課題と非語の復唱課題の得点が低かった。したがって、この研究では、SLIは、持続時間と振幅包絡線の手がかりへの感度が障害されており、そのことは彼らの言語と読み書き能力を予測すると結論付けており、それは興味深いが、各群の一般的な認知資源を均衡化した研究がなされるまではその結論は保留せざるをえない。

同様に、SLIの聴覚処理に関わる神経基盤を調べるために電気生理学的指標を用いた研究も様々な結果が混在している。いくつかのグループは聴覚刺激の検出に関連するERP（event-related potential；事象関連電位）の構成要素の群間差を報告しているが（例：Tonnquist-Uhlen, 1996）、他のグループは信頼できる差異を確認することはできなかった（例：Marler, Champlin, & Gillan, 2002）。ERPの成分の一つであるミスマッチ陰性電位（mismatch negativity; MMN）は、聴覚刺激を検出する能力ではなく、2つの異なる音を区別する能力を示すものである。このMMNに関しても、結果は一貫しておらず、SLIではMMNが減少しているという報告をしたグループと、そうではないとするグループが存在する（レビューはBishop, 2007aを参照）。

SLIの聴覚処理に関する研究に見られる一貫性のなさは、障害の不均質性で説明できるであろう（例：前述のCorriveauらの研究では、読みの標準得点は63〜116の範囲であった）。この観点から、口頭言語と読み書きともに困難さのある子どもにおいて聴覚面の障害が最も顕著であることを示唆する、行動面（Health, Hogben, & Clark, 1999）とERPの証拠（McArthur & Bishop, 2004a, b）がある。このことは、聴覚処理の欠陥（deficit）が、特に音韻的問題を含む言語の困難さと関連している可能性を示唆している。第2に、聴覚の欠陥のプロフィールは、子どもがどの年齢で検査を受けたかによって異なり、多くのSLIの子どもの脳波は年下の子どもたちのそれと似ているという知見から、BishopとMcArthur（2005）は、聴覚刺激の皮質での処理の成熟の遅れの可能性を提案した。第3の可能性は、聴覚的知覚課題における何人かのSLIの子どもの問題は、難しくて冗長な課題に注意を向け続けることが難しいという一般的な問題を反映しているということである。この仮説に関連して、SLIの子どもにおける聴覚処理課題と、聴覚以外の処理速度を測定するより広範な検査を用いた研究は興味深いものになるだろう。最後に、聴覚処理障害は、明らかに言語障害に対して「相乗的に働くリスク因子（synergistic risk factor）」であると思われ（Bishop, Carlyon, Deeks, & Bishop, 1999）、他の危険因子と関連して、言語学習の問題の原因となりうるのである。

SLIの音韻記憶障害（phonological memory dificit）

　SLIの原因仮説として、その他、音韻記憶システムの問題を中核障害とする考えがある。この理論は、最初にGathercoleとBaddeley（1990）によって提案され、6名のSLIの子どもたちのグループで言語性ワーキングメモリ処理の実験を行って、生活年齢、あるいは言語年齢をマッチさせた対照群と比較した。SLIの子どもたちは、語音弁別課題や構音の速度課題、および記憶における語長効果は定型発達と同等であったが、CA（言語年齢マッチングではない）群の対照児と比較すると、無意味語の復唱課題が非常に困難であった。著者らはこの知見から、SLIはワーキングメモリ内で音韻形式を表象する能力に欠陥（deficit）があると考えられると主張した。その後の研究で、Gathercoleらは、子どもたちは新しい語彙を学習するためには、短期記憶に音韻的な材料を蓄えるための容量を必要とすると主張した（Baddeley, Gathercole, & Papagno, 1998）。このように、音韻記憶の個人差は、母語や外国語の学習における新たな語彙の学習能力を予測することが示された（Service, 1992）。

　この10年間で、SLIの子どもが無意味語の復唱に障害があることが確認されており（Dollaghan & Campbell, 1998）、無意味語の復唱は過去時制の産生課題とともに、SLIの行動上の優れたマーカーであり、言語の困難さが解決した場合でも（Bishop, North, & Donlan, 1996）、定型発達児とSLIと診断される児とをかなりの高率で判別できる（Conti-Ramsden, Botting, & Farragher, 2001）。無意味語の復唱はまた、少数民族の人々や方言を話す人々にとっても、標準化された言語検査よりも言語障害があることのマーカーとして効果的であると思われる（Dollaghan & Campbell, 1998）。最後に、無意味語の復唱能力は、双生児の研究において遺伝性が高いことが示されている（Bishop et al., 1996; Kovas, Hayiou-Thomas et al, 2005）。時間的系列処理と音韻記憶の遺伝率を調査した重要な研究において、Bishop, Bishopら（1999）は、7～13歳の同性の双生児のうち一名に言語障害がある37組と、同年齢の同性の双生児104組に対して、Tallalの聴覚的復唱課題（ART、既述）とGathercoleとBaddeleyの無意味語復唱課題を施行した。先行研究と同様、この研究でも、SLIの子どもはARTと無意味語復唱課題の双方が障害されていることが見出された。無意味語の復唱は、文法の理解、文理解、文の記憶、および単語呼称課題における言語能力について、ARTよりも確実な予測因子であった。その一方、ARTは、無意味語の復唱、年齢と、IQが統制された場合、文法の理解が予測できただけであった。この研究の、無意味語の復唱は遺伝性が高いが、ARTはそうではなかったという知見も重要である。

　SLIの子どもの無意味語の復唱課題の成績が悪かったという事実は強固であるが、これが言語機能の一側面（音韻）の評価であると考えると、驚くべき結果とはいえないかもしれない。SLIの子どもの無意味語復唱課題の問題についての最も適切な解釈でさえ、明確というにはほど遠い。ある見方をすれば、無意味語の復唱は、馴染みのない発話を分節すること、適切なスピーチアウトプットの表象を生成すること、答えを構音することを含む複雑な音韻性の課題である（Snowling, Chiat, & Hulme, 1991）。この考え方によれば、無意味語の復唱課題は、SLIの一症状である音韻処理障害の比較的純粋な尺度といえるかもしれない。これに代わる考えに、無意味語の復唱は、記憶に一時的な音韻表象を保持することができるか否かの障害を表しており、それはさらに、この集団で観察される語彙発達の障

害を引き起こすというものがある（Gathercole, Tiffany, Briscoe, Thorn, & ALSPAC team, 2005）。この有力な仮説に対する反証としては、言語障害例における無意味語の復唱と語彙知識の乖離（Snowling, 2006）や、無意味語の復唱障害がSLIの子どもたちすべてに当てはまるわけではない（Catts, Adlof, Hogan, & Ellis Weismer, 2005）という研究がある。要するに、音韻記憶は新奇な単語の学習を成り立たせる要素の一つではあるが、意味的な要因および音韻表象と意味表象のマッピングに影響を与える要因もまた関わっているはずなのである。SLIの症状あるいは原因として、無意味語の復唱障害（deficit）が最も妥当であると考えられるか否かについては議論の余地が残っている。

SLIの単語学習の障害（deficit）

　幼い子どもたちは新しい単語を学習することについて驚くべき才能を持っており、未就学児は一日あたり推定約10語の語彙を獲得する。それとは対照的に、これまで見てきたように、SLIの子どもたちは、語彙や文法など言語（language）の構成要素の獲得が遅れる。これらの困難さはそれぞれ言語の異なる領域に影響を与えるが、相互に関連し合ってもいる。子どもたちは、新しい単語の意味を推測するために、文の枠組みを用いよう（統辞的ブートストラッピング　syntactic bootstrapping）とすればするほど、彼らの単語学習は制限されてしまう。その結果、子どもたちは、単語間の文法的関係を推測するために、単語の意味を使用（意味的ブートストラッピング　semantic bootstrapping）しようとしても限られた情報しか得られない。それにもかかわらず、SLIの子どもたちの言語学習の困難さは、言語的な連合学習や新しい単語形式を記憶に貯蔵することの障害（deficit）が原因とされがちである。

　Riceと同僚たちは、SLIの子どもたちのQuick Incidental Learning（QUIL）と呼ばれる過程を調べる一連の洗練された実験を行った。QUILは、自然な場面で新しい単語の意味を発見する子どもの学習能力を指す。このグループがQUILを評価するために開発した枠組みでは、子どもは、短いナラティブの動画の中で新しい単語に出会う。子どもたちは、実験群または対照群に無作為に割り当てられる。実験群の子どもたちは、動画の中でなじみのあることばの代わりに耳慣れないことばを聞き（例：「ヴァイオリン（violin）」の代わりに「ヴィオラ（viola）」；「飛ぶ（fly）」の代わりに「飛行する（aviate）」）、もう一方の対照群の子どもたちは、なじみのことばを聞く。事前テストで、なじみのある単語の知識と耳慣れない単語については評価されている。動画が終わると、子どもたちは、出てきた耳慣れない単語の理解検査を受けた。その検査は、子どもが、4枚の絵の中から彼らが聞いた新しい単語に対する正しい絵を指さす形で行われた（事後テスト）。選択肢には、正答の他に、新しい単語に対応する別の絵と、動画中には名前が出てこなかったものを描いた2つの絵が含まれた。

　Rice, Oetting, Marquis, BodeとPae（1994）は、動画に現れる新しい名詞と動詞の頻度が、子どもが意味を習得するときにどう影響するかを調べるために、この枠組みを使用した。彼らは新しい単語をそれぞれ10回（頻度10）聞かせる条件、3回（頻度3）聞かせる条件、対照条件として全く聞かせないという3つの条件で行った。4〜6歳の30名のSLI

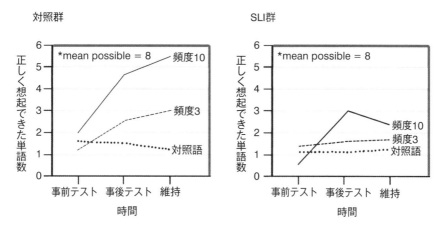

図4.7 SLI児と対照群の新規語彙学習：F10（実線）は10回、F3（破線）は3回単語を聞かせた後の学習を示し、対照の単語（点線）は教示なしだった。
(Frequency of input effects on word comprehension of children with specific language impairment, by M. L. Rice, J.B. Oetting, J. Marquiz, J. Bode, and S. Pae. *Journal of Speech and Hearing Research*, 37 (10), 106-122. Copyright (1994) American Speech-Language-Hearing Association の許可を得て転載。無断複写・複製・転載を禁ず)

の子どもが実験に参加し、頻度10条件、頻度3条件、対照条件に無作為に割り当てられた。彼らの成績は、それぞれ年齢をマッチさせた対照群ならびに平均発話長（MLU）をマッチさせた年下の子どもたちと比較された。この実験では、事前テストと事後テストの結果に加え、3日後に子どもたちがどれだけ単語を覚えているかを調べる検査が行われた（維持テスト）。

この研究の結果は複雑で、3回のテスト時点でそれぞれの群が異なる成績を示した。その主な結果を、図4.7に示す。頻度10条件では、基本的にSLI群、CA対照群ともに、語彙知識は事前テストと事後テスト間で有意差が認められたが、その一方で年下の対照群には10回聞いた効果はなかった。しかし驚くべきことに、対照群は維持力テストにおいて覚えた単語数が増加したのに対し、SLI群には向上は見られなかった。頻度3条件では、SLI群と年少のMLU群は同じような多少の増減が見られたが、その幅はきわめて小さいものであった。一方CA対照群では、実験中もその後も語彙知識の習得が見られた。SLI群は、事後テストで名詞に比べて動詞の方を多く学習したが、それと同じくらい忘れた数も多かった。

全体的にいえば、この結果は、SLIの子どもたちは、事前テストと事後テストの間に平均2.5個の新しい単語を学習し、それは同年齢対照群に匹敵する結果ではあったが、総合成績ではSLIの子どもの成績の方がより低いことが示された。このように、SLIの子どもたちは、新しく学習した単語の例のいくつか挙げられると、単語とその指示対象間の新しい連合を形成することができるように見える。しかし、この新しい単語学習は不安定で、3日後には、とりわけ動詞範疇の単語を忘れてしまうのである。

Oetting、RiceとSwank（1995）は、この研究を拡張して、年齢が6～8歳という年上のSLIの子どもたちで、4つの範疇の語彙学習を調査した。その4つとは、物品名、動詞、

形容詞など属性を表す語、感情の状態を表す語である。各範疇5つの単語が各5回出現した。SLI群は、物品名と感情状態を表す語（*訳注「思う」など）の範疇では単語知識を獲得したにもかかわらず、ここでも新たな動詞の学習に特異な困難さをみせた。研究者はこの実験では学習が維持されているかどうかのテストを行わず、また年下の対照群を含めてはいなかった。それでもなおこの結果は、SLIの子どもたちは動詞の獲得が特に困難であるということの根拠に加えられるであろう。物品名の土台となる意味的知識は比較的透明性が高いが、動詞の学習は文法的な関係を抽出しなければならないので難しいのだと思われる。このようなデータから見れば、SLIの語彙学習は音韻記憶によって制約を受けるという見解は視野が狭いということになる。なぜなら、語彙学習は学習すべき単語の音韻的特質だけでなく文法的特質に負うところも大きいからである。

SLIの認知的―言語学的ハイブリッド説

我々がこれまで考察したSLIの言語学的、認知的理論に関連する知見は、どれも互いに本質的にかなり異なるものであった。すなわちSLIの子どもたちは、文法規則、新奇語彙学習、聴覚的知覚と音韻などの困難があるということである。そのことから起こる疑問はこれらの種々の障害が互いに関連している程度と、どの障害（もしあるなら）がSLIの子どもの言語学習困難の原因としての役割を果たしているのかということである。子どもに観察された基礎的認知障害だけではなく、言語学的な様相（linguistic manifestations）をも含めて、SLIの統合的な理論を作り出そうとする重要な試みが2つある。第1は、L. Leonard（1989）により提唱された表層仮説、第2はJoanisseとSeidenberg（1998）が唱えたコネクショニスト仮説（connectionist hypothesis）である。

表層仮説（surface hypothesis）

L. Leonard（1989）は、次の3つのエビデンスに基づいてSLIの表層仮説を提唱している。第1は、定型的な言語獲得で観察される文法特徴についての知覚的な際立ち（perceptual salience）の知見、第2はSLIの子どもたちの処理の制限を示すデータ、第3にSLIの子どもたちが言語のどの側面の学習が最も困難なのかを決める要因、例えば、知覚的際立ち（perceptual salience）、冗長性、相対頻度、発音のしやすさ、規則性などを示す通言語学的研究（cross linguistic research）のエビデンスである。

一つを例にとると、英語の定型発達児では、文法形態素の多くは発話での出現が遅いが、それは音声実質が少ない（*訳注：時間的長さが短い）からであり、これらの区別を示すマーカーの音声実質が多い他の言語では、早いうちに獲得される。そのため英語においては、子どもの側に処理制限がある場合は特に、その表層的な特性のために（それらの文法的性質ではなく）、このような形態素は見落とされやすいと考えることが妥当である。文法形態の中でも、いくつかの形態素は、他のものより落ちやすい。英語話者のSLIの子どもは、特に、過去時制 –edと三人称 –sの語形変化、所有格 s、不定詞 to、そして冠詞に問題を持っている（Leonard, 1989）。これらはすべて周囲の単語に比べて持続時間が短い形態素である。それらと対照的に、進行形の屈折形 –ingは、これらの形態素よりもはるかに持続

時間が長く、とりわけ文末に位置しているときは長いので、特に困難さは見られない。

　言語の特徴からみてどの要素が最も脆弱性が高いかという予測は、要因の半分でしかない。残る半分は、SLIの子どもにおける処理の制限という仮定である（処理速度や聴覚刺激への感度の悪さ）。表層仮説では、処理能力の制限は形態素の処理能力、特に持続時間が短いものの処理能力を弱めるとされている。

　表層仮説は、英語やそれ以外の言語における様々な研究からも支持されている（Leonard, 1998）。英語における例としては、音声実質が少ない形態素によってもたらされる相対的な難しさ（過去時制-edと三人称-s）と音声実質が多い場合の処理の相対的な容易さ（現在進行形-ing）の対比が挙げられている。英語とイタリア語におけるSLIの比較にも言及すべきである。英語では、SLIの子どもたちは冠詞 the と a の生成に困難があり、言語サンプルの約55％にしか付加されていなかった。イタリア語では、冠詞の難しさは、その音韻形式に左右される。そのため、冠詞は、母音で終わる女性形（la, una, i）では74％が付加されていたが、子音で終わる（il, un）場合はわずか7％であった。このように表層仮説は、SLIの認知機能の障害が、言語の表層形態の細かな事柄と相まって、どのようにSLIの症状となって表れるかを大づかみに説明し、また学習する言語によってどのように異なるのかを示すことが可能である。

コネクショニズム（connectionism）

　SLIの認知的説明と言語学的説明を統合するための第2の試みは、コネクショニストの計算モデルである。コネクショニストの観点に立てば、SLIの子どもたちに見られる高次の統辞障害は、低次レベルの音韻符号化と表象の障害で説明され、それは聴覚的な知覚障害に起因すると考えられる。見方によっては、この研究は、表層仮説を明確で演算可能な形にしたものとみなすことができ（Leonard, 1989）、SLIの音韻仮説とも適合する（Chiat, 2001）。計算モデルでは、音韻表象の質を直接操作し、特定の統辞構造の学習に及ぼす影響を数量化することができるため、因果関係の仮説を厳密にテストできる。

　Joanisseらは、SLIにおいて特に高い関心が寄せられている2つの構造を調べるためにこの方法を適用した。その1つはRDDR仮説（Representational Deficit for Dependent Relations）の中心である代名詞であった（Joanisse & Seidenberg, 2003）。2つ目は有力なExtended Optional Infinitive仮説で焦点があてられた英語の過去時制であった（Joanisse & Seidenberg, 1998）。代名詞の研究では、構文処理モデルは、正しい先行詞に代名詞や再帰代名詞を関連付けることを学習した（Baloo bear says Mowgli is tickling himという文では、him は Baloo Bearを指している；Baloo Bear says Mowgli is tickling himselfという文ではhimself は Mowgliを指している）。モデルにおいて、音韻入力をひずませることで知覚障害をシミュレートしたとき、代名詞と再帰代名詞の正確な使用が大幅に減少した。重要なことに、追加の意味情報（性別など）が活用されうるなら、モデルは代名詞を解釈することができ、SLIの言語運用のパターンを再現することができていた。過去時制の実験では、モデルは、動詞の音韻表象と意味表象を結び付けることを学習した。訓練段階で音韻表象にランダムノイズをかけることによって知覚障害を再現したところ、結果はやはりSLIの言語運用の

パターンに相応するものであった。規則語、不規則語、非語の過去時制の生成はすべて障害されたが、非語が最も顕著であった（はっきりした規則が存在しないにもかかわらず、その規則があるかのような結果が出現した点については問題であるが）(Joanisse, 2004)。

コネクショニストの観点の利点の一つは、まだ全面的に支持されているわけではないが、各種の資源貯蔵庫の様々な形が（知覚と認知の領域における）、言語プロフィールの不均質性に反映されているという説明ができることかもしれない。このようにSLIには単一の原因は存在しないことがますます明らかになりつつある。むしろ我々が見るように、多数の異なるリスク要因の結果として行動に表れたのかもしれない (Bishop, 2006)。

SLIの言語と認知の理論のまとめ

SLIの認知基盤を理解することは、読み障害の理解よりもさらに複雑であることが、今では明白となった。SLIに対して提唱された解釈の多くは、言語システムの"内側の (internal)"説明である。これは、SLIが成人文法の構成要素の一つかあるいは複数の障害によるとみなす理論を包含するだろう。また、音韻と意味表象に関連する問題の結果として、あるいは長期的な学習を支えるために、音韻記号を十分な時間、記憶に保持することが難しいという問題の結果として、SLIでは単語学習が障害されるとする仮説も含まれるであろう。SLIは言語処理モジュール内の障害であるという説を認めることは、定型的な言語発達についての生得説の立場を認めることである。我々が先に指摘したように、このような説明は、全面的に納得できるとはとてもいえないが、我々が以下に議論するように言語能力の遺伝性の証拠を提供したという点では、SLIの子どもたちの言語に特異的なメカニズムの発達障害があるということを証明する可能性を残している。

SLIの言語学習の問題を説明しうる、より基本的な認知機能障害を特定するために、2つのことが試みられてきた。一つ目は、処理速度の障害をSLIの問題とみなすことである。SLIの子どもたちの処理速度の障害に関する証拠は十分にあるが、SLIの問題を説明すると考えると、これはあまりに障害が全般的すぎる。処理速度は、定型発達の過程では向上していく傾向があり (Kail, 1993)、全般的な学習の困難さのある子どもたちは障害を示す (IQが低い場合；Kail, 1992)。しかし、なぜSLIの情報処理速度の障害が、言語学習の特異的な問題にだけ起こって、全般的な学習の困難さが生じないのかは明らかになっていない。この批判に対する回答の一つは、SLIの現在の診断基準を満たす多くの子どもたちは"特異的"とは程遠い障害のパターンをみせることであるという（例：Hill, 2001）。この見解では、処理速度の障害は、SLIの原因の一つにすぎないのである（それは、おそらく他の原因と相互作用がある）。SLIの原因として注目を集めている第2の基本的な障害は、聴覚情報処理の障害である。話しことばの習得には適切な聴覚的入力が必要であることは明らかであり、これは多くの点で、SLIの極めてもっともらしい原因論と考えることができる。聴覚処理の早期の障害がその後の言語発達に影響を及ぼす可能性は（例：Benasich & Tallal, 2002）、十分に検証されていないが、我々がレビューしたエビデンスでは、この障害はSLIの子どもたちに見られる言語学習の問題のせいぜいごく弱い一因であることが示唆されているだけである。結局、我々が今日までに見たところでは、SLIの子どもたちに見られる言語学習

の問題に関して、明確で十分に支持できる認知レベルの説明が不足しているように思える。言語の複雑性と、SLIの子どもたちに見られる言語障害の不均質性を考えると、SLIの説明には、部分的に分離可能な言語のサブシステムの発達に様々な影響を与える複合的な障害が必要であるように思われる（Bishop, 2006）。

SLIの病因論

遺伝的リスク要因とSLI

量的遺伝学

　今日増えつつある双生児の研究の多くによって、SLIは遺伝性の高い障害であることが示されている。SLIを障害カテゴリーとして捉えれば、多くの一卵性双生児のペアは、二卵性双生児よりその障害には同一性があり、SLIにおける遺伝性の影響とは矛盾しない（Tomblin & Buckwalter, 1998）。興味深いことに、鑑別の基準を非特異的な言語障害の子ども（つまり彼らは、言語障害に加えて非言語能力も低い場合もある；Bishop, 1994; Hayiou-Thomas, Oliver, & Plomin, 2005）もしくは、言語療法を受けていたかもしれないが正式な診断基準を満たしていない子ども（Bishop, North, & Donlan, 1996）を含むように広げた場合には、一致率は一卵性双生児で高くなり、二卵性双生児で低くなった。SLIの遺伝性は、スピーチの困難さをあわせ持つ子ども（紹介されたサンプルの中で確認された子どもたち）の方がスピーチの問題はないが言語の困難さは同レベルの子どもより、大きいことが最近報告されている（Bishop & Hayiou-Thomas, 2008）。興味深いことに、スピーチの問題がない群は、言語療法に紹介されることも少ない。

　言語能力を量的に評価した双生児の研究においても、遺伝的効果は言語能力が正常域にある群でも最下域にある群でも、ともに大きいことが示されている（Bishop, Kovas et al., 2005, Spinath, Price, Dale, & Plomin, 2004; Stromswold, 2001; North & Donlan, 1995）。未就学児の大規模なサンプルの広範囲な言語評価に関する最近の2つの研究では、統辞から音韻までの言語能力の多様な領域で一貫して中等度の遺伝的影響が見られた（Byrne et al., 2002; Kovas, Hayiou-Thomas et al., 2005）。しかし、これらの研究はまた、語彙に関しては遺伝的な影響は弱く環境の影響が強いこと、さらに最も強い遺伝的影響は、理解言語より表出言語の障害に現れることを示すいくつかのエビデンスを明らかにした。

分子遺伝学

　量的遺伝学では、SLIにおける遺伝的影響を立証し、この遺伝的効果によって最も強く影響される可能性がある言語の構成要素を指摘した。この領域における分子遺伝学の研究は、スピーチと言語の障害を持つある英国の家族とその多くのメンバーにおけるFOXP2の変異の発見に負うところが大きい（The KE family; Lai, Fisher, Hurst, Vargha-Khadem, & Monaco, 2001）。スピーチと言語の障害がある15名全員に7番染色体のFOXP2変異が認められ、障害がない親族にはその変異はなかった。このように、FOXP2の変異はKEファミリー

において言語障害の必要十分な原因となっていた。KEファミリーの障害は、主として特有の文法障害について記述されていたが、口腔顔面運動障害（deficit）を含む珍しいタイプのスピーチと言語の障害だった。SLIにおいて口腔顔面失行は典型的に見られるわけではなく、より典型的なタイプのSLIの子どものサンプルからは、FOXP2変異は発見されなかった（SLI Consortium, 2002）。

　関連する研究の中で、SLIのゲノム調査では、これまでに4つの潜在的なQTLs（障害と関連する染色体上のDNA領域）を特定している。例えばSLI1は16q染色体、SLI2は19q染色体、SLI3は13q染色体、SSDは3q染色体である（SLI Consortium, 2002, 2004; Stein et al., 2004）。まだ初期段階の研究ではあるが、この研究は、SLIは多因性の障害で、行動レベルで見られる不均質性の一部は、遺伝学的病因を反映するという考え方を支持している。また音韻の短期記憶のように、SLIに関与すると思われるプロセスの少なくとも一つは、遺伝子型から表現型への複雑な経路をときほぐす有望な場を提供してくれるかもしれない（Newbury, Bishop, & Monaco, 2005）。

環境要因

　多くの一般的な障害と同様に、SLIにも、複数の遺伝子と多様な環境要因の相互作用が関連している可能性が高い（Rutter, 2005a）。言語発達に及ぼす環境要因についての多くの研究は、直接SLIを対象とするより、むしろ正常範囲内の差異に焦点があてられていた。しかし、そこで指摘された同じ変数の中のいくつかは、SLIのリスク状態を引き起こす一因となる可能性がある。その一つは、家庭での言語環境の質である。子どもに直接話しかける、話すよう彼らを励ます、親が日常の生活の文脈から切り離された言語を使うこと、変化に富んだ複雑な語彙などは、すべてが子どもの語彙を増やすことにつながる。

　言語発達に影響する可能性があるとして取り上げられるもう一つの環境変数は、滲出性中耳炎（otitis media with effusion; OME）であり、これは幼い子どもたちの罹患率が非常に高い中耳の感染症である（一般的にglue earと呼ばれる（*訳注：耳管の粘液閉塞））。OMEが何回も繰り返し再発すると、音声知覚が妨げられ、言語習得が全般的に影響を受ける。しかし、それがSLIの重要なリスク因子であるという証拠はない。特にそれが単独で起こった場合にはSLIは起こらない（Bishop, 1997b 参照）。

SLIの神経生物学

　SLIの子どもは、概して検出可能な脳の異常は示さないが、軽微な神経発達の異常の関与が示唆される結果が得られている。残念ながら、この領域の発展は、診断基準をめぐって合意がなされていないことと、この研究対象サンプルに併存疾患を持つ人が含まれることによって妨げられてきた。さらに、総合的な分析を行っている研究が少ないことに留意する必要がある。すなわち最も精密な検査は前頭部および側頭部に集中しており、その大半は一種類の研究方法に依存してきた（C. Leonard, Eckert, & Bishop, 2005）。

　SLIのある人の脳の構造および機能の異常を明らかにするために、脳画像や電気生理学的技術を使用した研究はいくつかある。構造の異常は、主に皮質の前頭およびシルビウス

裂周囲の言語領域、ほとんどの場合、左側あるいは時に左右対称に分散していると報告されている。大脳基底核を調査した研究では、損傷や容積の減少だけでなく、小脳の構造が両側とも変化していることが発見された。数少ない脳機能画像の研究では、これらの部位で言語処理作業の間、活性化の過小または過剰なパターンが確認された（Ullman & Pierpont, 2006）。

最近行われた2つの調査研究の流れは、より包括的な分析方法を使用しているため、議論するに値する。多くの親族が重度のスピーチと言語の障害（speech and language difficulties）の影響を被っているKEファミリーで、障害がある親族とない親族の比較研究が行われた。初期の研究では、Vargha-Khademらは（Belton, Salmond Watkins, Vargha-Khadem, & Gadian, 2002; Vargha-Khadem et al., 1998; Watkins et al., 2002）、対象者のブローカ野の灰白質の減少と、左前島皮質と右感覚運動皮質の灰白質の増加、大脳基底核と視床の領域での体積の変化、両側の後頭側頭皮質と角回での灰白質の増加を明らかにした。後続の研究は広くこの異常パターンを追試し、詳細な分析から、異なる領域で灰白質の量の変異性が認められることを明らかにした。先に指摘したようにKEファミリーの研究から一般性を論じることの一つの問題は、これがSLIの集団の典型ではない可能性があるということである。

C. Leonardら（2002）は、SLIの子どもたちの脳構造を調べ、ディスレクシアの子どもたちと比較した。この研究方略は、言語障害と読み障害の併存率を統制している点に有用性がある。Leonardら（2002）は、SLIの子どもは、ディスレクシアの子どもに比して、左半球のヘシェル回の表面積がより小さく、側頭平面は対称的である点で、2つの群に差異が認められたことを報告した。この結果とこれ以前の研究を総合して、Leonardらは、音韻的な困難さに関連する正のリスク（一般的な標準値に比し、大脳皮質と聴覚皮質が大きく、非対称性が顕著）から、理解障害に関連した負のリスク（大脳皮質と聴覚皮質がより小さく、非対称性も少ない）までの幅をもつ、解剖学的リスク指標を提案している。

このリスク指標の妥当性を評価するために、C. Leonardら（2006）は、先の3つの領域にわたって評価を受けた11〜16歳の言語学習障害（language learning impairments）のある子どもたち22名の構造的MRI画像を検討した。3つの評価とは、音韻処理、リテラシー能力、受容・表出言語であった。MRI画像は、評価者には対象者の身元と誰の脳画像かがわからない状態で評価された。全体に、脳容積の測定値は、対象群の年齢で期待される値より小さく、予測どおり男子で脳容積が大きい傾向があった。すべての子どもたちにおいて、言語成績のよさと、正のリスク指標にはわずかに関連があった（正常な解剖学的構造を示す）。重要なことに、負のリスク指標のある子どもたちは、より重度の障害を多領域で呈しており、理解言語と読解力の障害が少なかった正のリスク指標のある子どもは、相対的に障害が少なかった（主として音韻は障害されている）。この研究の知見には興味をそそられるが、特異的な言語処理障害とより全般的な言語処理障害のある子どもで、さらに人数を増やして追試する必要がある。

言語の障害の神経科学的な研究はまだ初期段階にとどまっているにすぎないが、知見を総合すると、SLIにおける脳の発達は非定型であるといえる（しかし解剖学的なリスクは、

言語障害のない人の脳にも時々見られることに留意すべきである)。UllmanとPierpont (2005) は、概念上の枠組みである"手続き障害仮説 (the procedural deficit hypothesis (PDH))"を提案した。それは、SLIの神経、認知、言語的基盤の研究の統合を目指し、さらにこの障害に見られる言語的・非言語的な障害の不均質性をも説明する。PDHによれば、SLIのあるかなり多くの人は、手続き記憶システムを構築する脳構造に異常があるため、多かれ少なかれ宣言的記憶システム (declarative memory system) に依存することによって代償している。

　PDHは、言語処理の二重経路説に立脚している (例:Pinker, 1994)。UllmanとPierpont (2005) によると、規則に支配された言語構成要素は、手続き記憶システムの領域に送られる一方で、連合的な語彙学習は宣言的記憶システムによって処理される。SLIにおいて、PDHは、障害を起こした手続き記憶システムが領域 (統辞、形態、そして音韻) をまたいだ文法の発達を阻害するはずだが、丸暗記によって獲得される規則的に見える行為が無傷の宣言記憶システムによって可能になる特殊な例があると述べている。例を挙げれば、子どもが新奇の形態 (*訳注：音韻形態) を生成することはできないが、過去形 (例：walked) を暗記することはできたり、単語は復唱できるが音韻構造を抽出しなくてはならない非語の復唱はできないことなどがある。このような代償は、高頻度で特に際立った形態を持った語に起こりやすいようである。

　PDHの魅力の一つは、その説明的枠組みが、SLIにしばしば観察される非言語性の障害にも適応できることである。手続き記憶と宣言的記憶は言語固有のものではなく、情報処理の様々なタイプに合わせてどの領域でも用いられる (domain-general) 2つのシステムである。そのため、手続きシステムにより媒介される非言語的プロセス、例えば認知領域と運動領域における複雑な系列と階層からなる学習と実行などは、SLIにおいても損なわれているはずである。逆に、宣言的記憶に依存している機能、例えば意味的あるいは宣言的知識の獲得と表象などは、保持されているはずである。この神経学的な推論では、SLIと他の発達障害 (例えばAD/HDやディスレクシアなど) の併存について、脳の構造や関与している認知過程がオーバーラップすることで説明できると考えられている。

　現行の形では、PDHは実り多いが、限界もある。特にThomas (2005) の指摘によれば、多くのSLIの子どもたちが相対的に予後不良である点を考慮すると、言語システムの代償能力 (手続き学習の障害に対する) は、何らかの形で制限されているに違いない。さらに、どのSLIの子どもが手続き記憶システムの障害があるのか、また、彼らの併存症について、この理論は何を予測するのかということに関して、より具体的な想定が必要である。PDHは興味深い仮説である。SLIの複雑な病因と発達上現れるその症状を、どれだけうまく説明することができるか、注目していかなければならない。

SLIの治療法

　スピーチと言語 (speech and language) の障害を持つ子どもへの介入に関してはかなりの文献がある。しかし、多くの研究はインフォーマルであり、最近の系統的レビューでは、

第4章　特異的言語障害（特異的言語発達障害）

第一義的な言語（language）の障害に対して行った介入効果について、適切な方法で子どもと成人の経過を調べた研究はわずか25編であった（Law, Garret, & Nye, 2004）。介入は、期間もばらばらで、特定の言語スキルを伸ばす焦点化された言語訓練だけではなく、自然な環境で言語能力を育てることを目的としたアプローチも含まれていた。音韻的な表出（expressive phonology）と語彙の発達に焦点をあてた訓練は効果的であり、構文産生や受容言語スキルに取り組んだ訓練は効果の根拠が少なかった。セラピストが行う訓練は保護者が行う訓練よりも効果的であったことや、グループセラピーが個別訓練より効果的であることを示す証拠はほとんどなかったが、ある研究では仲間（ピア）の関与が有用であることが示唆された。これらの研究結果を解釈する際には、エビデンスの基盤が限られていることや、それぞれの研究において訓練への反応に大きなひらきがあることに留意する必要がある。

　その理論的基盤ゆえに少なからぬ注目を集めた介入方法として、迅速的聴覚処理（rapid auditory processing）がある。Tallalら（Merzenich et al., 1996; Tallal et al., 1996）によれば、聴覚処理と言語理解スキルの因果関係は、変化に対する脳の可塑性を利用してSLIの子どもに迅速聴覚処理スキルの訓練をすることに明確な理論的根拠を提供する。Merzenichら（1996）とTallalら（1996）は、2編の論文において、言語学習障害（language learning impairments）のある子どものための、コンピューターゲームやアクティビティを組み込んだ迅速聴覚処理能力促進訓練プログラム（Fast For Word; Scientific Learning Corporation, 1997）が有効であるという結果を報告した。しかし、このプログラムは、集約的かつ多面的であるため、どの構成部分がそのような訓練効果を生んでいるか確認することが非常に困難である。その上、後続の研究では、入力の処理速度を操作していない介入プログラムよりも効果的であるという結果は得られなかった（例：Cohen et al., 2005; Gillam, Loeb, & Freil-Patti, 2001; Gillam et al., 2008）。Bishop、AdamsとRosen（2006）は、コンピュータ上の文法訓練プログラムの比較研究について報告した。そのプログラムでは、ある条件では信号の動的（変化する）部分を音響学的に引き延ばしたり増幅させたりした音声を用いた。被験者は、受容言語に深刻な障害（receptive language difficulties）があり、特別支援学校（specialist school）に通っていたSLIの子どもたちであった。訓練全体にわたって信頼性のある効果はなく、音響学的に修正された音声に効果があったという証拠も見出されなかった。

　おそらく、Tallalら（1996）が提唱する方法に対するより大きな問題は、聴覚処理スキルは正常域に到達する程度まで訓練可能であるが、多くの場合そのスキルは言語課題には最小限しか生かされず（McArthur, Ellis, Atkinson, & Coltheart, 2008）、特に受容言語能力に対しては治療効果があがらないということである。これらの知見もまた、迅速な聴覚処理の障害が、SLIの子どもに見られる問題の原因であるとする上述した理論に対して、重大な問題を提起している。Bishopら（2006）は、SLIの子どもたちが、多くの場合約90％は正確に文法的な構造を理解することができるが、時々誤りもおかし続けるという重要な主張をしている。これらの知見は、介入の目標は、文法能力それ自体ではないことを暗示している。議論の余地はあるとしても、自然環境での言語の使用の方が、障害のある子どものための

コンピュータによる訓練より効果的な方法だろう（Fey, Long, & Finestack, 2003）。介入は、社会−情緒面および行動適応に重要な役割を果たすとともに、保護者のストレスも減らすという一般的に認められている臨床的見解は、過小評価すべきではない。

まとめと結論

　SLIに関する原因連鎖（causal chain）は、推定される遺伝子のリスク要因から、教育的あるいは心理社会的結果にまで至り、複雑かつ変化に富んでいる。発達の軌跡にはいくつかの違いがあり、現在のところ、原因のメカニズムは一部が理解されているだけである。遺伝子は環境を通して脳の構造に関与し（Rutter, 2005b）、SLIのこのような疫学的側面は、まだ十分に研究されていないということは重要である。しかし、SLIの認知・行動面の表現型に関する知識の進歩は、神経生物学的研究課題を洗練させ、臨床活動の枠組みを作るということについて成果を生み始めている。

　図4.8は、生物学的、認知的、行動的レベルを説明するパスモデル図（Morton & Frith, 1995）であり、この章でレビューした研究の幾つかを要約したものである。生物学的レベルでは、数多くの遺伝子マーカーがSLIに関連しており、環境要因と相まって、SLIの脳の発達が非定型的なパターンになるという結果を生むと推定される。神経生物学的関連と認知レベルの障害の関連性はすべて明らかになったとはいえないが、音韻と意味の重複した障害や処理の速度障害が仮定された。感覚障害はこのレベルでよく見られるが、これらと認知障害の因果関係は、いまだにかなり議論が必要なところである。

　認知障害と行動（behavioral outcomes）の間のマッピングは、定型発達研究から得られた知見に基づいて予測された。SLIにも個人差があるということは、図のような原因を示す矢印の複雑さに表れているであろう。この図では単一の障害も許容されており、単一の障害は複数の欠陥（multiple deficits）を伴う場合より、発達の軌跡が変化に富むことが多い。

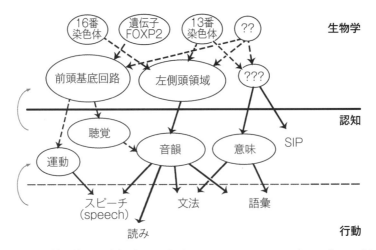

図4.8　特異的言語障害（Specific language impairment）のパスモデル
（SIP＝speed of information processing；情報処理速度）

例えば、音韻面の障害だけが単独にある子どもは構音の問題を呈するであろうし、重症度にもよるが、それに併存して読みの問題もあるであろう。さらにSLIと診断された子どもたちでは、複数の欠陥（dificits）は言語発達の遅れ（delay）と障害（disorder）という複雑なパターンをたどることが観察されている。

　この推論モデルでは、生物学的レベルと行動レベルにおいて、環境からの入力と経験とが相互作用し、行動がフィードバックループによって認知に影響を与えるという点が重要である。未だに、どのようにして環境的経験がSLIの行動の現れ方を変容させるのかに関する根拠は少ないが、言語的環境や介入効果のような鍵となる要因はこのモデルに表されている。我々は、ここで提示したモデルは複雑でもあり、単純でもあることを強調しておく。このことは、現時点でのSLIの理解に関する現実的な見解でもあると信じている。現実には、SLIは非常に複雑でおそらく不均質な障害（または、一連の障害群）であり、現時点で我々は、障害をうまく説明できる完璧で統一された理論からは程遠いのである。ここで示したモデルが、我々が第2章と第3章で述べた読み障害の原因として影響を与えるものについてのモデル（models of causal influence）に比べてかなり複雑であることは、驚くべきことである。

第5章
発達性認知障害の理解：
これまでの成果と今後の展望

　ここまで言語、読み、算数、運動スキル、注意、社会的相互作用など多岐にわたる発達障害を検討してきた。読者の皆さんが、この分野で成し遂げられてきた成果・進歩が生み出す興奮をいくばくかでも感じとってくださせれば幸いである。この章では重要な点をまとめ、今後解明されるべき複雑な事柄を考えたい。障害の種別を超えた事柄に焦点をあてて検討を加えることにする。

発達の理解の上にたって障害を理解するということ

　発達とは変化である。発達の異常を理解することは、子どもたちの一部が、なぜ非定型的な変化の過程をたどるのかを理解することである。これは極めて概念的なことである。そもそも、すべての子どもは全く何のスキル（例えば言語、読み、算数といったスキルのことだが）もない状態から、人生をスタートするのだ。その中の少数の子どもたちは、そうしたスキルをうまく発達させることができないのだが、その理由を考えるには、他の多数の子どもがスキルを習得する過程を考えることが必要である。第1章で、発達障害を理解するためには、障害で見られるパターンが、定型発達に見られるパターンや定型発達のバリエーションとどういう関係にあるかが明らかにされなければならないと述べた。各章で扱ったエビデンスと理論が、このことについて、具体的な肉付けになっているように願っている。最も理解が進んでいる障害（例えば、発達性ディスレクシア）は定型発達のパターンがよく理解されている。逆に、まだ十分に解明されているとは言い難い障害（例えば、ADHD）は、定型発達のパターンがまだ明確に捉えられていない。読むことについて（少なくともディスレクシアの中核的な問題である文字のディコーディング（音声化）の習得過程については）理解することは、注意の発達を解明することより容易だろうという意見があるかもしれない。たしかにそうであるが、だからといって、注意と行動調整の定型発達について理解することが、ADHDの理解を深めるために重要であるということには変わりがない。発達障害と定型発達は密接不可分の関係にある。発達障害の理解に定型発達のパターンが役立つし、反対に、障害についての研究が定型発達の理論に大きく貢献すること

第5章　発達性認知障害の理解：これまでの成果と今後の展望

もあるのである。

　なぜ発達障害に発達的観点から迫ろうとするのか納得できない読者のために、例を挙げよう。障害の影響が小児期と成人期で大きく異なる例として、聴覚障害を考えてみよう。発達初期の聴覚障害は、通常子どもの発話スキル（speech skills）に深刻な影響を与えるが、成人期に聴覚障害となった場合は、発話スキルは比較的保たれる。別の例として、言語機能に与える脳損傷の影響を考えてみよう。成人では脳の左半球への損傷は、言語機能の極めて選択的な障害を引き起こすことが多い（というのは多くの人にとって、言語機能は左半球にあるからである）。例えば、成人が左前頭葉の部分（ブローカ野）へ損傷を受けると、たいてい、言語理解は比較的保たれるが、発話に努力を要し失文法症状を呈し、言語表出の困難（表出型失語（expressive aphasia））を引き起こす。左半球の上側頭回（ウェルニッケ野）への損傷では、言語産生は比較的良いが、言語理解が重篤に損なわれる。読み書きを含む、多様な言語障害は、成人では左半球の特定の箇所への損傷と関連することが多い。

　成人での現象とは対照的に、通常、発達初期の脳の一側への損傷で言語障害を呈することはない。Muter、TaylorとVargha-Khadem（1997）らは、出産直前あるいは直後に脳の一側に損傷を受けた子どもたちを対象とした研究を行った。その結果、右、左、どちらの脳に損傷を受けても、言語スキルに異なりは見出されなかった。対象児について、全般的なIQは比較的よく保たれていたが、言語性ではなく、非言語性IQに幾分かの低下が認められたと報告されている。このことは脳のどちらの半球も、発達の初期においては言語の発達を補助しうるし、脳は非言語的なスキルを'犠牲'にしても言語機能を守ろうとすると解釈される。いいかえるならば、発達初期の脳損傷によって'言語に本来は関与しない領域'が言語学習を支えるために活用されるようになり、ときには、そのために非言語的なスキルの発達が犠牲にされることさえあるということである。発達過程にある脳は、損傷を埋め合わせるために再構成される可能性を有しており、そうした再構成の可能性は、発達初期の方が大きく、発達が進むに従って徐々に失われるようだ（老い木は曲がらぬという言い回しが思い起こされる）。

　最後の例として、この本では扱っていないが、向精神薬の使用とそのメンタルヘルスへの影響について触れておこう。成人になる前の大量の大麻摂取は、統合失調症の発症を誘発しやすくすることについてエビデンスが報告されている（Arseneault, Cannon, Witton, & Murray, 2004; Moore et al., 2007; Zammit, Allebeck, Andreasson, Burgess, Lundberg & Lewis, 2002）。

　総じて、これらの多様なエビデンスはすべて、発達的観点から発達障害を見るべきであると明確に示しているといえよう。年齢により、また発達ステージにより、発達障害を引き起こす原因の影響の及ぼし方が変化するということは明らかである。おそらく、急激に発達が進んでいる時期に、障害（impairment）は最も大きく影響するだろう。しかも、異なる認知的領域が並行して発達していくので、一つの領域での発達の遅れは、他のシステムの発達に影響すると考えられる。こうした発達のある側面のある時点での遅れが、その後の発達に及ぼす波及効果は言語獲得を考えてみればわかるだろう。言語発達の分野では、文法の発達に感受性の高い時期があり、また、その時期は語彙のサイズの影響を受けると言われている。Locke（1993）は、文法獲得装置が作動中に、語彙サイズが小さいために装

置がうまく働かないなら、語彙発達に遅れがある子どもは、持続する文法障害を持つことになるという仮説を立てた。

遺伝子と環境に依存する発達

　第1章で概観したように、発達に影響を与えるものを3つのクラス（classes）で考えることができよう。すなわち、遺伝子（G）、環境（E）とその相互作用（G×E）である。これまで論じてきた障害では、遺伝的要因が、すべてとはいわないまでも、最も大きな役割を果たしているが、遺伝子の効果についてはいまだはっきりとはわかっていない。遺伝子の発現をコントロールするメカニズムへの環境からのフィードバックループに関するエビデンスが増えつつある。簡単にいえば、我々の遺伝子のスイッチがONになったりOFFになったりするのは環境の影響によるのだ。遺伝子と環境の相互作用（G×E）の重要性に関して膨大なエビデンスの裏付けがある。その古典的な例として、行為障害における特定の遺伝的な傾向（predisposition）と虐待との関係が挙げられる（第1章参照）。

　遺伝的要因と環境的要因が、発達および発達障害の'究極的な'原因といえる。しかし、これらの原因は、確率論的枠組みで考えられなければならない。我々は、我々をディスレクシアにする遺伝子を備えて生まれるわけではなく、また、我々をディスレクシアにする環境の中に生まれ落ちるわけでもない。おそらく、ディスレクシアになるリスクを高める遺伝子を持って生まれ、そのリスクは環境要因によって緩和されることもあるのだ。だから、いかなる障害の原因についても、遺伝的および環境的リスク要因とその相互作用（G、E、G×E）が確率論的立場から検討されなくてはならない。しかし、発達障害を理解するには、発達にとって重要な遺伝的、環境的要因を特定するだけでは不十分である。そうしたリスクファクターが、脳のメカニズムの発達にいかに影響するかを解き明かさなくてはならない。それこそが行動をコントロールする心理的なメカニズムの根底にあるものなのだ。

リスクは連続的であり障害は次元的なもの（dimensional）である

　すべての遺伝的、環境的リスクファクターは、あるかないかという形ではなく、より弱いとか、より強いとかいった連続的な形で考えるべきである。比較的独立して（付加的に）作用する要因もあれば、相互に関連しながら作用する要因もあり、単に加算的というより、むしろ積算的（相乗的）効果を生み出すのだ（一つの小さな遺伝的要因と一つの小さな環境的要因が、ともに作用して、相乗効果で大きなリスクを生み出すこともある）。このような遺伝子と環境の相互作用という考え方に対する例外として、結節性硬化症やハンチントン病のような単一遺伝子の影響による遺伝性疾患がある。それらの疾患は明確なカテゴリーを形成し、人はその病気を引き起こす遺伝子を持つか持たないかということで発症が決まる。しかしながら、そうした明らかに単純な単一の遺伝子による疾患であっても、病気の発現形にはかなり多様性が認められており、なぜ多様性が生ずるかは、まだ解明されていない（例

えば、ハンチントン病に特徴的な神経の変性の開始年齢には幅があることが知られている)。この本で扱っている障害は単一遺伝子によるものではなく、多くの遺伝子(その多くはいまだ同定されていない)が多岐にわたる環境要因(同定されていないものが多いのだが)と相互に関連し合って生じると考えられる。そうした障害は、それぞれ遺伝子的、環境的なリスクファクターの関与の程度が異なる。連続的ということは、障害を引き起こす遺伝子的、環境的なリスクファクターの関わり方の程度やタイプに多様性が見られるということである。

もし、リスクが連続的なら、表現型(障害の行動的な特徴)の差異は次元的なものとして(dimensional)考えられる。理論的には、この本で扱っている障害のすべては次元的に捉えるのが最適である(例えば、スキル／能力において正常範囲の下端に位置付けられるというように)。正常と異常の境界をどこに置くかということは、常にある程度恣意的である。その試みの一つが『精神疾患の診断・統計マニュアル』(DSM-IV：American Psychiatric Association, 1994)の定義である。そこでは例えば、ある障害の診断には「学業あるいは日常生活活動を著しく阻害し……」(読み障害の定義から抽出)のように特定している。次元的アプローチは障害のカテゴリー名を否定するものではない。カテゴリー名はコミュニケーションをとるのに有用なものである：それらはある次元上の極端な例(顕著な例)(あるいは、自閉症スペクトラム障害のように複雑な障害においては複数の次元にまたがることもあるが)を簡単な一言で表現したものということをわきまえていさえすればよいのだ。

複数のリスク：レジリエンス (resilience) と補償 (compensation)

リスクファクターが複数あって、互いに関連しているとき、一つあるいは複数の障害(disorder)のリスクファクターを持っていても、障害の影響を受けない人もいる。ある障害を引き起こしうる遺伝子を持っていても、他の遺伝子あるいは環境要因がその障害の発現を防ぐこともありえる。反対に、障害の遺伝的リスクファクターを有していなくても、極端な環境的な影響を受けて、障害が発現する場合もある。環境的リスクファクターには、出生前、出生後の生物的なリスク(妊娠中の母親の風疹感染や出生時の脳損傷など)、純粋に心理的なリスク(虐待やネグレクトなど)が含まれる。レジリエンスと補償(compensation)は、防止効果と関連して論じられてきたコンセプトである。両者は、関連してはいるが、別個のものである。

レジリエンスとは、個人の生まれつきの特質と、不利な生活環境に対する反応との相互関係を意味する。'環境的なリスク(経験)に対する抵抗力'(Rutter, 2006)を持つ人を表すものとして用いられてきた。レジリエンスのコンセプトは、心理社会的障害あるいは気分障害(感情障害)と関連する。例えば、死別や失職というつらいライフイベントによって抑うつ状態に陥る人もいれば、そうした状況とうまく折り合いをつける(一時的に悲観的気分になるけれど抑うつ状態には陥らない)ことができる人もいる。レジリエンスは認知的障害についても重要なコンセプトであると思われる。例えば、ルーマニアの孤児院では、重篤な剝奪経験を持つ子どもたちの少数に、自閉症スペクトラム障害の兆候が認められた(Rutter et al., 1999)。同じような深刻な過酷な状況にあっても、自閉的な傾向を発現させ

なかった子どもたちがいるが、彼らは遺伝子的にレジリエンスが備わっていたと考えるのが最も合理的であろう。

レジリエンスがあれば、リスクにさらされても、障害が発現しないことがあるということだ。それとは対照的に、補償（compensation）は、障害が発現したときに、障害を上手に処理するプロセスをさす。多様な環境的・遺伝的な事柄が補償に関わっている。例えば、ディスレクシアを持つ子どもにとっては、指導方法によっては、読みの困難さが補償されて、健常レベルの読みとつづりを達成できるかもしれない。ある領域での弱さがあっても、他の認知的強さで補償できるかもしれないのだ。例えば、スピーチに困難（それは音韻システムを障害するのだが）があっても、言語の意味的な側面と文法面に優れた子どもは、スピーチと言語両方の困難を持つ子どもより、読みの学習は良好かもしれない。

認知的な困難さがあっても、知的レベルの高さが補償的に機能するなら、すなわち、IQが高ければ、IQが低い子どもよりうまく対応できると考えられがちである。しかし、第3章で述べたように、ディスレクシアに関して、この考えは極めて疑わしい。IQの高いディスレクシア児がIQの低いディスレクシア児より、ディコーディング学習において優れているというエビデンスは一切見出されていない。IQが高いと、文脈を利用して読むことに長け、'サイトワード'の語彙が豊富で、成人したときに、リテラシー能力自体は低くとも、よい職業を見つける認知的な資源（cognitive resources）を持っているということはあるかもしれない。IQの高いSLI児の方が、予後がいいというエビデンスがあり、確かに、IQが言語学習の弱さをカバーするのに役立つことが示唆される。しかし、他の障害（算数障害や発達性協調運動障害など）で、IQがどう機能して障害をカバーするのかについては、今後の研究を待たねばならない。と同時に、IQにすべてをゆだねてはいけないことも強調しておきたい。IQの異なりというのは、一般的な（特別の領域に特化していない）認知処理プロセス（学習、注意、処理速度など）の効率の異なりを表すものである。また、一人ひとりの極めて大まかな遺伝的な、環境的な、そして脳の異なりの多様性を表すものともいえる。IQが障害を補償する上で大きな役割を果たすと主張するには、どのように補償されるのかが解明されなくてはならない。

リスクと障害は限局的（specific）か？

本書で扱っている障害は、比較的明確な診断カテゴリーで表されるものであるが、発達障害の多くは従来の伝統的な障害カテゴリーにはうまく適合しない。Bishop（1989）は、2つの障害カテゴリー（例えば、言語障害とアスペルガー症候群）にまたがる障害について最初に言及した。当時は、意味／語用障害（semantic/pragmatic disorder）と称され、現在では言語の語用障害（pragmatic language impairment, PLI）といわれるSLIのサブタイプで、意味障害とコミュニケーション障害を特徴とする（Rapin & Allen, 1987）ものである。Bishop（1989）は、意味語用障害に見られるコミュニケーション障害とアスペルガー症候群の人たちに見られるコミュニケーション障害が連続するものであると考えた。アスペルガー症候群の人たちは、言語の構造面は比較的よいが、言語を使用すると奇妙な感じになっ

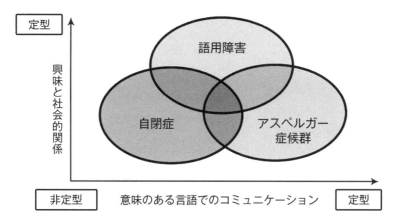

図5.1 自閉症、語用障害、アスペルガー症候群の重複関係を示す図
(Bishop, D.V.M., (1989). Autism, Asperger's syndrome and semantic-pragmatic disorder : where are the boundaries *British Journal of Disorders of communication*, 24, 107-121.Wileyの許可を得て転載)

たり、極度に堅苦しくなったりするし、言語理解もやや弱い。

語用言語障害（pragmatic language impairment）

Bishop (1989) は、意味語用障害とアスペルガー症候群は連続したものであり、ともに、言語でのコミュニケーションにおいては、アブノーマルなコミュニケーション（古典的な自閉症に見られるような）とノーマルなコミュニケーション（図5.1参照）との中間に位置付けられるとした。しかし、この2つの障害は、社会的関係や愛着を感じている人への関心という点では、大きく異なっている。PLIを持つ子どもは関心の幅が広く、定型発達児と同様に社会的な交渉を楽しむが、アスペルガー症候群の子どもたちは社会性に問題があり、興味の幅がごく狭い。

こうした語用言語障害の捉え方は、いろいろな障害間の関係性を次元的な (dimensional) 観点で捉えようとするものである。PLIというラベルは、自閉症スペクトラム障害の診断基準を満たさない子どもたちに対する使いやすい診断カテゴリーである (Norbury & Bishop, 2002) かもしれないが、子どもの成長にともなって、コミュニケーション能力や興味は変化するので、PLIの'境界'を決めることは難しい。成長とともに、子どもに異なる診断名がいろいろつくのは好ましいこととは思われないし、保護者にとっては大きな混乱と懊悩を引き起こす。PLIのような複数の障害の交差するところに位置付けられるものは、理論と臨床の双方に問題を提起する。

非言語的学習の困難さ

"非言語的学習の困難さ (nonverbal learning difficulty；NLD)"とは、2つ以上の障害が併存した学習障害の一つのタイプである。NLDはDSM-Ⅳでは障害として扱われていないが、この問題を持つ子どもたちは、知覚の障害と数学的な認知障害によって、学業成績が悪く、教育的なアセスメントを受けるために臨床の場に紹介されてくることが多い。

NLDという症候群の存在を最も強く主張しているのはRourke(1989；1995) で、神経心理

学的見地から、NLDの主な強さと弱さを論じている。学業の面で、彼らの強い点は単語の読みとつづりであり、障害されているのは、ハンドライティング、読解、数学と計算である。神経心理学的観点から見ると、強い点は、聴覚経路からの情報の処理能力で、弱い点は、視覚認知的な構成能力、複雑な精神運動的スキル（psychomotor skills）、触知覚、非言語的な問題解決能力であると考えられる。Rourke(1989) は、また、NLDには、社会情動面と適応能力の障害という特徴的もあり、新しい状況に慣れることが極端に困難であったり、社会的コンピテンスや社会的な交流に大きな問題を持つと指摘している。

　Rourkeの研究グループ以外にNLDの子どもの系統立った研究はほとんどない。というのは、診断基準が確立されていないからである。しかしながら、NLDはアスペルガー症候群（Klin, Volkmar, Sparrow, Cicchetti, & Rourke, 1995; McKelvey, Lambert, Mottron, & Shevell, 1995）、ターナー症候群（Temple & Carney, 1993）、ウィリアムズ症候群（Atkinson et al., 2001）などの障害との関連が推測され、そこから障害プロフィールが形成されてきた。だから、NLD児すべてに共通する特定の特徴（Morton & Frith, 1995）が認められるとか、あるいは、NLDは様々な特徴を包括する症候群であると考えることは適切ではない。むしろ、NLDは、様々な兆候を合わせ持ったものであって、それらの兆候は領域固有なものではなく、同時に生じていると考えるべきだろう。

　Durand (2004) は、操作的定義にしたがってNLDと判断された43名の事例を紹介しているが、それは上記の見解と合致する。これらの子どもたちは学習上の困難さのために、学校心理士によるアセスメントを受けた。アセスメントの結果、動作性IQが言語性IQより少なくとも10以上低く、大半の子どもでは、その差は20以上であったことが判明した。Durandはこれらの子どもたちに対して、RourkeがNLDの障害領域とした分野について幅広く評価した。評価対象とした分野は、計算スキル、聴理解、視空間スキルと運動能力である。43名の対象児のうち6名だけが、5領域全部で障害が認められた。65％が視空間認知あるいは運動能力に障害が認められ、約40％が聴理解の弱さを示した。それ以上に驚くべきことには、予想に反して、69％が基礎的な読みと音韻スキルに問題を示したのである。Durandの研究は、すべてのNLD児が同じ強さと弱さの障害のプロフィールを示すわけではないことを示したのである。

　Gillbergら（Gillberg, 1999; Landgren, Pettersson, Kjellman, & Gillberg, 1996）は、かつて微細脳損傷と称されていた子どもたちを表すのにDAMP（注意（attention）と運動コントロール（motor control）と知覚（perception）の障害）という包括的な用語を用いた。DAMPは健常な認知能力を持ち、注意障害を併存する発達性協調運動障害（DCD）とほぼ同義であると考えてよい。重篤なケースでは、DAMPには5つの臨床的な特徴が見られる。すなわち、注意、粗大および微細運動のスキル、知覚障害、スピーチと言語（speech-language）の障害である。軽度の場合は、5つすべての特徴が見られるわけではなく、純粋な発達性協調運動障害や純粋なADHDも含まれる。

　Gillbergらのグループによる集団研究の結果では、重症ケースは7歳児の1～2％、軽度ケースは3～6％で、一般的には女児より男児に多いと報告されている。DAMP児はすべての社会的階層に見られ、IQの高いものもいるが、概ね社会階層とIQは平均をやや

下回るようである。縦断研究の結果からは以下のようなことが報告されている。DAMP児は就学前には多動や不注意な面が目立ち、協調運動の問題とスピーチ・言語の遅れもあるが、受診を勧めるほど深刻ではない。年長児の終わりころには、絵を描きたがらず、また、ゲームをしていて友達とぶつかる姿がよく見られる。低学年では、集中すること、じっと座っていること、読み書きのスキルの習得が難しく、友達と年齢にふさわしいやり方で関わることができない。しかし、10歳までには臨床像はかなり変化し、運動面の問題や注意の問題が減少し、その反面、行動面の問題やディスレクシアが前面にでてきて、それらの問題はその後思春期まで持続する。

このように見てくると、非言語的な学習の困難さ（NLD）もDAMPも、重症度が異なるいくつかの障害（deficits）が併存して起こるということが明らかになる。DAMPやNLDといった用語は、多くの子どもたちは、単一の診断カテゴリーに収まらない複雑なパターンの困難さを抱えているという事実に目を向けさせるには有効である。これらの用語は複数の障害が併存することはよく起こりうるということを示しているといえる。しかし、DAMPとかNLDという用語を用いるよりも、次元という観点で考える方が利点がある。一人ひとりの問題を各次元上に自由にプロットして位置付けることができるからである。しかし、異なる次元でプロットされる兆候が併発する頻度はどう考えたらよいだろうか、すなわち、併存をどう説明するかについては、依然、今後の課題として残されたままである。

NLDについての厳密な研究がなされていないので、NLDと他の障害との関係のモデル構築のために、どのような次元を想定すればよいか決めることは難しい。しかし、視空間認知の障害が関わっていることはよく認められており（視空間認知障害は、NLDによく併存する運動の問題の根底にあるらしい）、学校から算数障害ということでリファーされる場合、その主要な要因は視空間認知の障害である（数学的認知障害には、全面的にとまではいわないが、部分的には視空間認知障害が影響していると思われる）。

図5.2は2つの別個の、しかしおそらく相互に関係している次元の2次元モデルを示している。この2つの次元は、おそらく両方とも頭頂葉のシステムとの関わりが深いと推測される。具体的には、視空間組織化スキル（visualspatial organization skills）と数の数量概念（numerical magnitude system）へのアクセスのことである。4分割された中で、左の上の部分には視空間の知覚に弱さがあるが、数の数量概念システムには障害がない子どもたちが含まれる。彼らは、比較的純粋なDCD例といえよう。右の下の部分には、数の数量概念に障害があるが、視空間の知覚機能は正常な子どもたちが含まれる。これらの子どもたちは比較的純粋な算数障害といえよう。NLDは下の左の部分に属し、視空間知覚と数量概念の2つの次元に二重の障害がある。この枠組みを使うと、運動スキルと算数の障害はともにNLDによく見られるが、だからといって、NLD児だけに見られる普遍的な特徴ではないことをうまく説明することができる。しかし、NLDとアスペルガー症候群の重複に関しては、知覚の組織化の障害の部分に関しては説明できるが、社会的適応障害に関しては説明できない。とすると、別の社会的認知の次元を想定しなければならない。スペクトラムをなす障害の場合、子どもをどこに位置付けるかを考えるには、発達の役割を考

図5.2　非言語的な学習の困難さの二次元モデル

慮しなければならないし、また、遺伝的な要因、環境的な要因がそれぞれどのようにNLDの発現に関与するのかを明らかにしなければならない。そのために、縦断研究データが切実に求められている。

PLI、NLDやDAMPを考えることは、臨床的によく見られることなのだが、発達障害のある子どもは、複雑で特定の領域に限定されない困難さを複数合わせ持っているという事実をあらためて考えることである。障害の特殊性がどのくらい強いかということは、発達障害をめぐる理論を発展させる上で、最も重要なことの一つである。障害ごとに、ある程度の特殊性があることは確かで、そのことは認知機能のモジュール性を支持する。例えば、読み習得に特異的な困難を持つ子どもたち（ディスレクシア）がいるし、また、算数の習得に困難を持つ（算数障害）子どもたちもいる。このことから、読むことと算数の根底にある認知的なメカニズムは、少なくともある部分は、互いに独立した、別々のモジュールで発達するといえよう。

発達性の認知障害の多くの研究は、障害はモジュール性で、異なるリスク要因がディスレクシアや算数障害のような異なる障害を引き起こすという考え方からスタートしている。これを単純パスモデルと称することにしよう（図5.3）。

このモデルでは完全に独立したリスクが独立した障害を引き起こすと考えられる。しかしながら、すべてとはいわないが、これまで検討してきた障害の大半は、この単純な図式には当てはまらない。障害は併発、併存することが多いというエビデンスが多くある。

異なる障害の併存（comorbidity）

併存とは2つの異なる障害や疾病が一人の個人内に併発することをいう。「真の」併存の発生率を推計することは難しい。というのは、そのためには子どもたちの代表標本が必

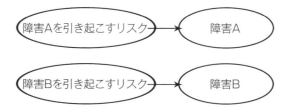

図5.3 個々の障害にそれぞれ別個の独立したリスクファクターが関与することを示すパスモデル

要だからだ。例えば、子どもたちの10％がディスレクシアで、10％が算数障害と仮定する。これらの障害がそれぞれ独立した別個のものなら、両方の障害を合わせ持つ子どもは、それぞれの障害の割合をかけあわせて得られる。すなわち、0.1×0.1＝0.01、あるいは1％と導き出される。しかし、2つの障害の併発する率が、チャンスレベル（この場合は1％）より高くなった場合、それを併存というのである（Caron & Rutter, 1991）。臨床では、複数の障害がある場合に治療のためにリファーされてくることが多いので（ということは併存症のあるケースが多いということである）、併存の生起率を知るためには、臨床ケースとは別に、代表標本が必要である。代表標本から得られるエビデンスは、期待したほど大きくないかもしれないが、一見すると無関係に見える障害が併存することは確かに少なからずある。例えば、算数障害のある子どもには読み障害があることが多く、SLIのある子どもには発達性協調運動障害があることが多い、またADHDのある子どもには読み障害をはじめとする多くの障害があることが多い。長い間、併存は発達性認知障害の分野では、やっかいなものとみなされてきた。しかし、最近では、併存がどうして起こるのか理解することは、障害の原因解明に深い示唆を与えるという認識に変わってきている。

　異なる障害の併存については、一般的に、同種の障害の併存（同型併存）か異種の障害の併存（異型併存）かが区別される（Angold et al., 1999）。同種の併存というのは同一の診断グループ（いいかえるなら、類似しているように思われる障害）の障害が併発することをいう。例えば、言語障害とディスレクシアの併存のように。異種の障害の併存というのは、異なる診断グループ（すなわち、類似していないように見える障害）の障害が併発することをいう。例えば、ADHDとディスレクシアが併存するケースのように。もし、どちらのタイプも真の併存（サンプルの偏りによって起こったものでないということ）であるなら、これをどう説明すればよいだろうか。なぜなら、前述した特定のリスクが特定の障害を引き起こすというモデルに合致しないからだ。そうではなく、併存とは異なる障害がリスク要因を共有しているということであり、どの程度共有しているのかということこそを考えるべきだろう（このことは、いいかえれば、同一の原因から異なる障害が生じるのかということを考えることでもある）。

　NealeとKendler(1995) は、併存のモデルを検証する統計的な枠組みを開発した。真の併存について彼らが提唱した最初のモデルは、alternateモデルといわれるものである。このモデルにおいては2つの障害は同一のリスク要因（罹病性（liability））から生ずると考えられており、障害の表現型はそれ以外のランダムな要因の影響が関係すると考えられている。就学前児に見られるスピーチと言語の障害（speech and language disorders）とディ

スレクシアが併存する場合がこの例である（Catts, Adlof, Hogan, & Ellis Weismer, 2005および Pennington, 2006を参照のこと）。そうしたケースでは、2つの障害は根底にある障害傾向（liability）の重篤度が異なると考えられる。

Pennington（2006）は就学前児のスピーチと言語の障害のあるタイプ（speech sound disorder(SSD)、構音障害、あるいは、音韻障害と称されることもある）とディスレクシアは同一の障害の表現型の違いであると詳細に論じている。彼によると、障害が重度であると、就学前にスピーチの問題として顕在化し、障害が持続するなら、読み習得を妨げることになり、その時期にディスレクシアと診断されるというのである。障害が軽度なら、就学前にスピーチの障害としては顕在化しない（スピーチの発達に幾分かの遅れを引き起こすことはあるかもしれない。そういうことは、ディスレクシアの子どもにはよくあることである）が、音韻の問題を引き起こし、それが読みの習得を困難にする。発達の初期にスピーチと言語の障害を持っていた子どもの多くが、やがて読み障害を持つこと（例えば、Snowling, Bishop, & Stothard, 2000）や、その反対に、読み障害と診断された子どもの多くが、生育歴をたどると、発達初期にスピーチや言語スキルが遅れていた（例えば、Rutter & Yule, 1975）というエビデンスがある。遺伝的にディスレクシアのリスクを持つ子どもたちの多くは、就学前にスピーチや言語の遅れの兆候を示すという報告（例えば、Gallagher, Frith & Snowling, 2000; Scarborough, 2000）もある。

これらはすべて重症度モデルと考えられる。発達初期のスピーチの障害とディスレクシアは、単一の罹病性（liability）から生じ、重篤に障害されている場合は、発達初期にスピーチの問題として現れ、就学後にディスレクシアの問題を持つ。それほど重篤でない場合は、周囲には気付かれにくい軽度のスピーチの問題を生じるが、やがてディスレクシアになる、と考えられる。

発達の初期にスピーチと言語の障害を持っていた子どもたちの中で、その後読みの障害を持たない者たちも多くいるのだが、このことについて、Pennington（2006）は、読み障害になった子どもとならなかった子どもたちは、根底にある認知障害が異なるのではないかと考えた。おそらくスピーチの問題を持つ子どもたちのグループは、読み障害になった群もならない群も、どちらも音韻の問題を持っているのだが、音韻の問題の種類が異なるのではないかと推測した。この議論は正しいように思われる。このことを2×2の表で表したものが図5.4である。

重症度モデルで考えると、スピーチの問題とディスレクシアあり（両方の障害あり）群とスピーチの障害もディスレクシアもない（どちらもない）群が想定される。スピーチの問題とディスレクシア両方あり群は、重度の罹病性（liability）を持っていると考えられる。スピーチの問題もディスレクシアもない群は、罹病性が全くないと考えられる。スピーチの問題あり・ディスレクシアなし群は、やや説明が必要だが、軽度の罹病性によって軽度のスピーチと言語の困難さが生じるが、それは読みの習得が始まるまでには解消すると考えれば理解できることである。

しかし、スピーチの障害あり・ディスレクシアなし群は、単一の次元（dimension）（すなわち単一の要因）の重症度では説明できそうにない。もし重度の罹病性があり、そのた

	ディスレクシアあり	ディスレクシアなし
スピーチと言語の問題あり	スピーチの問題あり／ディスレクシアあり	スピーチの問題あり／ディスレクシアなし
スピーチと言語の問題なし	スピーチの問題なし／ディスレクシアあり	スピーチの問題なし／ディスレクシアなし

図5.4 ディスレクシアとスピーチと言語の障害（speech-language impairment）の関係

めに、発達初期のスピーチ・言語障害が起こったと説明することはできたとしても、その後、どうして読み障害が生じないのかを説明することはできない。とすると、これらの子どもたちが、読み障害を生じないですんだことに、一つあるいは複数の他の要因（例えば、支援体制の整った環境とか他の遺伝子が障害が発現しないような保護的な効果を発揮したなど）を想定しなければならないだろう。

　これらを検証するために、就学前のスピーチの問題と学童期の読み障害の関係について、縦断研究のデータを吟味検討する必要がある。第4章で見たように、子どものスピーチ障害は純粋な形で生じることもあれば、受容性および表出性言語障害とともに生じることもある。Catts（1993）は、読み障害のリスク要因として、音韻意識の障害とスピーチ産生の障害は区別する必要があり、純粋なスピーチ障害は、リスク要因としては弱いということを強調した。この研究をさらに発展させる形で、Nathan、Stackhouse、GoulandrisとSnowling（2004）は、スピーチに問題のある47名の子どもを対象に、4歳から6歳7か月まで追跡調査を行った。その調査から得られた重要な知見は、就学前の言語能力（スピーチスキルではなく）のみが5歳8か月での音素意識を予測し、スピーチと言語の両方に困難がある子ども（スピーチ障害だけではなく）は音素意識の発達に遅れを示したということであった。発達初期の音素意識と単語認識（word recognition）が、7歳直前のリテラシー成績を予測すること、また、スピーチの問題だけがある子どもは、この時期には読みとつづりにおいて定型発達対照群と差がないことが見出された。Stothard、Snowling、Bishop、ChipchaseとKaplan（1998）は、4歳でスピーチの問題だけがあると判定された子どもたちを卒業まで追跡調査し、スピーチの問題だけならリスク要因にはならないことを見出した。

　しかし、スピーチの障害のある子どもたちについての研究がすべて、そのような結果を導き出しているわけではない。Raitano、Pennington、Tunick、BoadaとShriberg（2004）は、重篤な言語障害はなく、構音障害（語音障害、speech sound disorder）があったが、その問題は6歳以前に解消していた子どもたちは音韻意識障害を持っていたことを報告している。この点に関しては、Leitão、HogbenとFletcher（1997）らによる研究の知見が重要に思われる。彼らは、スピーチの問題のパターンの異なりに注目した。スピーチの問題のある子どもたちのうち、スピーチプロセスのパターンが逸脱している子どもたちは、音韻意識の障害を持ちやすく、定型のスピーチの発達パターンをゆっくりとたどる子どもたちは、音韻意識に問題はないということを述べている。子どもたちのスピーチの質を分析した研究は、ほとんどなされていないので、Penningtonによって提唱されたスピーチの問題あり・

ディスレクシアなし群の子どもたちは、スピーチの問題あり・ディスレクシアあり群の子どもたちとは異なるタイプの音韻の問題を持つという仮説は、いまだ検証されていないままである（Pascoe, Stackhouse, & Wells, 2006を参照のこと）。

　Bishopら（Bird, Bishop, & Freeman, 1995; Bishop & Adams, 1990）が提唱する臨界年齢（critical age）仮説は、スピーチの障害のある子どもたちに関する様々な知見を合理的にまとめるものと思われる。この仮説によると、音韻スキルを用いた読みが開始される時期まで、スピーチの障害が持続する場合は、読み障害のリスクが高くなるという。ただし、これは、音素意識の弱さから生じるスピーチの障害について当てはまることであり、音素意識の障害がないのに、スピーチの障害が持続する場合は、単語レベルの読みスキルの発達が影響を受けることはないようである。スピーチ障害は別として、音韻レベル以上の口頭言語スキルの障害を持つ子どもは読み障害になりやすい（Catts, Fey, Tomblin & Zhang, 2002）が、その場合は、単語レベルのディコーディングの障害と読解の障害の両方を生じる（Bishop & Adams, 1990; Stothard et al., 1998）。

　発達的観点から、読みと言語障害の相互関係を理解することは複雑なことである。ディスレクシアの家族性のリスクを持った子どもたちに関する前向き研究から、子どもたちは、リテラシーを習得するまでに、実に多様な発達的な軌跡をたどることが明らかになっている（Lyytinen et al., 2006; Snowling et al., 2003）。だから、就学前の状態から、どの子が読みに問題を持つかを予測することは難しい。これらの知見は、読みの習得は、口頭言語の様々なスキルが相互に関係する過程であるということを示している。子どもの読み習得の程度を決定する重要な要因は、スピーチあるいは言語障害の既往歴があるかどうかではなく、読みの学習が始まる時期の子どもの口頭言語の様々なスキルのバランスのあり方であるといえよう。この点をBishopとSnowling（2004）は強調している。彼らは、SLIとディスレクシアの関係は、2つの次元（dimension）で概念化することができるとした。すなわち、音韻の次元と、より広範な口頭言語の次元である。両グループともにディコーディング障害の主たるリスク要因である音韻障害を持ってはいるが、読解に必要なより広範な言語スキルが異なっていると考えるのである。

　別な角度からの併存の捉え方に、ある障害が、通常の発達過程ではその障害より後に発達が始まる認知プロセスに対して、波及効果を与えるという枠組みでの考え方がある。その観点は、発達性認知障害（developmental cognitive disorders）を理解するのに役立つものである。そうした波及効果は、タイミングと、他の遺伝的・環境的なリスク要因および保護要因の影響如何で、同一の認知機能領域でも起こるし、異なる領域でも起こりうる。言語獲得を例にとると、言語発達に遅れがある子どもにとっては、フォーマルな読み指導をいつ開始するかというタイミングは、読み障害を生ずるか否かという点で極めて重要な意味を持つ。能力を次元で捉え、発達のタイミングを考慮するなら、発達性の認知障害は決して均質なものではない。そのことについて、ここで詳細に検討しようと思う。

リスクは個々にあるのか、それとも重複し相互に関係しているのか？

　併存については、障害ごとに異なるリスクを想定するモジュールモデルから始まり、複数のリスクが相互に影響し合い、重複しているという、より複雑なモデルにたどり着いた。この議論は近年、Pennington (2006) やBishop (2007) をはじめとする多くの研究者によって大幅に進められてきた。例えば、Bishopは、SLIは、環境および遺伝的リスク要因が、それぞれ別個に異なる認知的メカニズムに影響を与えることによって生じるというSLIの生起モデルを提唱した。その理論を図5.5に示す。そのモデルによれば、遺伝的な音韻記憶障害あるいは環境的要因による後天的な聴知覚障害だけではSLIを生じないが、両者を合わせ持つときにSLIが生ずるという。

　ディスレクシアに関してもこれと幾分似た議論がなされている。ディスレクシアの原因に関して音韻障害が中核的な役割を果たしていることを否定はしないが、音韻障害の影響は他の問題によって増悪することもあれば、補償的資源によって緩和されることもある（Pennington, 2006）。これと関連して、Snowling (2008) は家族的にディスレクシアのリスクのある子どもたちを対象とした前向き研究から、20名の 'literacy-impaired'（読み書き障害）の青年の認知的なプロフィールを、同じハイリスク群でありながらノーマルな読み書き能力を持つ24名と比較した。データは音韻処理、視空間スキル、注意、口頭言語の4つの領域に関するものである。各領域において、対照群の平均から少なくとも1SD乖離した場合に障害と定義された。

　これまで述べてきたことを考えれば当然予想されることであるが、リスク群全体では、読み書き（literacy）のスキルと平均より低い（障害ありと判断された）認知障害の数との間には強い相関が認められた。多くの項目で障害がある（平均より低い）ほど、読み書きスキルが悪いということである。リスク群の中でも、読み書き障害あり群の方が読み書き障害なし群（健常な読み書き能力）より、より多くの障害（impairments）が認められた。読

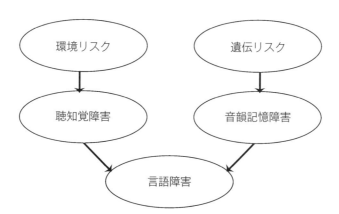

図5.5　SLIの原因モデル（Bishop, D.V.M., Developmental cognitive genetics: How psychology can inform genetics and vice versa, *Quarterly Journal of Experimental Psychology*, 59 (7), 1153–1168. Copyright© (2006) The Experimental Psychology Society. Taylor & Francis Ltd, (www.tandfonline.com) の許可を得て転載）

み書き障害群の中で、最も多く見られた障害は音韻と注意であったが、視覚的な障害と言語障害も見出された。音韻障害だけというのはたった1ケースであったということは特筆に値する。リスク群の中で健常な読み書き能力と判断されたものに、最も多く見られた障害は、注意のコントロールの障害であって、視覚的な障害と言語障害はそれほど多くはなかった。音韻障害があっても読み書き能力は健常であったのは、たった2ケースだけだった。

こう見てくると、音韻障害があることが、ディスレクシアと診断される基準になると思われるだろう。しかし、それでは話し半分にすぎない。読み書き障害と診断されるのは、2つ以上の認知領域に障害がある場合がもっと多いのだ。さらにいえば、音韻障害だけではディスレクシアは生じない。音韻障害を持つリスク群の子どもたちのうち30％ほどは、つづりの問題はあるが、読みの問題はない。こういうことを考えれば、家族性のディスレクシアのリスクを持つ子どもの中で、比較的よい読み書き能力を持つものは、障害があっても選択的でごく限局されたもので、そうした遺伝的な罹病性は補償することが可能であるといえよう。

これらの結果は複雑に見えるが、どんな発達的な障害においても観察される多様な発達の軌跡を映し出しているともいえる。群全体で扱ったときには、ある発達障害のリスク要因を特定することは可能に思えるが、そうしたアプローチは、遺伝子だけでなく、様々な要因の影響を受けて発達が展開してゆく多様な姿を正しく伝えるものとはいえない。ディスレクシアの場合、第一の要因は音韻障害であるということは疑いがないが、どのような形で障害として現れるかは、個人内の様々な認知的要因が働いて変容することが明らかにされつつある。

併存（comorbidity）のメカニズム

併存の問題は、発達障害の性質と原因を考える上での難題であることは間違いがない。併存については、これまでに2つのことを検討してきた。第一は、障害は次元（dimension）で捉える必要があるということである。今日まで、併存をめぐる議論の大半は、障害カテゴリーの診断の枠組みでなされがちであった。併存というのは'2つの疾病あるいは障害が個人内に共起すること'という定義は、カテゴリー分類によるラベル付けを想定したものである。しかし、障害を次元で捉えるなら、併存とは障害の異なる次元が相互に関連し合っている状態と捉えることができる。このことは、一般集団において、いろいろなスキルは相互に関連し合っている場合が多いということを考えてみればわかるだろう。ある一つの認知的な領域（例えば言語）で優れている人が、他の領域でも（例えば数学とか音楽とか）平均以上の能力を示すというのはよくあることである。

併存の遺伝的メカニズム

能力／能力障害を複数の次元（dimension）の相互関係と捉えるということには説明が必要だろう。そうした相互関係は環境と遺伝の双方の影響を受けるものであり、併存について理解を深めるには、もちろん、遺伝的に敏感な研究デザイン（すなわち、双生児や養子研究のような遺伝子の影響を特定できるもの）を用いることが必要である。これまで論じ

てきた障害のすべてに関して、遺伝的影響は、一つひとつの影響力は小さな遺伝子が複数関与して（ポリジーン遺伝 *訳注：ある遺伝形質に多数の遺伝子が関与すること）起こると思われることを強調しておきたい。遺伝子がどう発達障害に影響するのかという最近の研究（例えば、Plomin & Kovas, 2005; Happé, Ronald, & Plomin, 2006）では'ジェネラリスト・ジーン（万能遺伝子、一般遺伝子）'（generalist genes）という考えが提唱されている。遺伝子が認知発達および認知障害において一般的な（general）（すなわち特定の能力だけに関わるのではない）影響を有することに関して3種のエビデンスがある（Plomin & Kovas, 2005）。まず第一に、能力障害（disabilities）に関与する遺伝子は、たいていノーマル範囲での能力のバリエーションに関与する遺伝子と同じであるということである（このことは障害（disorder）あるいは能力障害（disability）は、ノーマルなスキルのある次元（dimension）上の下端に位置すると考えられる）。第二に、能力障害（disability）のある一側面に影響を与える遺伝子は他の側面にも影響することが多いということである（例えば、文法スキルと語彙スキルには共通する遺伝子の影響が明らかになっている）。第三に、そして、これが最も驚くべきことなのだが、ある一つの能力障害（disability）（例えば、読み障害）に影響する遺伝子は、他の障害（例えば、算数障害）にも影響を与えるということである。最後の点が、併存を引き起こす遺伝的な基盤であろう。乱暴ないい方をすれば、脳の発達の問題には、特定の能力や領域に限定されない形で関与する遺伝子が存在するということだ。もちろん、遺伝子の影響がどの程度一般的（領域に限定されない）なのかはわからないし、障害ごとに遺伝的な特異性がある程度あることは確かである。しかし、新たなエビデンスは、異なる障害が、共通する遺伝子の影響を、予想されているよりもずっと大きく受けていることを示唆している。

　一見すると全く別個のものと思える発達の側面が、共通する遺伝子の影響を受けている例として、Bishop（2002）による研究が挙げられる。Bishopは一卵性と二卵性の双生児を研究した。研究の対象となった双生児は、そのうちの1名あるいは2名ともにSLIと診断されていた。分析の結果、スピーチ産生の正確さとタッピングスピード（tapping speed *訳注：親指でカウンターをできるだけ速く叩くことで運動スキルを測定する）、非語の復唱とタッピングスピードにそれぞれ共通する遺伝子の影響が見出された。したがって、スピーチと手指の運動スキルの発達に、同じ遺伝子が影響を与えていると考えられた。第4章で、SLIを持つこどもは往々にして、運動発達の問題を併存することを見てきたが、この研究は、両方の困難さは、部分的に、共通する遺伝子の影響を受けていることを示唆している。

併存の脳のメカニズム

　遺伝のメカニズムが障害の併存にどのように影響するかはさておいて、そうした遺伝的な効果が脳の発達や行動にどのように影響を与えるかを考えることが必要である。異なる認知機能に関わる脳の部位や神経ネットワークが解剖学的に近接しているために併存が起こるというのはあり得そうな話である。

　第4章で、特異的言語障害と発達性協調運動障害の併存が頻繁に見られることの説明と

してUllmanとPierpont（2005）によって提唱された議論を取り上げた。Castellanos、Sonuga-Barke、MilhamとTannock（2006）は、ADHDに見られる多様性は、皮質ループのネットワークで説明できるのではないかと考えている。彼らは、線条体─黒質─線条体と視床皮質・視床ネットワークがADHDの神経解剖学的な基盤を形成しているという説を提唱している。それによると、（中前頭前野皮質と関係した）動機付け要因が（前頭前野の背側部皮質による）実行コントロールに影響し、それが次に運動回路に影響するというのである。おそらくは、この理由により、ADHDの約半数に発達性協調運動障害が生ずると考えられる。

現在は、遺伝的な異なりと環境的な経験がどのように神経ネットワークの発達に影響するかの理解が始まったにすぎない。これまでの発達障害の研究の蓄積は、今後ハイリスク群の研究から得られるデータに照らした再検討が必要である。そうしたデータによって障害の主要な原因と結果が解明され、併存に関して、脳の発達パターンの異なりから考えることができるようになるだろう。

障害の併存への環境の影響

発達性認知障害（developmental cognitive disorders）を引き起こす上で、環境がどのような役割を果たすのか、特に併存をどのように考えるのかに関しては研究が進んでいない。読み障害や言語障害が社会的階層とどのように関係するのか、養育スタイルの違いがADHD児にどう影響するのかなどということさえ、ごく大まかなことしかわかっていない。発達障害になりやすい遺伝子を持った子どもが、環境からよくない影響を受ければ、当然よい結果にはならないことは想定される。母親の喫煙と薬物摂取が、ADHDのリスク要因であると推定されている（Taylor, 2006）。

一口に環境要因といっても、作用するレベルの異なりを区別しなくてはならない。社会的剥奪の場合、同一家族内では、子どもたち一人ひとりは、それぞれ異なるレジリエンスを持っているにもかかわらず、環境を類似した逆境（adversity）として経験することが多い。しかしまた、それぞれの子ども一人ひとりが経験する異なる環境の影響を考慮することも大切である。だから、教育的介入が重要なのだ。例えば、ディスレクシアのある子どもの教師が、その子の算数障害のリスクに気付けば、特別な教育ストラテジーによって算数の力を伸ばして、算数障害が生じるのを食い止めることができるかもしれない。反対に、そうした特別のストラテジーを用いなければ、算数障害が併存する可能性が高くなる。発達障害のある子どもが自ら選びとる環境も二次障害の発生に影響する。SLIのある子どもは社会的な関わりをさけるので、微細および粗大運動の発達にうってつけの遊びやゲームをする機会が減ってしまいがちだ。そうなると発達性協調運動障害のある子どもと次第に似ていくが、一方、社交的な子どもは、運動発達が遅れていても、遊びの中でたくさん経験して克服するということがあるかもしれない。

要するに、遺伝的な要因と環境要因の相互作用が重要である。子どもが自ら積極的に環境を選択すること（例えば、ディスレクシアのある子どもが読み書きを必要としない職業を選択する場合のように）は、能動的な遺伝─環境相関（active gene-environment correlation）

といえよう。ディスレクシアの家庭に生まれた子どもは、本が少ししかない家庭で、読み書きに価値を置かない環境で育つことになる。それは受動的な遺伝－環境相関（passive gene-environment correlation）といえよう。もし、その子どもが教師から学級での読み活動に参加するよう促されないなら、それは誘導的な遺伝－環境相関（reactive gene-environment correlation）と考えることができる。教師がその子の困難さに誘導されて、環境を変化させたことになるのだ。要するに、子どもは環境の中で何を経験するか能動的に選んでいて、その経験が彼らの発達を形作っていくのである。子どもは、単に受け継いだ遺伝子を持つだけという受動的な存在ではないのだ。

　近年、遺伝－環境相互作用への関心が高まり、ストレスフルなライフイベントから抑うつ状態に陥る人もいれば、陥らない人もいるのはなぜかという研究が成果をあげている（Caspi et al., 2002）。しかし、発達性認知障害の分野では、遺伝－環境相互作用についての研究はまだ始まったばかりである（McGrath et al., 2007を参照）。しかし、障害の候補遺伝子が見つかっており、リスクアレル（危険対立遺伝子　*訳注：疾患の発症を高める対立遺伝子。対立遺伝子とは同じ遺伝子座を占める両親から受けた2個の遺伝子のこと）の組合せによって、介入への反応がどう異なるのかを検討するなど、候補遺伝子の影響の大きさが明らかにされつつある。

環境の発達性認知障害（developmental cognitive disorders）への影響

　この本は認知的観点から、個々の子どもの内部で起こっている精神活動のプロセスに焦点をあてている。しかしながら、遺伝子は環境を通して機能し、それらが脳の機能と認知プロセスを形成する。何度も繰り返して述べてきたことだが、発達というのは極めて相互作用の強いプロセスであり、発達障害を理解するためには、発達に影響を与える様々なものを考えることが必要である。この本の中では、環境の影響よりも、遺伝的影響を強調しているように思われるかもしれないが、ここでそのバランスをとりなおしたいと思う。

　障害の関連遺伝子を特定することは相当難しいことであるとわかってきたが、障害を理解することは比較的容易であることもわかってきた（Rutter, 2002）。一つひとつの遺伝子の効果は小さいが、他の遺伝子や様々な環境の影響と相互に関連していると推定される。そうした相互関連を考えると、環境の中で作用する遺伝子が、どのように脳の機能の多様性を生み出すのかその原因をたどることは極めて難しいことに思われる。これまで検討してきたすべての障害に関して、環境が発達に重要な影響を及ぼすことには疑問の余地はない。最も基礎的なレベルでは、本書の中でしばしば遺伝率推定（heritability estimates）を取り上げてきた。遺伝率推定というのは、一般の人口の中で、ある形質が遺伝的にどの程度決まるかという比率の推定である。ディスレクシアの遺伝率というのは、約.5と予測され、それは、ディスレクシアの子どもとそうでない子どもとの読みのスキルの異なりのうち50％については遺伝的に決まると考えられるということである（こうした広義の遺伝率は遺伝の効果を過大評価しがちであるというテクニカルな問題がある。遺伝－環境の相互作用も遺伝分散としてカウントされてしまうからであるが、こうしたテクニカルなことにはここでは、こ

れ以上触れない)。重要な点は、遺伝率に関しては、現在ではまだ説明できない分散が相当あり、その部分には環境の影響が関わっている可能性があるということである。というわけで、量的観点からすると、発達に関しての環境の影響は相当大きく、無視することはできない。

　もう一つ重要な点は、遺伝率というのは、固定化していて変化しないというわけではないということである。環境の変化は、ある形質の遺伝率も変化させる可能性がある。遺伝率がどれほど大きくても(遺伝によって形質がかなり決まるものでも)、環境の変化が形質に重要な変化を起こすこともあるのだ。人間の身長は極めて遺伝率が高いが、近年、富裕な社会では、栄養状態がよくなったために平均身長が相当伸びている。知能に関しても、同様の例が認められる。知能は極めて遺伝性の高いものであるが、不遇なバックグラウンドを持つ子どもが養子になって、恵まれた環境を与えられると、知能指数が大きく伸びることもある(Duyme, Dumaret, & Tomkiewicz, 1999)。こうした例から考えると、読みのスキルはかなり遺伝の影響が強いけれど、教育的支援が向上すると、かなり多くの子どもたちが'適正な'読みスキルを獲得することもありえる。とはいえ、教育指導によって、個人個人の読みのスキルの異なりを全くなくすことができるわけではないことも事実だ。むしろ、どれほど優れた読み指導が行われようと、やはり、読みスキルの個人差の幅は大きいままである。しかしながら、優れた指導法が子どもたち全体の読みのレベルを底上げして向上させるなら、読みの弱さを持つ子どもたちの読みスキルも底上げされ、いろいろなチャンスを手にすることができるかもしれない(社会全体で栄養状態が改善されると身長が伸びるということを考えれば、このことも容易に理解されよう)。もともとのスキルの分布は変わらないが、形質のレベルが変化するということを図5.6に示す。重要な点は、現在の知識とテクノロジーをもってすれば、発達における環境の影響を変えるのは、遺伝の影響力を変えるより容易であるということである。どれほど遺伝的影響が大きくとも、発達性認知障害のリスクのある子どもたちの予後を改善する試みをやめてはならない。

　発達性の障害に対する環境の影響に関してあまり述べていないが、それは、環境的な原因を理解することは概念的にならざるをえず、難しいからである。認知プロセスの発達に影響を与える環境要因は、疾病、出生時の問題、栄養状態から育児や学校体験のようなより純粋に心理社会的な要因までとても幅広く、発達に対する環境の影響を示す方法も複雑で難しい(Rutter, 2005aのレビュー参照)。しかし、定型発達においても、障害においても、環境の影響を受けることは確かである。子どものコミュニケーションのパターンを見れば、言語発達における環境の影響がよくわかる。例えば、双生児は単生児に比べて言語発達が遅れることが多いことが知られている(Rutter & Redshaw, 1991)。双生児の遺伝子構造は単生児の同胞のそれと体系的に異なることはないと考えられるので、このことは環境が言語発達に影響することを示すエビデンスと考えられる。双生児に見られるこうした言語発達の異なりは、親-子のコミュニケーションとその相互作用のパターンが異なるからであろう(Rutter, Bailey, & Lord, 2003; Thorpe, Rutter, & Greenwood, 2003)。いささかことを複雑にしてしまうが、言語能力に対する遺伝的影響(遺伝率)の重要性は、家族環境がどう機能するかによっても異なる。家族システムの'カオス性'(family chaos)項目のスコアが高い家

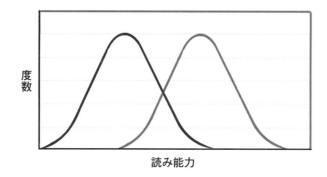

図5.6 読み能力の2つの正規分布を示すグラフ。指導の密度と質を向上させれば、全体の読みスキルは右側のグラフ（全員の読み能力に向上が見られる）のように変化するかもしれないが、個々の子どもの能力のばらつきには変化がない。

庭で養育された双生児の方が、言語スキルの遺伝率は高くなる（Asbury, Wachs, & Plomin, 2005）。

認知障害（cognitive disorders）に対する環境的なリスク要因の中でも、より生物学的な色彩の濃い要因に関するエビデンスがある。例えば、未熟児で生まれること（環境要因を反映しているケースもあると思われる）は算数障害と発達性協調運動障害のリスク要因である。母親の妊娠中の喫煙がADHDのリスク要因であるというエビデンスもある（例えば、Thapar, Langley, Asharson, & Till, 2007）。

現在までのところ、発達性認知障害の原因や増悪に関係すると思われる様々な環境の影響（教育政策はいうまでもないが、両親、家庭、学校、近隣等）については、まだほとんど解明されていないことを認めざるをえず、現在の我々が理解していると思っていることには、無意識のバイアスが潜んでいるかもしれない。過去30年にわたって小児の言語と認知障害について活発な研究活動がなされてきたが、それでもなお大半の研究では、標本数が少なく極めて選択的であるということは否めない。さらにいえば、標本の大半は両親が子どもの発達を心配して専門家の紹介を求めてきた子どもである。彼らが量的遺伝学研究の標本となるなら、本来は環境には幅広い多様性があるはずであるが、その多様性の幅が狭められ、遺伝率が増大し、結果として、環境の役割が減少する可能性がある。したがって、代表標本による研究を行うことが喫緊の課題である。原因について明らかにするためには、大きな影響力を持っているワイト島研究のような、代表標本を用いた縦断研究を行うことが重要であろう（Rutter & Maughan, 2005）。

Hobcraft（2006）は、単一の原因を想定するのではなく、要因間の関係を考える重要性を強調しており、遺伝的な要因、家族性の資質、個人の行動を形成する過去の経験の間の相互作用を理解するために、人口統計学者との緊密な協働を呼びかけている。そうした協働的なアプローチが、発達障害の原因と結果の解明に貢献するであろう。

発達性認知障害についての認知的な展望の方向性は？
（衰退するのだろうか？）

　発達性の障害に関して、急速な遺伝学および脳造影画像の技術の進歩が、認知心理学的研究にとってかわるだろうという意見があるかもしれない。しかし、認知心理学者は、それには同意しない。認知というのは、脳のプロセスと行動を結び付けるものである。行動の背景にある認知プロセスを理解することは、診断と治療にとって最も直接的アプローチである。さらにいえば、行動障害の認知的な表現型を明確にすることは、遺伝的かつ神経学的な基盤を理解する上で不可欠なことである。

　発達障害は次元的（dimensional）なものであり、併存が頻繁に起こるということは、障害の認知的、神経学的、遺伝的な基盤についての研究に、方法論的に深い示唆を与えるものである。この本で扱ってきた研究のほとんどはケースコントロール研究（症例対照研究）である。ケースコントロール研究では、対象児はある診断基準を満たしたものが採用される。例えばSLIを例にとると、諸々の言語検査での成績は低いが、ノンバーバルIQは80以上といった基準が往々にして採用される。そうした基準を満たす子どもたちを同年齢（あるいは同等の言語能力を有した）の定型発達児群と比較する。もちろんすべての研究とはいわないが、なかには、併存のない'純粋な'臨床ケースを選択して採用しようとする研究もある。しかしながら、実際には、純粋例だけを採用することはなかなかうまくいかないものだ。それどころか、最近のエビデンスが示すように、併存が広く見られるものならば、'純粋'ケースを見つけることは現実的にはほとんど不可能で（精査のために多くの検査をしなければならないからだ）、理論的にもありえない（すべての併存を排除すると'純粋'ケースはいなくなってしまうという事態に陥るから！）。もし、万が一そのようなことができたとしても、その場合の対象者は、研究しようとする一群（例えばSLIを持つ子どもたち）の真の標本とはいえなくなってしまう。

　こう言ってしまうと絶望的に思えるかもしれないが、このことは、将来の研究への示唆を含んでいると思う。第一に、ケースコントロール研究では、対象児の強みと弱みを把握するため、種々のアセスメントをする手間と時間がかかるだろう。その結果、多くのケースは'純粋でない'と判明するだろうが、少なくとも他にどんな困難さを合わせ持っているかのデータがあれば、それらが障害の原因ではないと除外することができる。第二に、こういう見地からすると、多変量解析がより魅力的なものになるだろう。多変量解析を行うには、多数の代表標本に対して広範な能力のアセスメントを行う。その結果、突き止めようとしているある能力と障害の相関関係を確認できるようになる。繰り返しになるが、アセスメントをできる限り幅広く行えば、その他の潜在的な混乱する違いを、見出された相関関係を説明するものから除外することができる。ケースコントロール研究にせよ、多変量解析にせよ、継時的な障害の変化とその変化の予測因子を追跡するような縦断研究がどうしても必要である。今後は、この分野で、個人成長曲線モデル（individual growth curve modeling）を用いることがもっと広まるだろう。ただその方法を行うには、（成長の軌跡を描くために）頻繁な子どものスキルの再アセスメントと大規模な標本が必要になるが、

第5章　発達性認知障害の理解：これまでの成果と今後の展望

　最後に極めて有力な方法として（縦断的な多変量解析の一種であるが）、障害の家族性のリスクのある子どもたちを対象とした前向き縦断研究が挙げられる。リスクの高い子どもたちの発達をリスクの低い子どもたちの発達と比較することは、有力な研究手法である。そうした研究は、異なる認知領域での発達の経過を追い、環境要因の影響を検討することで、脳と行動の関係がどう発達変化するのかフォローする格好の機会となる。逆に、障害のリスクのある家系（at-risk families）の中の、発症者と非発症者の認知的なプロフィールを比較することで、障害の次元的な特質やどんな要因が'診断'基準を満たすことにつながるのかについて、より理解を深めることができよう。

　障害のリスクのある家族の研究（family "at-risk" studies）はエンドフェノタイプ（中間表現型（endophenotype））の研究にも役立つだろう。GottesmanとGould（2003）がいうように、遺伝学的に複雑なもの（認知障害のように）は遺伝子型が必ずしも表現型とはならない。したがって、障害の候補遺伝子の研究の成果は極めて限られたものにならざるをえない。エンドフェノタイプ（中間表現型）という概念は、遺伝子型と表現型を仲介するプロセスである。読み障害を例にとると、音韻スキルの弱さはディスレクシアのエンドフェノタイプ（中間表現型）と考えられる（Snowling, 2008）。エンドフェノタイプ（中間表現型）は障害そのものよりも複雑ではなく、読み障害を持つ人だけでなく、読み障害の家系の中で障害を発症していない家族にも見られるものである。エンドフェノタイプ（中間表現型）は遺伝的な弱さを見出すのに役立ち、他の遺伝的、あるいは環境的な罹病性（liabilities）とあいまって、障害を生じさせる。

　このアプローチを用いた優れた例に、SLIの原因に関する研究がある。SLIのような雑多な症状を見せる障害は単一の原因から生じるとは考えにくいということから、Bishop（2006）は、エンドフェノタイプ（中間表現型）を想定し、解明しようとした。この研究の出発点となったのは、SLIのある双生児だけでなく、SLIの診断基準を満たさない双生児の一方もまた、非語の復唱の弱さを持つという事実であった。非語の復唱をSLIのエンドフェノタイプ（中間表現型）の指標として、行動遺伝分析を行ったところ、極めて高い遺伝の影響が見出された。その後、第16染色体上に、非語の復唱の弱さと強く関係する遺伝子マーカーが同定された（Newbury, Bishop, & Monaco, 2005）。SLIは屈折形態素（特に規則動詞の過去型と動詞の三人称単数現在形のマーカー）の障害と関係がある。Bishop、AdamsとNorbury（2006）は、6歳の双生児に、非語の復唱と動詞の過去形の語尾を補充することを求めた（例：yesterday he jump（ed）into the pool）。この研究でも、非語の復唱に遺伝の影響の大きさが認められ、屈折形態素に関しても同様のことが認められた。しかしながら、二変量解析の結果は、2つの課題の成績間には遺伝の関与は認められず、それぞれのエンドフェノタイプ（中間表現型）には別個の遺伝子が関与することが推測された。それどころかデータを精査したところ、どちらか一方だけが落ち込んでいる場合は、両者に落ち込みがある場合よりも、臨床的にSLIと同定されることが少なかった。こうした結果は、読みの困難さを持つ子どもは、音韻面と広範な言語スキルの両者に障害がある場合、ディスレクシアと診断されることが多いというSnowling（2008）の知見と一致する。これらのことから、重要な結論が導き出される。すなわち、子どもは2つ以上の認知プロセスが損な

われたときに、従来から使われてきた診断基準を満たすことが多いということである。おそらく、発達の道筋は多様であり、Waddington (1966) が提唱したように、発達においては驚くべき自己修複が見られるということが関わっているであろう。

次元的にみる障害の併存（dimensional comorbid disorders）：アセスメントと治療への示唆

　障害には他の障害が併存することが多く、そうしたことを次元的（dimensional）に捉えることは、教育的にも臨床的にも重要でかつ建設的な示唆を与える。次元的に捉えることは、特定の診断カテゴリーに押し込めるのではなく、より繊細なニュアンスを含んだ診断表現をすることである。「ジョンはディスレクシアで協調運動障害（dyspraxia）でもある」ということは、読みと運動スキルに関して、標準化されたテストでの彼のパフォーマンスの結果を簡単にまとめたものではあるが、時に根拠のない説明力を持ってしまうことに気を付けねばならない。「ジョンはディスレクシアだから読めないのだ。」ということは、単に彼の問題を述べているにすぎず、読みの問題の原因については何ら説明してはいない。次元的な表現をすれば、おのずと、彼の強いところと弱いところを述べることになり、教育的なマネジメントに直接示唆を与えることになる。例えば、「ジョンはハンドライティングのような微細な運動スキルの問題と重篤な音韻障害および読み障害がある」という表現の方が、おそらく「彼はディスレクシアで協調運動障害である」というよりずっと役に立つし、すぐに教育的な配慮の提言（ジョンは読みの学習とハンドライティングの向上に支援が必要である）に結び付けることができる。

　本書で繰り返し取り上げてきたのは、障害を理解することと、それに対する対応策を考えることである。理論（障害の理解）と実践（障害を治療すること）の関係は密接であり、また、間接的でもある。最も基本的なレベルで、損なわれた認知プロセスの性質を理解することは、効果的な治療法を考える上で不可欠なことである。しかし、障害を理解することと障害を改善するための治療法を考案することは直結していない。例えば、ある特定の障害の主要な認知的な原因が特定できたとしよう（例えば音韻障害が発達性ディスレクシアの、また、視空間認知の障害が発達性協調運動障害の原因というように）。その場合、まず、治療のためにその認知的な欠陥（deficit）を訓練するプログラムを考案して、障害が改善するかどうかを見ようとするだろう（音韻スキルを訓練して、読みが向上するかどうか。視空間認知を訓練して、運動スキルが向上するかどうか）。その場合、まず最初に、欠陥が訓練で改善するかどうかを考えなくてはならない（音韻スキルは訓練できるが、視空間認知が訓練できるかどうかいまだ明らかではない）。もし、欠陥が効果的に訓練できないならば、その欠陥を受け入れて、その影響を最小限にするような指導が必要である。「欠陥に直接にアプローチする」のか「欠陥に間接的にアプローチするのか」という選択は、特殊教育の中で長い間考え続けられてきたことである。

　訓練によって原因と思われる欠陥が改善されうるなら、次に、そうした訓練が障害（disorder）そのものにどういう効果があったかを評価しなければならない。訓練によって欠

陥（deficit）は改善されるが、それが障害（disorder）の行動変容にはつながらないことも多い。例えば、Hatcher、HulmeとEllis（1994）は、読みの困難さのある子どもたちに音韻の訓練を行ったところ、音韻スキルは大いに向上したが、読みのスキル自体は向上しなかったことを報告している。しかし、同じ子どもたちに、音韻の訓練とともに読みの指導を行ったところ、読みの学習にかなり効果があったことが明らかになった（読みの指導のみ、あるいは音韻トレーニングのみを行ったよりも効果があったのだ）。このことは、次のような重要なことを示している、すなわち、新たに獲得されたスキルは、直接には般化効果を発揮することはできず、理論的にはうまく構築されているように思われる介入方法であっても、その効果を厳密に測定してみないといけないということである。そうした介入効果の測定方法は、いまや、よく理解されてきている。本書でもランダム化比較試験の例をいくつか紹介してきた。発達性の障害の分野では、いまだに、いかに多くの介入方法がろくに理論的根拠もないのにもかかわらず推奨され、それらの効果測定が方法論的に脆弱なものであるか（Bishop, 2007b; Rack, Snowling, Hulme, & Gibbs, 2007）ということは大変嘆かわしいことである。

最後に、第1章で論じたことであるが、治療効果に関する研究は、障害原因の理論を検討する有力な方法であると思われる。ランダム化比較試験は、認知障害（あるいは他の障害でも）の原因に関する理論を検証する最良の方法と思われる。訓練をした結果、原因として想定された障害が改善されたことが示され、しかも、子どもたちをランダムにグループ分けすることにより、治療効果に対する治療群と非治療群間の統制困難で測定困難な差異の影響を減じることができていれば、因果理論が検証されたことになる。

しかし、ランダム化比較試験（RCT）から因果理論の確立までは、決して直線的にはいかないということを述べておかなければならない。RCTには費用がかかり、実施は困難である。その方法の「有効性」を最大限引き上げようとして、治療に多くの要素を盛り込みたくなる誘惑にかられがちである。RCTの理論的な力を高めるのに有力な統計的なアプローチは、媒介変数（mediator）を評価することである。この考えは、あるアウトカム測度における改善が、訓練を施した落ち込んでいたスキルの改善にどの程度帰することができるか（統計的に媒介されるか）評価できるだろうということである（治療試験の結果における媒介変数と調整変数については、Kraemer, Wilson, Fairburn, & Argas, 2002を参照のこと）。この方法について簡単に説明を加えよう。

媒介変数は、最初にBaronとKenny（1986）の古典的研究で紹介された。媒介変数とは原因と結果を結び付け、'結果'における'原因'の効果を説明する両者を媒介する変数（あるいはプロセス）のことをいう。第1章で取り上げた肺がんと喫煙の関係の例に戻って説明しよう。第1章で述べたとおり、喫煙ががんを引き起こすというのはパス図で示すことができる（図5.7）。

そうした理論を支持するために、若いころの喫煙状態とその後の肺がんの関連についての縦断的なデータを集めるとする。統計的に見れば、もし喫煙が肺がんを引き起こすなら、喫煙量や喫煙期間などの変数が肺がんになりやすさを予測すると考えられる（適切な回帰分析によって）。

図5. 7 喫煙ががんの原因であることを示すパス図

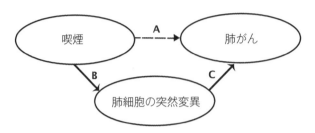

図5. 8 喫煙と肺がんとの関係には肺細胞の突然変異が媒介していることを示すパス図

　第1章で論じたように、そうした理論は肺がんを引き起こすと思われる生物学的なメカニズムに関係する介在性の変数を測定することによって拡充強化される。煙草の煙の成分が肺の細胞のDNAにダメージを与え、DNAのダメージが細胞に腫瘍を発生させると考えるとする。このことを統計的に示すために、喫煙者の肺の組織の突然変異の率を測定すれば、より複雑なパス図を書いて検討することができるだろう。

　このパス図（図5.8）では、肺細胞の突然変異の出現が、喫煙ががんに与える効果（影響）を媒介している。BaronとKennyは媒介変数が機能しているかを評価する統計的手法を開発した。基本的には回帰分析の枠組みで、媒介モデルを支持するための4点を以下に示す。(1)喫煙は肺がんと関連する（パスA）；(2)喫煙は肺細胞の突然変異と関連する（パスB）；(3)肺細胞の突然変異が肺がんと関連する（パスC）；(4)もし、以上の1～3が真なら、すなわち、肺細胞の突然変異の効果を考慮すれば（パスB/C）、肺がんに対する予測変数としての喫煙の効果（パスA）は、弱くなる（除去される）と考えられる。このモデルにおいて、肺がんに対しての喫煙の効果が、完全に肺細胞の突然変異によって媒介されているとすると、すなわち、肺がんの発生が突然変異の効果で説明されれば、肺がんの発生率に対して喫煙は直接的な効果を持たない（影響しない）ことになる（パスAの重要性はない）。このことは図の中で、点線矢印で表現されている（すなわち、回帰の重みは統計的に有意でない）。これ以上統計には立ち入らないが、要するに、分析方法が発展し、より洗練されて（Shrout & Bolger, 2002; Stone & Sobel, 1990）、推定原因（喫煙）の結果（肺がん）に対する効果に、媒介変数がどの程度'媒介'するのか、いいかえるなら、媒介変数がどの程度、結果を説明できるかを評価できるということなのである。

　こうした考えをRCTに応用することはわかりやすいことと思う。RCTでは、子どもたちはランダムに治療を受ける群に振り分けられる（治療は、効果があれば、改善をもたらした要因として確立する）。介在プロセスを測定することで、どのように治療が効いたか説明しようとする。そうした研究の一例がADHDの治験実験である（*訳注：原著では第7章で扱われているが、本翻訳書ではその章は含まれていない）（MTA Cooperqative Groupe, 2004,

ADHDのある子どもたちへのMTAの治験から）。その分析においてはADHDの治療薬としてのメチルフェニデート（リタリン）の効果のばらつきは、治療における服薬遵守によって媒介していることが報告されている。すなわち、子どもが服用すれば効果がある。しかし、多くの場合、治験後に服用をやめる傾向があり、そのことが長期にわたる治療効果を減じていると考えられる。議論の余地はあるにしても、治療における服薬遵守は、実践的には重要であるが、理論的にはそれほど興味深い介在変数とはいえない。

　より理論的に興味深い例は、アフリカ系アメリカ人の子どもたちの早期のアルコールや薬物の摂取と性行為を防ぐためになされた介入研究（Brody et al., 2004）の分析結果である。この研究での介入目的は、子どもとよくコミュニケーションをとり規律正しい養育スタイルを生育することであった。Brodyらは、両親の介入が、アルコールや薬物摂取、性行為を含む様々な事柄に対して子どもたちの態度に好ましい変化を生じさせたと報告している。最も重要なことは、パス解析によって、子どもの態度に見られる介入効果は、親の養育スタイルの変化によって媒介されていたことが明らかになったことである。

　認知障害の領域での同様の例は、我々の行った読み困難に関する研究から得られる。第2章で論じたエビデンスと理論を振り返ってみよう。読み習得の困難さは子どもたちの文字の音の知識と話しことばの音素を同定する能力（これらの知識がアルファベットの原則の基盤である；Byrne, 1998）に依存する。Bowyer-Craneら（2008）は小学校入学時に話しことばのスキルに弱さが見出された子どもたちを、読みと音韻の指導を行う群と話しことばの指導（語彙とナラティブ）を行う群にランダムに振り分けたRCT実験の結果を報告している。読みと音韻の指導群は話しことばへの指導介入群と比較して、読みスキルに中程度ではあるが、確かな伸びが認められた。さらに分析すると、読みと音韻の指導の効果は、文字知識と話しことばの音素を操作する能力の伸びに媒介されていることが明らかになった。このことが、指導介入方法を開発する理論的裏付けとなる。読み指導と音韻訓練を合わせて行うと、文字知識と音素操作能力を向上させる。そうした結果は、障害の原因についての理論を裏付け、指導介入法の開発に役立つ。

発達性認知障害（developmental cognitive disorders）についてのこれまでの成果と今後の展望

　発達性の障害の研究は、正しい方向で精力的に進んでいる。まだ新しい科学の分野であるが、これまでの10～20年の成果をだれも否定することはできないだろう。どの障害に関しても、障害の特性とリスク要因に関する理解が深まり、診断と治療に役立っている。その一方で、現在の理論や方法は、まだ、流動的であることも確かである。

　認知心理学の他の分野と同様、この分野での研究の大きな柱の一つは、モジュール性という考え方である。人間の心的機能（mind）は分割可能なシステム、あるいはモジュールから構成されている、個々のシステムあるいはモジュールは、それぞれ別個の脳内の神経回路に対応していると考えられる。そのことは、この本で取り上げた障害ごとに、異なるプロフィールがあるというエビデンスが示している。しかし、発達性の障害においては、

明確なモジュール性を示すものは稀で、複数の障害（impairment）が併発し、複雑な様相を呈するものが多いのだ。この分野は、今、そうした障害の併存を概念的にどう説明できるかという問題と格闘している。モジュール性というまだ生まれたばかりの理論を損なうことなく大切に育てなければならない。発達過程にある心的機能（mind）がモジュール性でないなら、この本は全く異なるものであろう。しかし、その一方で、発達性の認知障害は、我々が思うほど独立性は強くないことも事実である。

　我々は次の10年は発達障害の理解にとって目覚ましい進歩が期待できると考えている。遺伝学、脳画像、コンピュータを用いたモデル構築、認知的なことに関する実験技術が融合して、理解を向上させる兆しがすでに見えている。これらの異なるアプローチは、適切に融合されることによって効果を発揮する。遺伝子と環境からスタートし、脳を媒介として、認知と行動に至る道筋をたどるという目的は、これらの異なる研究視点、異なる分析レベルがより完璧に統合されたときにこそ実現されるだろう。その道筋をたどることは還元主義とは異なる。どのレベルの分析も重要であり、異なるレベル間の関係性を理解することは、すべてのレベルについての理解を豊かにするものである。認知心理学者は、遺伝学者や神経科学者たちが関わると、まとまりにくくなるなどと嫌ってはならない。理論は、異なるレベルで与えられる説明を効果的に統合するものでもあり、また、次世代の理論はより相互作用的なものになると期待される。遺伝子からスタートして、脳を経て行動にいたるという一方向を考えるだけでないのだ。我々の行動は脳に依存もするが、脳にフィードバックを与えもする。脳や身体器官の変化は、遺伝子の発現パターンに影響を及ぼす。これらの異なるレベルのメカニズムが相互にどう影響し合って、発達をコントロールしているのかを理解することは、壮大な挑戦であるが、我々はすでにしっかりとした第一歩を踏み出しているのである。

■用語集・用語解説

American Psychiatric Association（APA） アメリカ精神医学会：アメリカ合衆国における精神科医の主要な職能団体。DSM（『精神疾患の診断・統計マニュアル』）を発行している。

Amygdalae（単数形はamygdala） 扁桃体：側頭葉内側に位置し、情動反応処理に関する役割を担うニューロンの集まり（大脳辺縁系の一部）。

Anaphora 照応：一文中、または、複数の文にまたがって一貫性を維持するための言語学的方略。英語においては、照応的指示（anaphoric reference）は多くの場合、主語の位置では、he、she、theyなど、目的語の位置では、him、her、themなどの代名詞の使用によってなされる。

Angular gyrus 角回：言語および認知処理に関わる脳の領域。側頭葉上縁に近い頭頂葉の下側面に位置する。

Asperger syndrome（AS） アスペルガー症候群：ウィーン出身の医師ハンス・アスペルガーから名をとって命名された神経生物学的障害。アスペルガー症候群を持つ人々は社会的スキルに著しい欠陥を示し、興味が限定され、また習慣への強迫的なこだわりを持つ。自閉症スペクトラム障害の中に位置付けられ、言語発達は正常範囲にある（「自閉症スペクトラム障害」を参照）。

Autism spectrum disorder（ASD） 自閉症スペクトラム障害：社会的相互作用とコミュニケーションにおける広範な異常性、限定的な興味と反復行動を特徴とする。ASDの主な3つのタイプは、自閉症、アスペルガー症候群と特定不能の広汎性発達障害（PDD-NOS）である。
＊訳注　DSM-Ⅳ-TRでは自閉性障害は、アスペルガー障害、特定不能の広汎性発達障害等とともに広汎性発達障害の下位分類とされていたが、DSM-5では、下位分類と個別の診断基準が廃止され、広汎性発達障害の包括的概念として自閉症スペクトラム障害／自閉スペクトラム症が用いられている。

Basal ganglia 大脳基底核：大脳皮質、視床と脳幹を相互に連結させている神経核の集まりで、運動調節、認知機能、情動および学習など多くの機能に関連している。

BOLD response ボールド反応：Blood Oxygen Level Dependent hemodynamic response。fMRIの基本原理。ボールド反応は、ニューロン群の代謝活動の変化を反映する血液中の酸素量の変化を測定することにより、特定の課題における脳の活動部位の推定に使用される。

Cerebellum 小脳：大脳の後方下部に位置する構造体で、協調運動および熟練した行動の学習に関与している。

Chromosomes 染色体：細胞核に存在するDNAとたんぱく質の構造体。染色体には個人の遺伝物質が存在する。

Chronological age（CA）match 生活年齢統制：同じ生活年齢の臨床ケース群と定型発達群を比較する研究方法。

Cochlear 蝸牛：内耳内の聴覚を司る部位。蝸牛は、液体で満たされた螺旋構造になっている。液体は、中耳から伝わる振動に反応して有毛細胞を動かし、その動きを電気信号に変換する。電気信号は聴神経を通じて脳幹にある構造体に伝わる。

Cohesive inference 結束的な推論：テキストに書かれている情報の統合を必要とする推論。例えば、「Sally went to the supermarket. She bought some milk.（サリーはスーパーマーケットに行った。彼女は牛乳を買った。）」という文では、読み手はテキストを理解するために、she（彼女）とSally（サリー）を関連付けなければならない。

Communication disorders コミュニケーション障害：個別に施行された言語発達評価のスコアが、非言語性知能から期待されるレベルを下回る児を表すDSM-Ⅳ（アメリカ精神医学会、

1994）の診断区分。

*訳注：DSM-5では、発達期に発症する一群の疾患をまとめる疾病区分として神経発達症群／神経発達障害群（Neurodevelopmental disorders）があり、その下にコミュニケーション症群／コミュニケーション障害群（Communication Disorders）が位置付けられている。コミュニケーション症群はさらに、語音症、小児期発症流暢症（吃音）、社会的（語用的）コミュニケーション症、特定不能コミュニケーション症に分類されている。

Comorbidity 併存：原疾患（障害）の他に、一つ以上の障害（または疾患）があること。

Comprehension monitoring 読解モニタリング：自らのテキスト読解がうまくいかない場合、そのことを認識する能力。

Concordance rate 一致率：双生児において両方が同じ特定の分類基準（categorical measure）の疾患を持つ率（双生児の両方が同じ疾患カテゴリーに分類される割合）。ある特性について、一卵性双生児（MZ *訳注：遺伝的に全く同じと考えられる）の一致率が二卵性双生児（DZ *訳注：遺伝的には50％の類似性があると考えられる）より高い場合、その特性は遺伝的であると考えられる。

Conduct disorder 行為障害：規則に従うことや社会的に許容される方法で行動することができない特徴を示す行動障害（関連項目：反抗的行為障害）（*訳注：DSM-5では素行症の訳語も併記されている）。

Congenital 先天性：出生前から存在する障害または疾患。

Connectionist model コネクショニストモデル：単純な連合学習によって基礎的な認知処理をシミュレートするコンピュータプログラムで表される理論。

Constructive inference 構成的推論：テキストから得られた情報を一般的な知識に照らし合わせて（統合して）理解しようとするような、異なる情報源を統合するために必要とされる推論のこと。

Cortex（cerebral cortex） 大脳皮質：大脳の最も外側にある層で、認知機能を担う部位。

Declarative memory 陳述記憶：特定の事実を貯蔵する記憶の一種。意識的に検索し、陳述することができる記憶のことをいう。

Decoding ディコーディング：文字つづり（printed words）を分析し、音（発音）に変換する能力。

Derivational morphology 派生形態論：語の派生を扱う文法論の一部。例えば、語幹に接尾辞を付加することによる統辞的変化をなどがある（例：glory（名詞）＋fy→glorify（動詞））。

Diagnostic and Statistical Manual of Mental Disorders（DSM） 精神疾患の診断・統計マニュアル：アメリカ精神医学会によって出された、精神疾患とその診断基準を掲載した精神保健専門家のための手引書。通常は、頭文字をとってDSMとし、その後にローマ数字が続き、版数を表す（例えばDSM-Ⅳ）（*訳注：第5版は、ローマ数字を用いず、DSM-5と表されている）。

Dizygotic（DZ）or fraternal twins 二卵性双生児：2つの受精卵から生まれた双生児。分離した（異なる）遺伝子の平均50％を共有する。

Dyspraxia 協調運動障害：運動または感覚障害がないにもかかわらず、随意的に動作やジェスチャーを協調させて行う能力が部分的に欠如している障害。

EEG（electroencephalogram） 脳電図：頭皮上に電極を置き、脳の電気活動の変化を一定の時間にわたって記録したもの。

Effect size 効果量：観察された効果の大きさを表す尺度。標準偏差を単位として示されることが多い。

Elaborative inference 精緻化推論：テキスト情報をテキストにない知識に照らして、両者を統

合して考える際に必要とされる推論。精緻化推論は読解に必須ではないが、より豊かなテキスト表象につながると考えられている。

Endophenotype エンドフェノタイプ・中間表現型：家系の中で、ある疾患の罹患者と非罹患者がいたときに、両者に共通する条件と関連する遺伝的特質。

Epidemiology 疫学：特定の集団における代表標本についての研究で、通例は保健衛生や疾病を説明する要因に研究の重点が置かれている。

Epigenesis 後成説：遺伝的および環境的影響が相互に関連しながら、発達の過程で次第に作り上げられていくという考え方。

ERP（event-related potential） 事象関連電位：固定時間内に、ある刺激によって引き起こされる脳の電気活動（脳電図）のパターン。

Exception words 例外語：文字のつづりが、通常の書記素と音素の対応規則から外れる単語のこと（例えばyacht）。不規則語（irregular words）とも呼ばれる。

Executive function（EF） 実行機能・遂行機能：メンタルモデルや将来の目標を参照して、今従事している活動文脈から離れて、自らの行動をコントロールできるようにする精神活動のこと。様々な精神活動が関わっており、それらは相互作用的でもあり、個々に分離可能な活動でもある。ワーキングメモリ、抑制、プランニング、認識の柔軟性が含まれる。

Expressive language disorder 表出性言語障害：コミュニケーション障害の中で言語産生が障害されているもの。限られた語彙使用と文法理解の乏しさによって特徴付けられ、コミュニケーションにおける困難さをもたらす。

Fine motor skills 微細運動スキル：微細な協調を必要とする運動スキルで、通常は手の運動をいう（例えば、ビーズ通し、食事でのナイフとフォークの使用、鉛筆コントロール）。

Frontal lobe 前頭葉：両側半球の前方部にある大脳皮質部位。頭頂葉の前方に位置する。前頭葉は「実行」または制御機能を含む様々な機能に関連している。

Functional magnetic resonance imaging（fMRI） 機能的磁気共鳴画像法：神経活動に関連する血液中の酸素量の変化を測定するボールド反応を利用して、特定の機能を行うことで引き起こされる脳活動の変化を測定するプロセス。

Grapheme 書記素：アルファベットの書記体系における最小単位。書記素は、音素に対応した単一の文字（例えばt）や短い文字列（例えばth）を含む。

Graphemic parsing skills 書記素分解スキル：文字の形態的特徴に対する感度および文字列を音素（音）に対応する書記素へ分解する能力のこと。

Gross motor skills 粗大運動スキル：粗大な協調運動。例えば、歩く、飛び跳ねる、自転車に乗るに関する動きなどをいう。

Heritability 遺伝率：遺伝率とは、ある集団における個の差異がどの程度遺伝的な差を反映しているかを推定した値のことである。遺伝率の推定値０（ゼロ）は、個人間の差には、遺伝的差異は全く関与しないことを意味する。一方、遺伝率の推定値が1.0ということは、観察される差異は、すべて遺伝的差異で説明しうることを意味する。

Heterotypic comorbidity 異種型併存：２つの異なるタイプの障害が個人内に併存すること（例えば、ディスレクシアと発達性協調運動障害）。

Homotypic comorbidity 同型併存：同じグループに属する２つの障害が個人内に併存すること（例えば、ディスレクシアと言語障害—いずれも言語学習の困難である）。

Hyperactivity 多動性：異常なほど身体が活動的で落ち着きがない状態。

Hyperlexia ハイパーレクシア、過読症：言語と認知発達に遅れのある児に見られる、驚くほどすぐれた単語認識スキル（word recognition skill）を示す一方で、テキスト読解には困難を

示す障害。多くの場合、自閉症スペクトラム障害と関連がある。

Inattention 不注意：注意を集中・持続させることが困難な状態。多くの場合、注意深く話を聞くこと、あるいは指示に従うことができない。

Inflected word form 屈折語形：語基に文法情報（例えば、時制や性）を表す形態素が付加された語の形のこと。例えば、dogにsを加えるとdogsとなるといったように。

Inflectional morphology 屈折形態論：文法的な状態（grammatical status）を反映させるために、接頭辞、接尾辞を付加したり、または母音変化させたりして語形を変化させること。

Instantiation インスタンシエーション、具体化：一般的な用語が使われていたとしても、その語に対する、文脈から推論される特定の意味。

Learning Disability（LD） 学習障害：読む、書く、つづる、計算する、推論するまたは情報を組織化する能力などの学業および実用的スキルの障害に対し（とりわけアメリカ合衆国で）使用される用語。

Lexical reading 語彙的読み：単語から音を介さずに知識（意味）を直接検索する読み方略。文字と発音対応規則を使用して単語のディコーディングを行うこととは対照的な読み方略。

Limbic system 大脳辺縁系：海馬と扁桃体を含んだ脳構造の集合体で、様々な機能、特に情動を支えている。

Linkage 連鎖、リンケージ：一緒に引き継がれる遺伝子または対立遺伝子（アレル）のまとまり。

Longitudinal study 縦断研究：長期間にわたり、個体群を対象に、繰り返し評価を行う研究。この研究方法によって、発達的な変化に関して、極めて多くの情報を得ることができる。

Magnetic resonance imaging（MRI） 磁気共鳴画像法：脳の構造および機能を可視化する目的で使用される非侵襲的な技術。

Magnocellular system 大細胞系：動きや輝度が低い状態におけるコントラストを検出するために特化した視覚システムの一部。

Mapping ⇒ Paired-associate learning

Mean length of utterance（MLU） 平均発話長：子どもの1発話における形態素の平均数；MLUがより高ければ、言語の熟達レベルも高度であると考えられる。

MEG（magnetoencephalography） 脳磁図：脳活動によりつくられる磁場の変化を測定する画像法。

Mental model 心的モデル：外界の様相に対する内的な表象のこと。

Meta-analysis メタ分析：複数の研究結果をまとめる目的で使用される統計的技法。

Metacognition メタ認知：自分自身の認知プロセスに関する認識。

Methylphenidate メチルフェニデート：ADHDの治療に一般的に用いられる刺激薬。

Molecular genetics 分子遺伝学：分子レベルの遺伝子構造および機能に関連する生物学分野。

Monozygotic（MZ）or identical twins 一卵性双生児：一つの卵子（受精卵）から生まれた双生児。遺伝子の100％を共有する双生児（すなわち遺伝子的には全く同一）。

Morpheme 形態素：言語において意味を持つ最小の単位のこと。

Muscle spindles 筋紡錘：筋の長さと筋緊張の変化を測る受容体。

Neale Analysis of Reading Ability（NARA）：読みの正確さ、読解および速度の評価としてイギリスで一般的に使われている検査。子どもは短いパッセージを音読し、内容についての質問に答える。

Neural network ニューラルネットワーク、神経回路網：脳内のニューロンのネットワークまたは回路。人工的なニューラルネットワークとは、脳のプロセスをコンピュータモデル化したものである。

Neurobiology　神経生物学：神経系の構造・機能に関する研究。
Neuroimaging　神経画像検査：何らかの課題に従事して機能している脳の構造、機能または神経化学を画像化する技法。主な技法として、磁気共鳴映像法（MRI）、機能的磁気共鳴画像法（fMRI）、脳磁図（MEG）がある。
Nonwords　非語：実在しないがその言語の音韻システムに則って発音することが出来る文字または音素の連続。
OME　滲出性中耳炎：滲出性中耳炎、急性の耳感染症状はないが中耳の液体貯留（通常「グルーイヤー」と呼ばれる）がある。
Onset　オンセット：音節内の母音の前の子音または子音群（例えば、startのst）。
Opaque orthography　不透明な正書法：音とつづりの対応が不規則な書記体系（deep orthographyともいわれる）。
Paired-associate learning　対連合学習：刺激と反応の間の対応関係を学習すること(例えば、特定のモノには対応する名前があるということを学ぶ等)。
Path diagram　パス図：2つ以上の構成概念間の因果関係の仮説を表した図。
Percentile　パーセンタイル：個人のスコアを集団内の他者との関係で表す用語。35パーセンタイル（またはセンタイル）というスコアは、集団内の35％の人がその人より低いスコアであることを意味している。
Phenotype　表現型：個体に観察される形質のこと、例えば目の色、身長または読み能力など。
Phoneme　音素：意味を区別する音声の最小単位。
Phonemic awareness　音素意識：単語を聞いて、単語内に音素を同定する能力のことをいい、音素分解や音素混成といった課題によって評価される。
Phonological awareness　音韻意識、音韻認識：言語の音の構造を把握して、操作する能力（例えば、単語を音節、オンセット、ライムや音素に分解するようなこと）。
Phonological dyslexia　音韻失読：ディスレクシアのサブタイプ。非語に比べ、親密度の高い単語の読み成績がよいことが特徴。
Positron emission tomography（PET）　陽電子放出断層撮影：放射性同位体を注入して行う撮影技法で、脳機能プロセスを3次元の画像や写像で示すことができる（この技法は現在ではfMRIやMEGにとってかわられて、あまり使われていない）。
Pragmatics　語用論：言語の適切な使用に関する学問体系
Prefrontal cortex　前頭前野皮質：脳の前頭葉の前側の領域で、運動野と運動前野の前に位置する。
Premotor cortex　運動前野皮質：脳の前頭葉にある皮質領域のことで、運動の順序付けおよび運動企画に対して感覚からの誘導を担っている。
Proband　発端者：遺伝学の双生児研究または家族研究において障害や特性を持つとされる個体のこと。
Procedural memory　手続記憶：動作と手順に関する記憶のことで、意識的に思い出そうとすると思い出せないことがある。
Prognosis　予後：疾病や障害について想定される結果を表す用語。
Quantitative genetics　量的遺伝学：個体の類似性を遺伝的関連性の程度と関連付けることにより、形質の遺伝的基盤を見極める学問。
Quantitative trait locus（QTL、複数形はloci（QTLs））　量的形質遺伝子座：形質や次元の連続的な変異（例えば、読みスキル等）に関連する染色体領域。
Rapid automatized naming（RAN）　ラピッドオートマイズドネーミング、呼称速度課題：縦横に並んだ記号（色、模様、数字または文字等）が提示され、できるだけ速く呼称する課題。

Reading-age-matched (RA) design　読み年齢マッチデザイン：ディスレクシア児と読み能力が同等の生活年齢の低い児を比較するケースコントロール（症例対照）研究デザイン。

Regression　回帰：相関に関連した統計技法で、ある従属変数（結果）と一つ以上の独立変数（説明変数または予測変数）の関係性を調べるもの。

Rime　ライム：音節内の母音とコーダ（尾子音）からなる部分（例えばbatにおけるat）。

Segmental phonology　分節音韻論、セグメンタルフォノロジー：単語内の個々の言語音の対比を扱う音韻論の一種。

Semantic bootstrapping　意味的ブートストラッピング：第一言語獲得において、子どもが文法的カテゴリーをつくるために概念知識を利用すること。

Semantic pragmatic disorder (SPD)　意味語用障害：言語の意味的側面（話されたことの意味）と語用的側面（社会的状況で適切に言語を使用すること）が阻害される発達性の障害。現在は、語用言語障害（pragmatic language impariment）の用語が使われることが多い。

Semantics　意味論：言語の意味に関する側面。

Simple view of reading　シンプル ビュー オブ リーディング：読解には、言語理解とディコーディングの両方が必要であり、いずれか一つでは不十分であるという仮説。

Situation model　状況モデル：テキストが表す意味と既知の知識との関係性を表象する心的モデル。

Spatial memory　空間記憶：環境内の物体の位置情報の表象に関する記憶システム。

Specific language impairment (SLI)　特異的言語障害（特異的言語発達障害）：言語獲得に困難を示す児に使われる用語。言語獲得が、非言語能力（NVIQ）からは予測できないほど困難で、他の原因（例えば、難聴）では説明することができない。

Speech disorders or speech sound disorders　スピーチの障害、言語音の障害、語音症、構音障害：子どもが母語のいくつかの言語音を産生できない、正しく産生できない、または使い方が間違っている障害。

Standard deviation　標準偏差：データのばらつき（ひろがり）を示す尺度。

Story schema　物語スキーマ：典型的な物語構造が持つ一般的な枠組または定形書式のこと。

Striatu　線条体：尾状核と被殻から成る脳の皮質下構造。

Suprasegmental phonology　超分節音韻論：スピーチのストレスやイントネーションなどの側面を扱う音韻論。

Surface dyslexia　表層失読：ディスレクシアのサブタイプの一つ。非語を正確に読むことができ、例外語（例 yacht）より規則語（例 cat）の方がよく読めることが特徴。

Syntactic bootstrapping　統辞的ブートストラッピング：子どもが単語の意味を学習するために統辞的知識を使用すること。

Syntax　統辞論：語順や一致を扱う言語の文法論の一部。

Theory of mind (TOM)　心の理論：自分自身も他者にはそれぞれ心的状態（例えば考えや信念）があり、他者の心的状態は自分のものとは異なるということがわかる能力のこと。心理化（メンタライジング）と呼ばれることもある。

Transparent orthography　透明な正書法：つづりと音の間にほぼ１対１の対応関係が存在する書記体系（shallow orthographyともいわれる）。

Validity　妥当性：テスト理論において、あるテストが測定しようとするものをどの程度測定できているかということ。

Verbal dyspraxia　言語性協調運動障害：スピーチの運動企画の障害。発話運動コントロールの末梢神経障害によるものではない。

Verbal short-term memory　言語性短期記憶：限られた短い時間内に、きちんと配列された言語

性の情報の保持を可能にする記憶システム。
Voxel　ボクセル：三次元空間または格子点上の体積を表す用語；多くの場合、脳スキャンデータの可視化と分析に使われる。
Waiting list control groupe　順番待ちリスト統制群：対照臨床試験において、治療が与えられない比較対照群のこと。この群は、評価終了後に、治療を受けることになる。
Working memory　ワーキングメモリ：他の認知課題を遂行中に、ある情報を一時的に貯蔵し、操作するための記憶プロセス。例えば、暗算では、他の作業（記憶から数の情報を想起し、計算中の過程を記憶する等）を行いながら、記憶に情報を保持する能力が必要である。

参考文献

Adlard, A., & Hazan, V. (1998). Speech perception in children with specific reading difficulties (dyslexia). *Quarterly Journal of Experimental Psychology A, 51A*, 153-177.

Aguiar, L., & Brady, S. (1991). Vocabulary acquisition and reading ability. *Reading and Writing, 3*, 413-425.

American Psychiatric Association (1994). *Diagnostic and statistical manual of mental disorder* (DSM IV) (4th ed.). Washington, DC: American Psychiatric Association.

Anderson, M. (1992). *Intelligence and development: A cognitive theory*. Oxford: Blackwell.

Angold, A., Costello, E.J., & Erkanli, A. (1999). Comorbidity. *Journal of Child Psychology and Psychiatric, 40*(1), 57-87.

Aram, D.M., & Nation, J.E. (1980). Preschool language disorders and subsequent language and academic difficulties. *Journal of Communication Disorders, 13*, 159-170.

Aram, D.M., Ekelman, B.L., & Nation, J.E. (1984). Preschoolers with language disorders: 10 years later. *Journal of Speech and Hearing Research, 27*, 232-244.

Arbib, M.A., Caplan, D., & Marshall, J.C. (1982). *Neural models of language processes*. New York: Academic Press.

Arseneault, L., Cannon, M., Witton, J., & Murray, R.M. (2004). Causal association between cannabis and psychosis: Examination of the evidence. *British Journal of Psychiatry, 184*(2), 110-117.

Asbury, K., Wachs, T., & Plomin, R. (2005). Environmental moderators of genetic influence on verbal and nonverbal abilities in early childhood. *Intelligence, 33*, 643-661.

Atkinson, J., Anker, S., Braddick, O., Nokes, L., Mason, A., & Braddick, F. (2001). Visual and visuo-spatial development in young Williams Syndrome children. *Developmental Medicine and Child Neurology, 43*, 330-337.

Baddeley, A.D. (2003a). Working memory and language: An overview. *Journal of Communication Disorders, 36*, 189-208.

Baddeley, A.D., Gathercole, S., & Papagno, C. (1998). The phonological loop as a language learning device. *Psychological Review, 105*, 158-173.

Baddeley, A.D., Thomson, N., & Buchanan, M. (1975). Word length and the structure of short-term memory. *Journal of Verbal Learning and Verbal Behavior, 14*, 575-589.

Baker, L., & Brown, A.L. (1984). Metacognitive skills and reading. In P.D. Pearson, M.L. Kamil, & P. Mosenthal (Eds.), *Handbook of reading research* (pp. 353-394). White Plains, NY: Longman.

Baker, L., & Cantwell, D.P. (1982). Psychiatric disorder in children with different types of communication disorder. *Journal of Communication Disorders, 15*, 113-126.

Bakwin, H. (1973). Reading disability in twins. *Developmental Medicine and Child Neurology, 15*, 184-187.

Barnes, M.A., Dennis, M., & Haefele-Kalvaitis, J. (1996). The effects of knowledge availability and knowledge accessibility on coherence and elaborative inferencing in children from six to fifteen years of age. *Journal of Experimental Child Psychology, 61*, 216-241.

Baron, R., & Kenny, D. (1986). The moderator-mediator variable distinction in social psychological research. *Journal of Personality and Social Psychology, 51*, 1173-1182.

Bates, E., Dale, P., & Thal, D. (1995). Individual differences and their implications for theories of language development. In P. Fletcher & B. MacWhinney (Eds.), *The handbook of child language* (pp. 96-151). Oxford: Basil Blackwell.

Bedore, L., & Leonard, L. (2001). Grammatical morphology deficits in Spanish-speaking children with specific language impairment. *Journal of Speech, Language and Hearing Research, 44*, 905-924.

Beitchman, J.H., Cohen, N., Korstantareas, M., & Tannock, R. (1996). *Language, learning and behavior disorders*. New York: Cambridge University Press.

Bell, N. (1986). *Visualizing and verbalizing for language comprehension and thinking*. Paso Robles, CA: Academy of Reading Publications.

Belton, E., Salmond, C., Watkins, K., Vargha-Khadem, F., & Gadian, D. (2002). Bilateral grey matter abnormalities in a family with mutation in FOXP2. *NeuroImage, 16*, 101-144.

Benasich, A.A., & Tallal, P. (2002). Infant discrimination of rapid auditory cues predicts later language impairment. *Behavioural Brain Research, 136*, 31-49.

Benasich, A.A., Curtiss, S., & Tallal, P. (1993). Language, learning and behavioural distur- bances in childhood: a longitudinal perspective. *Journal of the American Academy of Child and Adolescent Psychiatry, 32*(3), 585-594.

Berko, J. (1958). The child's learning of English morphology. *Word, 14*, 150-177.

Besner, D., Twilley, L., McCann, R.S., & Seergobin, K. (1990). On the association between connectionism and data: Are a few words necessary? *Psychological Review, 97*(3), 432-446.

Bird, J., Bishop, D.V.M., & Freeman, N.H. (1995). Phonological awareness and literacy development in children with expressive phonological impairments. *Journal of Speech and Hearing Research, 38*, 446-462.

Bishop, D.V.M. (1983). *Test for the reception of grammar*. Manchester: Department of Psychology, University of Manchester.

Bishop, D.V.M. (1989). Autism, Asperger's syndrome and semantic-pragmatic disorder: Where are the boundaries? *British Journal of Disorders of Communication, 24*, 107-121.

Bishop, D.V.M. (1990). Handedness, clumsiness and developmental language disorders. *Neuropsychologia, 28*, 681-690.

Bishop, D.V.M. (1994). Is specific language impairment a valid diagnostic category? Genetic and psycholinguistic evidence. *Philosophical Transactions of the Royal Society, Series B, 34*, 105-111.

Bishop, D.V.M. (1997a). Cognitive neuropsychology and developmental disorders: uncomfortable bedfellows. *Quarterly Journal of Experimental Psychology, 50A*, 899-923.

Bishop, D.V.M. (1997b). *Uncommon understanding*. Hove: Psychology Press.

Bishop, D.V.M. (1998). Development of the children's communication checklist (CCC): A method for assessing qualitative aspects of communication impairment in children. *Journal of Child Psychology and Psychiatry, 39*, 879-892.

Bishop, D.V.M. (2001). Genetic influences on language impairment and literacy problems in children: Same or different? *Journal of Child Psychology and Psychiatry, 42*, 189-198.

Bishop, D.V.M. (2002). The role of genes in the etiology of specific language impairment. *Journal of Communication Disorders, 35*, 311-328.

Bishop, D.V.M. (2006). Developmental cognitive genetics: How psychology can inform genetics and vice versa. *Quarterly Journal of Experimental Psychology, 59*(7), 1153-1168.

Bishop, D.V.M. (2007a). Using mismatch negativity to study central auditory processing in developmental language and literacy impairments: Where are we, and where should we be going? *Psychological Bul-*

letin, 133, 651-672.

Bishop, D.V.M. (2007b). Curing dyslexia and ADHD by training motor co-ordination: Miracle or myth? *Journal of Paediatrics and Child Health, 43,* 653-655.

Bishop, D.V.M., & Adams, C. (1990). A prospective study of the relationship between specific language impairment, phonological disorders and reading retardation. *Journal of Child Psychology and Psychiatry, 31,* 1027-1050.

Bishop, D.V.M., Adams, C.V., & Norbury, C.F. (2006). Distinct genetic influences on grammar and phonological short-term memory deficits: Evidence from 6-year-old twins. *Genes, Brain and Behavior, 5*(2), 158-169.

Bishop, D.V.M., & Edmundson, A. (1987). Language-impaired 4-year-olds: Distinguishing transient from persistent impairment. *Journal of Speech and Hearing Disorders, 52,* 156-173.

Bishop, D.V.M., & Hayiou-Thomas, E. (2008). Heritability of specific language impairment depends on diagnostic criteria. *Genes, Brain and Behavior, 7,* 365-372.

Bishop, D.V.M., & McArthur, G.A. (2005). Individual differences in auditory processing in specific language impairment: A follow-up study using event-related potentials and behavioural thresholds. *Cortex, 41,* 327-341.

Bishop, D.V.M., & Norbury, C.F. (2002). Exploring the borderlands of autistic disorder and specific language impairment: A study using standardised diagnostic instruments. *Journal of Child Psychology and Psychiatry, 43*(7), 917-929.

Bishop, D.V.M., & Snowling, M.J. (2004). Developmental dyslexia and specific language impairment: Same or different? *Psychological Bulletin, 130,* 858-888.

Bishop, D.V.M., Adams, C., & Rosen, S. (2006). Resistance of grammatical impairment to computerised comprehension training in children with specific and non-specific language impairments. *International Journal of Language and Communication Disorders, 41,* 19-40.

Bishop, D.V.M., Bishop, S.J., Bright, P., James, C., Delaney, T., & Tallal, P. (1999). Different origin of auditory and phonological processing problems in children with language impairment: evidence from a twin study. *Journal of Speech, Language and Hearing Research, 42,* 155-168.

Bishop, D.V.M., Carlyon, R.P., Deeks, J.M., & Bishop, S.J. (1999). Auditory temporal processing impairment: Neither necessary nor sufficient for causing language impairment in children. *Journal of Speech, Language and Hearing Research, 42*(6), 1295-1310.

Bishop, D.V.M., North, T., & Donlan, C. (1996). Nonword repetition as a behavioural marker for inherited language impairment: Evidence from a twin study. *Journal of Child Psychology and Psychiatry, 37,* 391-403.

Bishop, D.V.M., Whitehouse, A.J.O., Watt, H., & Line, H. (2008). Autism and diagnostic substitution: Evidence from a study of adults with developmental language disorder. *Developmental Medicine and Child Neurology, 50,* 341-345.

Blonigen, D.M., Hicks, B.M., Krueger, R.F., Patrick, C.J., & Iacono, W.G. (2005). Psychopathic personality traits: Heritability and genetic overlap with internalizing and externalizing psychopathology. *Psychological Medicine, 35,* 637-648.

Boada, R., & Pennington, B. (2006). Deficient implicit phonological representations in children with dyslexia. *Journal of Experimental Child Psychology, 95,* 153-193.

Bortolini, U., & Leonard, L.B. (1996). Phonology and grammatical morphology in specific language impairment: Accounting for individual variation in English and Italian. *Applied Psycholinguistics, 17,*

85-104.

Botting, N. (2005). Non-verbal cognitive development and language impairment. *Journal of Child Psychology and Psychiatry, 46*, 317-326.

Bowey, J.A. (2005). Predicting individual differences in learning to read. In M.J. Snowling & Hulme (Eds.), *The science of reading: A handbook* (pp. 155-172). Oxford: Blackwell.

Bowyer-Crane, C.A., & Snowling, M.J. (2005). The relationship between inference generation and reading comprehension. *British Journal of Educational Psychology, 75*, 189-201.

Bowyer-Crane, C., Snowling, M.J., Duff, F., Fieldsend, E., Carroll, J., Miles, J., et al. (2008). Improving early language and literacy skills: Differential effects of an oral language versus a phonology with reading intervention. *Journal of Child Psychology and Psychiatry, 49*, 422-432.

Bradley, L., & Bryant, P.E. (1978). Difficulties in auditory organisation as a possible cause of reading backwardness. *Nature, 271*, 746-747.

Bradley, L., & Bryant, P.E. (1983). Categorising sounds and learning to read - a causal connection. *Nature, 301*, 419-521.

Brainerd, M.S., & Doupe, A. (2002). What songbirds teach us about learning. *Nature, 417*, 351-358.

Bretherton, L., & Holmes, V.M. (2003). The relationship between auditory temporal processing, phonemic awareness, and reading disability. *Journal of Experimental Child Psychology, 84*, 218-243.

Brody, G., Murry, V., Gerrard, M., Gibbons, F., Molgaard, V., McNair, L., et al. (2004). The strong African American Families Program: Translating research into prevention programming. *Child Development, 75*, 900-917.

Brown, A., & Palinscar, A. (1985). *Reciprocal teaching of comprehension strategies: A natural program for enhancing learning*. Urbana-Champaign: University of Illinois.

Brown, R., & Fraser, C. (1964). The acquisition of syntax. *Monographs of the Society for Research in Child Development, 29*, 43-79.

Bruck, M. (1990). Word recognition skills of adults with childhood diagnoses of dyslexia. *Developmental Psychology, 26*, 439-454.

Bruno, J., Manis, F., Keating, P., Sperling, A., Nakamoto, J., & Seidenberg, M. (2007). Auditory word identification in dyslexic and normally achieving readers. *Journal of Experimental Child Psychology, 97*, 183-204.

Brunswick, N., McCrory, E., Price, C., Frith, C., & Frith, U. (1999). Explicit and implicit processing of words and pseudowords by adult developmental dyslexics: A search for Wernicke's Wortschatz. *Brain, 122*, 1901-1917.

Byrne, B. (1998). *The foundation of literacy: The child's acquisition of the alphabetic principle*. Hove, UK: Psychology Press.

Byrne, B., Delaland, C., Fielding-Barnsley, R., Quain, P., Samuelsson, S., Hoien, T., et al. (2002). Longitudinal study of early reading development in three countries: Preliminary results. *Annals of Dyslexia, 52*, 49-73.

Cain, K. (2003). Text comprehension and its relation to coherence and cohesion in children's fictional narratives. *British Journal of Developmental Psychology, 21*, 335-351.

Cain, K., & Oakhill, J.V (1996). The nature of the relationship between comprehension skill and the ability to tell a story. *British Journal of Developmental Psychology, 14*, 187-201.

Cain, K., & Oakhill, J.V. (1999). Inference making ability and its relation to comprehension failure in young children. *Reading and Writing, 11*(5/6), 489-507.

Cain, K., & Oakhill, J.V. (2006). Profiles of children with specific reading comprehension difficulties. *British Journal of Educational Psychology, 76*, 683-696.

Cain, K., Oakhill, J.V., Barnes, M.A., & Bryant, P.E. (2001). Comprehension skill, inferencemaking ability, and their relation to knowledge. *Memory and Cognition, 29*, 850-859.

Cain, K., Oakhill, J.V., & Bryant, P.E. (2000). Phonological skills and comprehension failure: A test of the phonological processing deficit hypothesis. *Reading and Writing, 13*, 31-56.

Cain, K., Oakhill, J., & Bryant, P.E. (2004). Children's reading comprehension ability: Concurrent prediction by working memory, verbal ability, and component skills. *Journal of Educational Psychology, 96*, 31-42.

Cain, K., Oakhill, J., & Elbro, C. (2003). The ability to learn new word meanings from context by school-age children with and without language comprehension difficulties. *Journal of Child Language, 30*, 681-694.

Cain, K., Oakhill, J., & Lemmon, K. (2004). Individual differences in the inference of word meanings from context: The influence of reading comprehension, vocabulary knowledge, and memory capacity. *Journal of Educational Psychology, 96*, 671-681.

Caramazza, A. (1986). On drawing inferences about the structure of normal cognitive systems from the analysis of patterns of impaired performance: A case for single-case studies. *Brain and Cognition, 5*, 41-66.

Caravolas, M. (2005). The nature and causes of dyslexia in different languages. In M.J. Snowling & C. Hulme (Eds.), *The science of reading: A handbook* (pp. 336-356). Oxford: Blackwell.

Caravolas, M., Volín, J., & Hulme, C. (2005). Phoneme awareness is a key component of alphabetic literacy skills in consistent and inconsistent orthographies: Evidence from Czech and English children. *Journal of Experimental Child Psychology, 92*, 107-139.

Cardon, L.R., Smith, S.D., Fulker, D.W., Kimberling, W.J., Pennington, B.F., & DeFries, J.C. (1994). Quantitative trait locus for reading disability on chromosome 6. *Science, 266*, 276-279.

Caron, C., & Rutter, M. (1991). Comorbidity in child psychopathology: concepts, issues and research strategies. *Journal of Child Psychology and Psychiatry, 32*(7), 1063-1080.

Caspi, A., McClay, J., Moffitt, T., Mill, J., Martin, J., Craig, I.W., et al. (2002). Role of genotype in the cycle of violence in maltreated children. *Science, 297*, 851-854.

Castellanos, F.X., Sonuga-Barke, E.J.S., Milham, M., & Tannock, R. (2006). Characterizing cognition in ADHD: Beyond executive dysfunction. *Trends in Cognitive Sciences, 10*, 117-123.

Castles, A., & Coltheart, M. (1993). Varieties of developmental dyslexia. *Cognition, 47*, 149-180.

Cataldo, M.G., & Cornoldi, C. (1998). Self-monitoring in poor and good reading compre- henders and their use of strategy. *British Journal of Developmental Psychology, 16*, 155-165.

Catts, H.W. (1993). The relationship between speech-language and reading disabilities. *Journal of Speech and Hearing Research, 36*, 948-958.

Catts, H.W., Adlof, S., & Ellis Weismer, S. (2006). Language deficits in poor comprehenders: A case of for the simple view. *Journal of Speech, Language and Hearing Research, 49*, 278-293.

Catts, H.W., Adlof, S.M., Hogan, T.P., & Ellis Weismer, S. (2005). Are specific language impairment and dyslexia distinct disorders? *Journal of Speech, Language and Hearing Research, 48*, 1378-1396.

Catts, H.W., Fey, M.E., Tomblin, J.B., & Zhand, X. (2002). A longitudinal investigation of reading outcomes in children with language impairments. *Journal of Speech, Language and Hearing Research, 45*, 1142-1157.

Chapman, L.J., & Chapman, J.P. (1973). *Disordered thought in schizophrenia*. Englewood Cliffs, NJ: Prentice Hall.

Chiappe, P., Chiappe, D., & Siegel, L. (2001). Speech perception, lexicality, and reading disability. *Journal of Experimental Child Psychology, 80*, 58-74.

Chiat, S. (2001). Mapping theories of developmental language impairment: premises, predictions and evidence. *Language and Cognitive Processes, 16*, 113-142.

Chomsky, N. (1957). *Syntactic structures*. Den Haag: Mouton.

Clay, M. (1985). *The early detection of reading difficulties* (3rd ed.). Tadworth, UK: Heinemann.

Clegg, J., Hollis, C., Mawhood, L., & Rutter, M. (2005). Developmental language disorder - a follow up in later adult life. Cognitive, language and psychosocial outcomes. *Journal of Child Psychology and Psychiatry, 46*, 128-149.

Cohen, J. (1988). *Statistical power analysis for the behavioral sciences* (2nd ed., Vol. 2). Hillsdale, NJ: Lawrence Erlbaum Associates.

Cohen, N.J. (1996). Unsuspected learning impairments in psychiatrically disturbed children: Developmental issues and associated conditions. In J.H. Beitchman, M.M. Konstantareas, & R. Tannock (Eds.), *Language, learning, and behavior disorders: Developmental, bio-logical, and clinical perspectives* (pp. 105-127). New York: Cambridge University Press.

Cohen, W., Hodson, A., O'Hare, A., Boyle, J., Durrani, T., McCartney, E., et al. (2005). Effects of computer-based intervention using acoustically modified speech (FastForward- Language) in receptive language impairment: Outcomes from a randomized controlled trial. *Journal of Speech, Language and Hearing Research, 48*, 715-729.

Colledge, E., Bishop, D.V.M., Koeppen-Schomerus, G., Price, T., Happe, F., Eley, T., et al. (2002). The structure of language abilities at 4 years: A twin study. *Developmental Psychology, 38*, 749-757.

Coltheart, M., & Davies, M. (2003). Inference and explanation in cognitive neuropsychology. *Cortex, 39*, 188-191.

Coltheart, M., Masterson, J., Byng, S., Prior, M.; & Riddoch, J. (1983). Surface dyslexia. *Quarterly Journal of Experimental Psychology, 35*, 469-495.

Conrad, R. (1964). Acoustic confusions in immediate memory. *British Journal of Psychology, 55*, 75-84.

Conti-Ramsden, G., Botting, N., & Faragher, B. (2001). Psycholinguistic markers for specific language impairment (SLI). *Journal of Child Psychology and Psychiatry, 42*, 741-748.

Conti-Ramsden, G., Botting, N., Simkin, Z., & Knox, E. (2001). Follow-up of children attending infant language units: Outcomes at 11 years of age. *International Journal of Language and Communication Disorders, 36*, 207-219.

Conti-Ramsden, G., Crutchley, A., & Botting, N. (1997). The extent to which psychometric tests differentiate subgroups of children with SLI. *Journal of Speech, Language and Hearing Research, 40*, 765-777.

Conti-Ramsden, G., Simkin, Z., & Botting, N. (2006). The prevalence of autistic spectrum disorders in adolescents with a history of specific language impairment (SLI). *Journal of Child Psychology and Psychiatry, 47*, 621-628.

Cope, N., Harold, D., Hill, G., Moskvina, V., Stevenson, J., Holmans, P., et al. (2005). Strong evidence that KIAA0319 on chromosome 6p is a susceptibility gene for developmental dyslexia. *American Journal of Human Genetics, 76*, 581-591.

Corbett, P. (2005). *The story makers' chest. Teaching creative writing*. Andover, UK: Philip & Tacey.

Corriveau, K., Pasquini, E., & Goswami, U. (2007). Basic auditory processing skills and specific language impairment: A new look at an old hypothesis. *Journal of Speech, Language and Hearing Research, 50*(3), 647-666.

Crain, S., & Pietroski, P. (2001). Nature, nurture and universal grammar. *Linguistics and Philosophy, 24*, 139-186.

Crowder, R.G. (1978). Memory for phonologically uniform lists. *Journal of Verbal Learning and Verbal Behavior, 17*(1), 73-89.

Cunningham, A., & Stanovich, K. (1990). Assessing print exposure and orthographic processing skill in children: A quick measure of reading experience. *Journal of Educational Psychology, 82*, 733-740.

Daneman, M., & Carpenter, P.A. (1980). Individual differences in working memory and reading. *Journal of Verbal Learning and Verbal Behavior, 19*, 450-466.

Daneman, M., & Green, I. (1986). Individual differences in comprehending and producing words in context. *Journal of Memory and Language, 25*, 1-18.

Davis, J. (1985). *The logic of causal order*. Beverly Hills, CA: Sage Publications.

De Beni, R., Palladino, P., Pazzaglia, F., & Cornoldi, C. (1998). Increases in intrusion errors and working memory deficit of poor comprehenders. *Quarterly Journal of Experimental Psychology, 51A*, 305-320.

de Weirdt, W. (1988). Speech perception and frequency discrimination in good and poor readers. *Applied Psycholinguistics, 9*, 163-183.

DeFries, J.C., & Alarcon, M. (1996). Genetics of specific reading disability. *Mental Retardation and Developmental Disabilities Research Reviews, 2*, 39-47.

DeFries, J.C., & Fulker, D.W. (1985). Multiple regression analysis of twin data. *Behavior Genetics, 15*, 467-473.

DeFries, J.C., Fulker, D.W., & LaBuda, M.C. (1987). Reading disability in twins: Evidence for a genetic etiology. *Nature, 329*, 537-539.

DeFries, J., Vogler, G.P., & LaBuda, M.C. (1986). Colorado family reading study: An overview. In J. Fuller & E. Simmel (Eds.), *Perspective in behaviour genetics*. Hillsdale, NJ: Lawrence Erlbaum Associates.

Demb, J.B., Poldrack, R.A., & Gabrieli, J.D.E. (1999). Functional neuroimaging of word processing. In R. Klein & P. McMullen (Eds.), *Converging methods for understanding reading and dyslexia* (pp. 243-304). Cambridge, MA: MIT Press.

Denckla, M.B., & Rudel, R.G. (1976). Rapid automatised naming: Dyslexia differentiated from other learning disabilities. *Neuropsychologia, 14*, 471-479.

Doll, R., & Hill, A.B. (1950). Smoking and carcinoma of the lung. Preliminary report. *British Medical Journal, 2*, 739-748.

Doll, R., & Hill, A.B. (1954). The mortality of doctors in relation to their smoking habits. A preliminary report. *British Medical Journal, 2*, 1451-1455.

Dollaghan, C., & Campbell, T. (1998). Nonword repetition and child language impairment. *Journal of Speech, Language and Hearing Research, 41*, 1136-1146.

Dromi, E., Leonard, L.B., Adam, G., & Zadunaisky-Ehrlich, S. (1999). Verb agreement morphology in Hebrew-speaking children with specific language impairment. *Journal of Speech, Language and Hearing Research, 42*, 1414-1431.

Dunn, J.C., & Kirsner, K. (1988). Discovering functionally independent mental processes: The principle of reversed association. *Psychological Review, 95*, 91-101.

Durand, M. (2004). *Nonverbal learning difficulties: Mathematical and cognitive deficits*. Unpublished PhD thesis, University of York.

Duyme, M., Dumaret, A.-C., & Tomkiewicz, S. (1999). How can we boost IQs of 'dull children'?: A late adoption study. *Proceedings of the National Academy of Sciences of the USA, 96*(15), 8790-8794.

Eckert, M.A. (2004). Neuroanatomical markers for dyslexia: A review of dyslexia structural imaging studies. *The Neuroscientist, 10*, 362-371.

Ehri, L.C. (1992). Reconceptualising the development of sight word reading and its relationship to recoding. In P.B. Gough, L.C. Ehri, & R. Treiman (Eds.), *Reading acquisition* (pp. 107-143). Hillsdale, NJ: Lawrence Erlbaum Associates.

Ehri, L.C. (2005). Development of sight word reading: Phases and findings. In M.J. Snowling & C. Hulme (Eds.), *The science of reading: A handbook* (pp. 135-154). Oxford: Blackwell.

Ehrlich, M.F., Remond, M., & Tardieu, H. (1999). Processing of anaphoric devices in young skilled and less skilled comprehenders: Differences in metacognitive monitoring. *Reading and Writing: An Interdisciplinary Journal, 11*, 29-63.

Elliot, L.L., Scholl, M.E., Grant, J.O., & Hammer, M.A. (1990). Perception of gated, highly familiar spoken monosyllabic nouns by children with and without learning disabilities. *Journal of Learning Disabilities, 23*, 248-253.

Ellis, A., & Young, A. (1988). *Human cognitive neuropsychology*. Hove, UK: Lawrence Erlbaum Associates.

Ellis Weismer, S., & Hesketh, L. (1996) Lexical learning by children with specific language impairment: Effects of linguistic input presented at varying speaking rates, *Journal of Speech and Hearing Research, 39*, 177-190.

Facoetti, A., & Molteni, M. (2001). The gradient of visual attention in developmental dyslexia. *Neuropsychologia, 39*, 352-357.

Felsenfeld, S., Broen, P.A., & McGue, M. (1992). A 28-year follow-up of adults with a history of moderate phonological disorder: Linguistic and personality results. *Journal of Speech and Hearing Research, 35*, 1114-1125.

Fenson, L. (1993). *MacArthur Communicative Development Inventories*. San Diego, CA: Singular Publishing Group.

Fey, M.E., Long, S.H., & Finestack, L.H. (2003). Ten principles of grammar facilitation for children with specific language impairments. *American Journal of Speech-Language Pathology, 12*, 3-15.

Fisher, R.A. (1926). On the capillary forces in an ideal soil: Correction of the formulae given by W.B. Haines. *Journal of Agricultural Science, 16*, 492-503.

Fisher, S.E., & DeFries, J.C. (2002). Developmental dyslexia: Genetic dissociation of a complex trait. *Nature Neuroscience, 3*, 767-780.

Fisher, S.E., & Francks, C. (2006). Genes, cognition and dyslexia: Learning to read the genome. *Trends in Cognitive Sciences, 10*, 250-257.

Fisher, S.E., Francks, C., Marlow, A.J., MacPhie, I.L., Newbury, D.F., Cardon, L.R., et al. (2002). Independent genome-wide scans identify a chromosome 18 quantitative-trait locus influencing dyslexia. *Nature Genetics, 30*, 86-91.

Fodor, J. (1983). *The modularity of mind*. Cambridge, MA: MIT Press.

Fodor, J. (2000). *The mind doesn't work that way: The scope and limits of computational psychology*. Cambridge, MA: MIT Press.

Fodor, J. (2005). Reply to Steven Pinker 'So How Does The Mind Work?' *Mind and Language, 20*, 25-32.

Fowler, A. (1991). How early phonological development might set the stage for phoneme awareness. In

S.A. Brady & D.P. Shankweiler (Eds.), *Phonological processes in literacy: A tribute to Isabelle Liberman* (pp. 97-117). Hillsdale, NJ: Lawrence Erlbaum Associates.

Fraga, M.F., Ballestar, E., Paz, M.F., Ropero, S., Setien, F., Ballestar, M.L., et al. (2005). Epigenetic differences arise during the lifetime of monozygotic twins. *Proceedings of the National Academy of Sciences of the USA, 102*(30), 10604-10609.

Frank, H. (1936). "Word blindness" in school children. *Transactions of the Opthamological Society of the UK, 56*, 231-238.

Freudenthal, D., Pine, J.M., & Gobet, F. (2006). Modelling the development of children's use of optional infinitives in Dutch and English using MOSAIC. *Cognitive Science, 30*, 277-310.

Frith, U. (1985). Beneath the surface of developmental dyslexia. In K. Patterson, M. Coltheart, & J. Marshall (Eds.), *Surface dyslexia: Neuropsychological and cognitive studies of phonological reading* (pp. 301-330). London: Lawrence Erlbaum Associates.

Frith, U., Wimmer, H., & Landerl, K. (1998). Differences in phonological recoding in German and English speaking children. *Scientific Studies of Reading, 2*(1), 31-54.

Gallagher, A., Frith, U., & Snowling, M.J. (2000). Precursors of literacy-delay among children at genetic risk of dyslexia. *Journal of Child Psychology and Psychiatry, 41*, 203-213.

Gathercole, S.E., & Baddeley, A.D. (1990). Phonological memory deficits in language disor- dered children: Is there a causal connection? *Journal of Memory and Language, 29*, 336-360.

Gathercole, S.E., Tiffany, C., Briscoe, J., Thorn, A.S.C., & ALSPAC team (2005). Developmental consequences of poor phonological short-term memory function in childhood: a longitudinal study. *Journal of Child Psychology and Psychiatry, 46*, 598-611.

Gayan, J., & Olson, R.K. (2001). Genetic and environmental influences on orthographic and phonological skills in children with reading disabilities. *Developmental Neuropsychology, 20*(2), 483-507.

Gernsbacher, M.A. (1985). Surface information loss in comprehension. *Cognitive Psychology, 17*, 324-363.

Gillam, R.B., Loeb, D.F., & Friel-Patti, S. (2001). Looking back: A summary of five exploratory studies of Fast ForWord. *American Journal of Speech-Language Pathology, 10*, 269-273.

Gillam, R.B., Loeb, D.F., Hoffman, L.M., Bohman, T., Champlin, C.A., Thibodeau, L., et al. (2008). The efficacy of Fast ForWord language intervention in school-age children with language impairment: A randomized controlled trial. *Journal of Speech, Languageand Hearing Research, 51*(1), 97-119.

Gillberg, C. (1999). *Clinical child neuropsychiatry* (2nd ed.). Cambridge, UK: Cambridge University Press.

Goodacre, R. (2005). Metabolomics - the way forward. *Metabolomics, 1*, 1-2.

Gopnik, M. (1990). Feature-blind grammar and dysphasia. *Nature, 344*, 715.

Gopnik, M., & Crago, M. (1991). Familial aggregation of a developmental language disorder. *Cognition, 39*, 1-50.

Goswami, U., & Bryant, P.E. (1990). *Phonological skills and learning to read*. London: Lawrence Erlbaum Associates.

Goswami, U., Thomson, J., Richardson, U., Stainthorp, R., Hughes, D., Rosen, S., et al. (2002). Amplitude envelope onsets and developmental dyslexia: A new hypothesis. *Proceedings of the National Academy of Sciences of the USA, 99*(16), 10911-10916.

Gottesman, I., & Gould, T. (2003). The endophenotype concept in psychiatry: etymology and strategic intentions. *American Journal of Psychiatry, 160*, 636-645.

Gottlieb, G. (1992). *Individual development and evolution: The genesis of novel behavior*. New York: Oxford University Press.

Gough, P.B., & Tunmer, W.E. (1986). Decoding, reading and reading disability. *Remedial and Special Education, 7*, 6-10.

Gough, P.B., Hoover, W.A., & Petersen, C.L. (1996). Some observations on a simple view of reading. In C. Cornoldi & J. Oakhill (Eds.), *Reading comprehension difficulties* (pp. 1-13). Mahwah, NJ: Lawrence Erlbaum Associates.

Goulandris, N., & Snowling, M.J. (1991). Visual memory deficits: A plausible cause of developmental dyslexia? Evidence from a single case study. *Cognitive Neuropsychology, 8*, 127-154.

Graesser, A.C., Singer, M., & Trabasso, T. (1994). Constructing inferences during narrative text comprehension. *Psychological Review, 101*, 371-395.

Grice, P. (1998). Logic and conversation. In A. Kasher (Ed.), *Pragmatics: Critical concepts* (Vol. IV, pp. 145-161). London: Routledge.

Griffiths, Y.M., & Snowling, M.J. (2001). Auditory word identification and phonological skills in dyslexic and average readers. *Applied Psycholinguistics, 22*, 419-439.

Griffiths, Y.M., & Snowling, M.J. (2002). Predictors of exception word and nonword reading in dyslexic children: The severity hypothesis. *Journal of Educational Psychology, 94*(1), 34-43.

Grigorenko, E.L. (2001). Developmental dyslexia: An update on genes, brains, and environ- ments. *Journal of Child Psychology and Psychiatry and Allied Disciplines, 42*, 91-125.

Grosjean, F. (1980). Spoken word recognition processes and the gating paradigm. *Perception and Psychophysics, 28*, 267-283.

Gurd, J.M., & Marshall, J.C. (2003). Dissociations: Double or quits? *Cortex, 39*, 192-195.

Hall, J.W., Ewing, A., Tinzmann, M.B., & Wilson, K.P. (1981). Phonetic coding in dyslexic and normal readers. *Bulletin of the Psychonomic Society, 17*, 177-178.

Happé, F., Ronald, A., & Plomin, R. (2006). Time to give up on a single explanation for autism. *Nature Neuroscience, 9*, 1218-1220.

Harm, M.W., & Seidenberg, M.S. (1999). Phonology, reading acquisition and dyslexia: Insights from connectionist models. *Psychological Review, 106*, 491-528.

Harold, D., Paracchini, S., Scerri, T., Dennis, M., Cope, N., Hill, G., et al. (2006). Further evidence that the KIAA0319 gene confers susceptibility to developmental dyslexia. *Molecular Psychiatry, 11*, 1085-1091.

Hatcher, P.J., & Hulme, C. (1999). Phonemes, rhymes and intelligence as predictors of children's responsiveness to remedial reading instruction: Evidence from a longitudinal intervention study. *Journal of Experimental Child Psychology, 72*(2), 130-153.

Hatcher, P.J., Hulme, C., & Ellis, A.W. (1994). Ameliorating early reading failure by integrating the teaching of reading and phonological skills: The phonological linkage hypothesis. *Child Development, 65*, 41-57.

Hatcher, P.J., Hulme, C., & Snowling, M.J. (2004). Explicit phoneme training combined with phonic reading instruction helps young children at risk of reading failure. *Journal of Child Psychology and Psychiatry, 45*(2), 338-358.

Hayiou-Thomas, M.E., Oliver, B., & Plomin, R. (2005). Genetic influences on specific versus non-specific language impairment in 4-year-old twins. *Journal of Learning Disabilities, 38*, 222-232.

Hayiou-Thomas, M.E., Bishop, D.V.M., & Plunkett, K. (2004). Simulating SLI: General cognitive processing stessors can produce a specific linguistic profile. *Journal of Speech, Language and Hearing Research, 47*(6), 1347-1362.

Heath, S.M., Bishop, D.V.M., Hogben, J.H., & Roach, N.W. (2006). Psychophysical indices of perceptual functioning in dyslexia: A psychometric analysis. *Cognitive Neuropsychology, 23*, 905-929.

Heath, S.M., Hogben, J.H., & Clark, C.D. (1999). Auditory temporary processing in disabled readers with and without oral language delay. *Journal of Child Psychology and Psychiatry, 40*(4), 637-647.

Hecht, S.S. (1999). Tobacco smoke carcinogens and lung cancer. *Journal of the National Cancer Institute, 91*, 1194-1209.

Hill, E. (2001). Non-specific nature of specific language impairment: A review of the literature with regard to concomitant motor impairments. *International Journal of Language and Communication Disorders, 36*, 149-171.

Hill, P., Hogben, J., & Bishop, D. (2005). Auditory frequency discrimination in children with specific language impairment: A longitudinal study. *Journal of Speech, Language and Hearing Research, 48*(5), 1136-1146.

Hindson, B., Byrne, B., Fielding-Barnsley, R., Newman, C., Hine, D.W., & Shankweiler, D. (2005). Assessment and early instruction of pre-school children at risk for reading disability. *Journal of Educational Psychology, 97*, 687-704.

Hobcraft, J. (2006). The ABC of demographic behaviour: How the interplays of alleles, brains, and contexts over the life course should shape research aimed at understanding population processes. *Population Studies, 60*(2), 153-187.

Hoeft, F., Ueno, T., Reiss, A.L., Meyler, A., Whitfield-Gabrieli, S., Glover, G.H., et al. (2007). Prediction of children's reading skills using behavioral, functional, and and structural neuroimaging measures. *Behavioral Neuroscience, 121*, 602-613.

Hulme, C. (1981). *Reading retardation and multi-sensory teaching*. London: Routledge and Kegan Paul.

Hulme, C. (1988). The implausibility of low-level visual deficits as a cause of children's reading difficulties. *Cognitive Neuropsychology, 5*(3), 369-374.

Hulme, C., & Snowling, M.J. (1992). Deficits in output phonology: An explanation of reading failure? *Cognitive Neuropsychology, 9*, 47-72.

Hulme, C., Goetz, K., Gooch, D., Adams, J., & Snowling, M.J. (2007). Paired-associate learning, phoneme awareness and learning ro read. *Journal of Experimental Child Psychology, 96*, 150-166.

Hulme, C., Hatcher, P., Nation, K., Brown, A., Adams, J., & Stuart, G. (2002). Phoneme awareness is a better predictor of early reading skill than onset-rime awareness. *Journal of Experimental Child Psychology, 82*(1), 2-28.

Hulme, C., Quinlan, P., Bolt, G., & Snowling, M.J. (1995). Building phonological knowledge into a connectionist model of the development of word naming. *Language and Cognitive Processes, 10*, 387-391.

Hulme, C., Thomson, N., Muir, C., & Lawrence, A. (1984). Speech rate and the development of short-term memory. *Journal of Experimental Child Psychology, 38*, 241-253.

Hulslander, J., Talcott, J., Witton, C., DeFries, J., Pennington, B., Wadsworth, S., et al. (2004). Sensory processing, reading, IQ and attention. *Journal of Experimental Child Psychology, 88*, 274-295.

Hynd, G., Semrud-Clikeman, M., Lorys, A., Novey, E.S., & Eliopulas, D. (1990). Brain morphology in developmental dyslexia and attention deficit disorder. *Archives of Neurology, 47*, 919-926.

Ingram, D. (1981). *Procedures for the phonological analysis of children's language*. Baltimore: University Park Press.

Joanisse, M.F. (2004). Specific language impairments in children: Phonology, semantics and the English past tense. *Current Directions in Psychological Science, 13*(4), 156-160.

Joanisse, M.F., & Seidenberg, M.S. (1998). Specific language impairment: A deficit in grammar or processing? *Trends in Cognitive Sciences, 2*(7), 240-247.

Joanisse, M.F., & Seidenberg, M.S. (2003). Phonology and syntax in Specific Language Impairments: Evidence from a connectionist model. *Brain and Language, 86*, 40-56.

Joanisse, M.F., Manis, F.R., Keating, P., & Seidenberg, M.S. (2000). Language deficits in dyslexic children: Speech perception, phonology and morphology. *Journal of Experimental Child Psychology, 77*, 30-60.

Joffe, V.L., Cain, K., & Maric, N. (2007). Comprehension problems in children with specific language impairment: Does mental imagery training help? *International Journal of Language and Communication Disorders, 42*, 648-664.

Johnson, M.H. (1997). The neural basis of cognitive development. In W. Damon, D. Kuhn, & R. Siegler (Eds.), *Handbook of child psychology, cognition, perception and language.* (Vol. 2, pp. 1-49). New York: Wiley.

Johnson-Glenberg, M.C. (2000). Training reading comprehension in adequate decoders/poor comprehenders: Verbal versus visual strategies. *Journal of Educational Psychology, 92*(4), 772-782.

Johnson-Laird, P.N. (1983). *Mental models.* Cambridge, MA: Harvard University Press.

Johnston, J., & Ellis Weismer, S. (1983). Mental rotation abilities in language-disordered children. *Journal of Speech and Hearing Research, 26*, 397-403.

Johnston, R., Rugg, M., & Scott, T. (1987). Phonological similarity effects, memory span and developmental reading disorders: The nature of the relationship. *British Journal of Psychology, 78*, 205-211.

Jones, G.V. (1983). Note on double dissociation of function. *Neuropsychologia, 21*(4), 397-400.

Kadesjo, B., & Gillberg, C. (2001). The comorbidity of ADHD in the general population of Swedish school-age children. *Journal of Child Psychology and Psychiatry, 42*, 487-492.

Kail, R. (1992). General slowing of information processing by persons with mental retardation. *American Journal of Mental Retardation, 97*, 333-341.

Kail, R. (1993). Processing time decreases globally at an exponential rate during childhood and adolescence. *Journal of Experimental Child Psychology, 56*, 254-265.

Kail, R. (1994). A method for studying the generalized slowing hypothesis in children with specific language impairment. *Journal of Speech and Hearing Research, 37*, 418-421.

Kail, R., & Salthouse, T.A. (1994). Processing speed as a mental capacity. *Acta Psychologica, 86*, 199-225.

Kaplan, B.J., N. Wilson, B., Dewey, D., & Crawford, S.G. (1998). DCD may not be a discrete disorder. *Human Movement Science, 17*(415), 471-490.

Karmiloff, K., & Karmiloff-Smith, A. (2001). *Pathways to language: From fetus to adolescent.* Cambridge, MA: Harvard University Press.

Karmiloff-Smith, A. (1992). *Beyond modularity: A development perspective on cognitive science.* Cambridge, MA: MIT Press.

Keenan, J.M., & Betjemann, R. (2006). Comprehending the Gray Oral Reading Test without reading it: Why comprehension tests should not include passage-independent items. *Scientific Studies of Reading, 10*, 363-380.

Keenan, J., Betjemann, R., Wadsworth, S., DeFries, J., & Olson, R. (2006). Genetic and environmental influences on reading and listening comprehension. *Journal of Research in Reading, 29*(1), 75-91.

King, R.R., Jones, C., & Lasky, E. (1982). In retrospect: A fifteen year follow-up report of speech-language disordered children. *Language, Speech and Hearing Services in Schools, 13*, 24-32.

Kintsch, W., & Rawson, K. (2005). Comprehension. In M.J. Snowling & C. Hulme (Eds.), *The science of reading: A handbook* (pp. 209-226). Oxford: Blackwell.

Klin, A., Volkmar, F.R., Sparrow, S.S., Cicchetti, D.V., & Rourke, B.P. (1995). Validity and neuropsychological characterization of Asperger Syndrome: Convergence with Nonverbal Learning Disabilities Syndrome. *Journal of Child Psychology and Psychiatry, 36*(7), 1127-1140.

Knox, E., Botting, N., Simkin, Z., & Conti-Ramsden, G. (2002). Educational placements and National Curriculum Key Stage 2 test outcomes of children with a history of SLI. *British Journal of Special Education, 29*, 76-82.

Kovas, Y., Hayiou-Thomas, M.E., Oliver, B., Dale, P.S., Bishop, D.V.M., & Plomin, R. (2005). Genetic influences in different aspects of language development: The etiology of language skills in 4.5-year-old twins. *Child Development, 76*, 632-651.

Krashen, S. (1973). Lateralization, language learning and the critical period: Some new evidence. *Language Learning, 23*, 63-71.

Kuhl, P. (2004). Early language acquisition: Cracking the speech code. *Nature Reviews Neuroscience, 5*, 831-843.

Lahey, M., & Edwards, J. (1996). Why do children with specific language impairment name pictures more slowly than their peers? *Journal of Speech and Hearing Research, 39*, 1081-1098.

Lai, C.S., Fisher, S.E., Hurst, J.A., Vargha-Khadem, F., & Monaco, A.P. (2001). A forkhead- domain gene is mutated in severe speech and language disorder. *Nature, 413*, 519-523.

Landerl, K., & Wimmer, H. (2000). Deficits in phoneme segmentation are not the core problem of dyslexia: Evidence from German and English children. *Applied Psycholinguistics, 21*, 243-262.

Landgren, M., Pettersson, R., Kjellman, B., & Gillberg, C. (1996). ADHD, DAMP and other neurodevelopmental/psychiatric disorders in 6-year old children: epidemiology and co-morbidity. *Developmental Medicine and Child Neurology, 38*, 891-906.

Landi, N., & Perfetti, C. (2007). An electrophysiological investigation of semantic and phonological processing in skilled and less-skilled comprehenders. *Brain and Language, 102*, 30-45.

Law, J., Garret, Z., & Nye, C. (2004). The efficacy of treatment for children with develop- mental speech and language delay/disorder: A meta-analysis. *Journal of Speech, Language, and Hearing Research, 47*, 924-943.

Leach, J.M., Scarborough, H.S., & Rescorla, L. (2003). Late-emerging reading disabilities. *Jounal of Educational Psychology, 95*, 211-224.

Leather, C.V., & Henry, L.A. (1994). Working memory span and phonological awareness tasks as predictors of early reading ability. *Journal of Experimental Child Psychology, 94*, 88-111.

Leitão, S., Hogben, J., & Fletcher, J. (1997). Phonological processing skills in speech and language impaired children. *European Journal of Disorders of Communication, 32*, 73-93.

Lenneberg, E. (1967). *Biological foundations of language*. New York: Wiley.

Leonard, C.M., Eckert, M., & Bishop, D. (2005). The neurobiology of developmental disorders. *Cortex, 41*, 277-281.

Leonard, C.M., Eckert, M., Given, B., Berninger, V., & Eden, G. (2006). Individual differences in anatomy predict reading and oral language impairments in children. *Brain, 129*, 3329-3342.

Leonard, C.M., Lombardino, L.J., Walsh, K., Eckert, M.A., Mockler, J.L., & Rowe, L.A., et al. (2002). Anatomical risk factors that distinguish dyslexia from SLI predict reading skill in normal children. *Journal of Communication Disorders, 35*, 501-531.

Leonard, C.M., Voeller, K.K., Lombardino, L.J., Morris, M.K., Hynd, G.W., Alexander, A.W., et al. (1993). Anomalous cerebral structure in dyslexia revealed with magnetic resonance imaging. *Archives of Neurology, 50*(5), 461-469.

Leonard, L.B. (1989). Language learnability and specific language impairment in children. *Applied Psycholinguistics, 10*, 179-202.

Leonard, L.B. (1998). *Children with specific language impairment*. Cambridge, MA: MIT Press.

Leonard, L.B. (2000). Specific language impairment across languages. In D. Bishop & L. Leonard (Eds.), *Speech and language impairments in children: Causes, characteristics, intervention and outcome* (pp. 115-130). Hove, UK: Psychology Press.

Leonard, L.B., Bortolini, U., Caselli, M.C., McGregor, K., & Sabbadini, L. (1992). Morphological deficits in children with specific language impairment: The status of features in the underlying grammar. *Language Acquisition, 2*, 151-179.

Leonard, L.B., Nippold, M.A., Kail, R., & Hale, C. (1983). Picture naming in language- impaired children. *Journal of Speech and Hearing Research, 26*, 609-615.

Locke, J.L. (1993). *The child's path to spoken language*. Cambridge, MA: Harvard University Press.

Lovegrove, W., Martin, F., & Slaghuis, W. (1986). The theoretical and experimental case for a visual deficit in specific reading disability. *Cognitive Neuropsychology, 3*(2), 225-267.

Lovett, M.W., Borden, S.L., DeLuca, T., Lacrerenza, L., Benson, N.J., & Brackstone, D. (1994). Treating the core deficits of development dyslexia: Evidence of transfer of learning after phonologically and strategy based reading training programs. *Developmental Psychology, 30*, 805-822.

Lundberg, I., Olofsson, A., & Wall, S. (1980). Reading and spelling skills in the first school years predicted from phonemic awareness skills in kindergarten. *Scandinavian Journal of Psychology, 121*, 159-173.

Lyon, R., Shaywitz, S.E., & Shaywitz, B.A. (2003). A definition of dyslexia. *Annals of Dyslexia, 53*, 1-14.

Lyytinen, H., Erskine, J.M., Tolvanen, A., Torppa, M., Poikkeus, A.-M., & Lyytinen, P. (2006). Trajectories of reading development: A follow-up from birth to school age of children with and without risk for dyslexia. *Merril-Palmer Quarterly, 52*(3), 514-546.

Mack, K.J., & Mack, P.A. (1992). Induction of transcription factors in somatosensory cortex after tactile stimulation. *Molecular Brain Research, 12*(1-3), 141-147.

Magnusson, E., & Naucler, K. (1990). Reading and spelling in language disordered children- linguistic and metalinguistic pre-requisites: A report on a longitudinal study. *Clinical Linguistics and Phonetics, 4*, 49-61.

Manis, F.R., & Bailey, C.E. (2001). *Longitudinal study of dyslexic subgroups*. Paper presented at the 4th International conference of the British Dyslexia Association, York, UK.

Manis, F.R., Custodio, R., & Szeszulski, P.A. (1993). Development of phonological and orthographic skill: A 2-year longitudinal study of dyslexic children. *Journal of Experimental Child Psychology, 56*, 64-86.

Manis, F.R., McBride-Chang, C., Seidenberg, M.S., Keating, P., Doi, L.M., Munson, B., et al. (1997). Are speech perception deficits associated with developmental dyslexia? *Journal of Experimental Child Psychology, 66*(2), 211-235.

Manis, F.R., Seidenberg, M., & Doi, L.M. (1999). See Dick RAN: Rapid naming and the longitudinal prediction of reading subskills in first and second graders. *Scientific Studies of Reading, 3*(2), 129-157.

Manis, F.R., Seidenberg, M.S., Doi, L.M., McBride-Chang, C., & Petersen, A. (1996). On the bases of two subtypes of developmental dyslexia. *Cognition, 58*(2), 157-195.

Marler, J.A., Champlin, C.A., & Gillam, R.B. (2002). Auditory memory for backward masking signals in children with language impairment. *Psychophysiology, 29*, 767-780.

Marler, P. (1970). A comparative approach to vocal learning: song development in white-crowned sparrows. *Journal of Comparative Physiology and Psychology, 71*, 1-25.

Marr, D. (1983). *Vision: A computational investigation into the human representation and processing of visual information.* San Francisco., CH: W.H. Freeman.

Marshall, C.M., Snowling, M.J., & Bailey, P.J. (2001). Rapid auditory processing and phonological ability in normal readers and readers with dyslexia. *Journal of Speech, Language and Hearing Research, 44*(4), 925-940.

Masterson, J., Hazan, V., & Wijayatilake, L. (1995). Phonemic processing problems in developmental phonological dyslexia. *Cognitive Neuropsychology, 12*(3), 233-259.

Maughan, B., & Hagell, A. (1996). Poor readers in adulthood: psychosocial functioning. *Development and Psychopathology, 8*, 457-476.

Mawhood, L., Howlin, P., & Rutter, M. (2000). Autism and developmental receptive language disorder - a comparative follow-up in early adult life. I: Cognitive and language outcomes. *Journal of Child Psychology and Psychiatry, 41*, 547-559.

McArthur, G.M., & Bishop, D.V.M. (2004a). Frequency discrimination deficits in people with specific language impairment: Reliability, validity, and linguistic correlates. *Journal of Speech, Language and Hearing Research, 47*, 527-541.

McArthur, G.M., & Bishop, D.V.M. (2004b). Which people with specific language impairment have auditory deficits. *Cognitive Neuropsychology, 21*, 79-94.

McArthur, G.M., Ellis, D., Atkinson, C., & Coltheart, M. (2008). Auditory processing deficits in children with reading and language impairments: Can they (and should they) be treated? *Cognition, 107*, 946-977.

McDougall, S., Hulme, C., Ellis, A.W., & Monk, A. (1994). Learning to read: The role of short-term memory and phonological skills. *Journal of Experimental Child Psychology, 58*, 112-123.

McGrath, L., Pennington, B.F., Willcutt, E.G., Boada, R., Lawrence, D., Shriberg, L., et al. (2007). Gene environment interactions in speech sound disorder predict language and preliteracy outcomes. *Development and Psychopathology, 19*, 1047-1072.

McKelvey, J.R., Lambert, R., Mottron, L., & Shevell, M.I. (1995). Right-hemisphere dysfunction in Asperger's Syndrome. *Journal of Child Neurology, 10*, 310-314.

Megherbi, H., & Ehrlich, M.-F. (2005). Language impairment in less skilled comprehnders: The on-line processing of anaphoric pronouns in a listening situation. *Reading and Writing, 18*, 715-753.

Mehler, J., & Christophe, A. (1994). Language in the infant's mind. *Philosophical Transactions: Biological Sciences, 346*, 13-20.

Mello, C.V., Vicario, D.S., & Clayton, D.F. (1992). Song presentation induces gene expression in the songbird forebrain. *Proceedings of the National Academy of Sciences of the USA, 89*, 6818-6822.

Mengler, E.D., Hogben, J.H., Michie, P., & Bishop, D.V.M. (2005). Poor frequency discrimination is related to oral language disorder in children: A psychoacoustic study. *Dyslexia, 11*(3), 155-173.

Merzenich, M.M., Jenkins, W.M., Johnston, P., Schreiner, C., Miller, S.L., & Tallal, P. (1996). Temporal processing deficits of language-learning impaired children ameliorated by training. *Science, 271*, 77-80.

Miller, C.A., Kail, R., Leonard, L.B., & Tomblin, J.B. (2001). Speed of processing in children with specific language impairment. *Journal of Speech, Language and Hearing Research, 44*(2), 416-433.

Montgomery, J. (2000). Relation of working memory to off-line and real-time sentence processing in children with specific language impairment. *Applied Psycholinguistics, 21*, 117-148.

Moore, T., Zammit, S., Lingford-Hughes, A., Barnes, T., Jones, P., Burke, M., et al. (2007). Cannabis use and risk of psychotic or affective mental health outcomes: A systematic review. *Lancet, 370*, 319-328.

Morais, J., Cary, L., Alegria, J., & Bertelson, P. (1979). Does awareness of speech as a sequence of phones arise spontaneously? *Cognition, 7*, 323-331.

Morton, J. (2004). *Understanding developmental disorders: A cognitive modelling approach*. Oxford: Blackwell.

Morton, J., & Frith, U. (1995). Causal modelling: A structural approach to developmental psychopathology. In D. Cicchetti & D.J. Cohen (Eds.), *Manual of developmental psychopathology* (pp. 357-390). New York: Wiley.

MTA Cooperative Group (2004). National Institute of Mental Health multimodal treatment study of ADHD follow-up: Changes in effectiveness and growth after the end of treat- ment. *Pediatrics, 113*(4), 762-769.

Muter, V., Hulme, C., Snowling, M.J., & Stevenson, J. (2004). Phonemes, rimes, vocabulary, and grammatical skills as foundations of early reading development: Evidence from a longitudinal study. *Developmental Psychology, 40*, 663-681.

Muter, V., Taylor, S., & Vargha-Khadem, F. (1997). A longitudinal study of early intellectual development in hemiplegic children. *Neuropsychologia, 35*, 289-298.

Nathan, E., Stackhouse, J., Goulandris, N., & Snowling, M.J. (2004). The development of early literacy skills among children with speech difficulties: A test of the "Critical Age Hypothesis". *Journal of Speech, Language and Hearing Research, 47*, 377-391.

Nation, K. (1999). Reading skills in hyperlexia: A developmental perspective. *Psychological Bulletin, 125*(3), 338-355.

Nation, K., & Snowling, M.J. (1997). Assessing reading difficulties: the validity and utility of current measures of reading skill. *British Journal of Educational Psychology, 67*, 359-370.

Nation, K., & Snowling, M.J. (1998a). Semantic processing and the development of word recognition skills: Evidence from children with reading comprehension difficulties. *Journal of Memory and Language, 39*, 85-101.

Nation, K., & Snowling, M.J. (1998b). Individual differences in contextual facilitation: Evidence from dyslexia and poor reading comprehension. *Child Development, 69*, 996-1011.

Nation, K., & Snowling, M.J (1999). Developmental differences in sensitivity to semantic relations among good and poor comprehenders: evidence from semantic priming. *Cognition, 70*, B1-B13.

Nation, K., & Snowling, M.J. (2000). Factors influencing syntactic awareness in normal readers and poor comprehenders. *Applied Psycholinguistics, 21*, 229-241.

Nation, K., Adams, J.W., Bowyer-Crane, C.A., & Snowling, M.J. (1999). Working memory deficits in poor comprehenders reflect underlying language impairments. *Journal of Experimental Child Psychology, 73*, 139-158.

Nation, K., Clarke, P., Marshall, C., & Durand, M. (2004). Hidden language impairments in children: parallels between poor reading comprehension and specific language impairment? *Journal of Speech, Language and Hearing Research, 47*, 199-211.

Nation, K., Snowling, M.J., & Clarke, P. (2007). Dissecting the relationship between language skills and learning to read: Semantic and phonological contributions to new vocabulary learning in children with poor reading comprehension. *Advances in Speech-Language Pathology, 9*(2), 131-139.

National Reading Panel (2000). *Report of the National Reading Panel: Reports of the subgroups*. Washington, DC: National Institute of Child Health and Human Development Clearing House.

Neale, M.D. (1989). *The Neale Analysis of Reading Ability: Revised British edition*. Windsor, UK: NFER.

Neale, M.D. (1997). *Analysis of Reading Ability (NARA II)*. Windsor: NFER Nelson.

Neale, M., & Kendler, K. (1995). Models of comorbidity for multifactorial disorders. *American Journal of Human Genetics, 57*, 935-953.

Newbury, D., Bishop, D., & Monaco, A.P. (2005). Genetic influences of language impairment and phonological short-term memory. *Trends in Cognitive Sciences, 9*, 528-534.

Nicolson, R.I., & Fawcett, A.J. (1990). Automaticity: A new framework for dyslexia research? *Cognition, 35*, 159-182.

Nicolson, R.I., Fawcett, A.J., & Dean, P. (2001). Developmental dyslexia: The cerebellar deficit hypothesis. *Trends in Neurological Sciences, 24*, 508-511.

Nittrouer, S. (1999). Do temporal processing deficits cause phonological processing problems? *Journal of Speech, Language and Hearing Research, 42*(4), 925-942.

Norbury, C.F., & Bishop, D.V.M. (2002). Inferential processing and story recall in children with communication problems: A comparison of specific language impairment, pragmatic language impairment, and high functioning autism. *International Journal of Language and Communication Disorders, 37*, 227-251.

Oakhill, J. (1982). Constructive processes in skilled and less-skilled comprehenders' memory for sentences. *British Journal of Psychology, 73*, 13-20.

Oakhill, J. (1983). Instantiation and memory skills in children's comprehension of stories. *Quarterly Journal of Experimental Psychology, 34A*, 441-450.

Oakhill, J. (1984). Inferential and memory skills in children's comprehension of stories. *British Journal of Educational Psychology, 54*, 31-39.

Oakhill, J., & Patel, S. (1991). Can imagery training help children who have comprehension problems? *Journal of Research in Reading, 14*, 106-115.

Oetting, J.B., Rice, M.L., & Swank, L.K. (1995). Quick Incidental Learning (QUIL) of words by school-age children with and without SLI. *Journal of Speech and Hearing Research, 38*, 434-445.

Olson, R.K., Datta, H., J, G., & DeFries, J.C. (1999). A behavior-genetic analysis of reading disabilties and component processes. In R.M. Klein & P. McMullen (Eds.), *Converging methods for understanding reading and dyslexia* (pp. 133-152). Cambridge, MA: MIT Press.

Oney, B., & Goldman, S.R. (1984). Decoding and comprehension skills in Turkish and English: Effects of the regularity of grapheme-phoneme correspondences. *Journal of Educational Psychology, 76*(4), 557-568.

Palladino, P., Cornoldi, C., De Beni, R., & Pazzaglia, F. (2001). Working memory and updating processes in reading comprehension. *Memory and Cognition, 29*, 344-354.

Paracchini, S., Scerri, T., & Monaco, A.P. (2007). The genetic lexicon of dyslexia. *Annual Review of Genomics and Human Genetics, 8*, 57-79.

Pascoe, M., Stackhouse, J., & Wells, B. (2006). *Persisting speech difficulties in children*. Chichester: Wiley.

Patel, T.K., Snowling, M.J., & De Jong, P.F. (2004). Learning to read in Dutch and English: A cross-linguistic comparison. *Journal of Educational Psychology, 96*, 785-797.

Paul, R. (2000). Predicting outcomes of early expressive language delay: Ethical implications. In I.V.M. Bishop (Ed.), *Speech and language impairments in children: Causes, characteristics, intervention and outcome* (pp. 195-209). Hove, UK: Psychology Press.

Paul, R., Hernandez, R., Taylor, L., & Johnson, K. (1996). Narrative development in late talkers. *Journal of Speech and Hearing Research, 39*, 1295-1303.

Paulesu, E., Demonet, J.-F., Fazio, F., McCrory, E., Chanoine, V., Brunswick, N., et al. (2001). Dyslexia: Cultural diversity and biological unity. *Science, 291*, 2165-2167.

Paulesu, E., Frith, U., Snowling, M., Gallagher, A., Morton, J., Frackowiak, F.S.J., et al. (1996). Is developmental dyslexia a disconnection syndrome? Evidence from PET scanning. *Brain, 119*, 143-157.

Pearl, J. (2000). *Causality*. Cambridge, UK: Cambridge University Press.

Pennington, B.F. (2006). From single to multiple deficit models of developmental disorders. *Cognition, 101*, 385-413.

Pennington, B.F., & Lefly, D.L. (2001). Early reading development in children at family risk for dyslexia. *Child Development, 72*, 816-833.

Pennington, B.F., & Smith, S.D. (1988). Genetic influences on learning disabilities: An update. *Journal of Consulting and Clinical Psychology, 56*(6), 817-823.

Pennington, B.F., Filipek, P.A., Lefly, D., Chhabildas, N., Kennedy, D.N., Simon, J.H., et al. (2000). A twin MRI study of size variations in the human brain. *Journal of Cognitive Neuroscience, 12*(1), 223-232.

Pennington, B.F., van Orden, G.C., Smith, S.D., Green, P.A., & Haith, M.M. (1990). Phonological processing skills and deficits in adult dyslexic children. *Child Development, 61*, 1753-1778.

Perfetti, C.A., Landi, N., & Oakhill, J. (2005). The acquisition of reading comprehension skill. In M.J. Snowing & C. Hulme (Eds.), *The science of reading: A handbook* (pp. 227-247). Oxford: Blackwell.

Perfetti, C., Marron, M., & Foltz, P. (1996). Sources of comprehension failure. Theoretical perspectives and case studies. In C. Cornoldi & J. Oakhill (Eds.), *Reading comprehension difficulties: Processes and intervention* (pp. 137-165). Mahwah, NJ: Lawrence Erlbaum Associates.

Petrill, S.A., Deater-Deckard, K., Schatsneider, C., & Davis, C. (2005). Measured environ- mental influences on early reading: Evidence from an adoption study. *Scientific Studies of Reading, 9*, 237-259.

Pine, J., & Lieven, E. (1997). Slot and frame patterns and the development of the determiner category. *Applied Psycholinguistics, 18*, 123-138.

Pinker, S. (1979). Formal models of language learning. *Cognition, 7*, 217-283.

Pinker, S. (1994). *The language instinct*. London: Penguin Press.

Pitchford, N.J., Funnell, E., de Haan, B., & Morgan, P.S. (2007). Right hemisphere reading in a case of developmental deep dyslexia. *Quarterly Journal of Experimental Psychology, 60*, 1187-1196.

Plaut, D.C. (1997). Structure and function in the lexical system: insights from distributed models of word reading and lexical decision. *Language and Cognitive Processes, 12*(5/6), 765-805.

Plaut, D.C., McClelland, J.L., Seidenberg, M.S., & Patterson, K. (1996). Understanding normal and impaired word reading: Computational principles in quasi-regular domains. *Psychological Review, 103*, 56-115.

Plomin, R., & Kovas, Y. (2005). Generalist genes and learning disabilities. *Psychological Bulletin, 131*(4), 592-617.

Plomin, R., DeFries, J.C., McClearn, G.E., & Rutter, M. (1997). *Behavioral genetics* (3rd ed., Vol. 3). New York: W.H. Freeman.

Popper, K. (1980). Evolution. *New Scientist, 87*, 611.

Price, C.J., & McCrory, E. (2005). Functional brain imaging studies of skilled reading and developmental dyslexia. In M.J. Snowling & C. Hulme (Eds.), *The Science of reading: A handbook* (pp. 473-496). Oxford: Blackwell.

Raberger, T., & Wimmer, H. (2003). On the automaticity/cerebellar deficit hypothesis of dyslexia: Balancing and continuous rapid naming in dyslexic and ADHD children. *Neuropsychologia, 41*, 1493-1497.

Rack, J.P., Snowling, M.J., Hulme, C., & Gibbs, S. (2007). Commentary: No evidence that an evidence-based treatment programme (DDAT) has specific benefits for children with reading difficulties. *Dyslexia, 13*, 97-104.

Rack, J.P., Snowling, M.J., & Olson, R.K. (1992). The nonword reading deficit in developmental dyslexia: A review. *Reading Research Quarterly, 27*, 29-53.

Raitano, N.A., Pennington, B.F., Tunick, R.A., Boada, R., & Shriberg, L.D. (2004). Pre-literacy skills of subgroups of children with phonological disorder. *Jounal of Child Psychology and Psychiatry, 45*, 821-835.

Ramus, F. (2004). Neurobiology of dyslexia: A reinterpretation of the data. *Trends in Neurosciences, 27*(12), 720-726.

Rapin, I., & Allen, P. (1987). *Developmental dysphasia and autism in pre-school children: characteristics and subtypes*. Paper presented at the First International Symposium on Speech and Langugae Disorders in Children, London.

Rapport, S., & Wright, T. (1963). *Science: Method and meaning*. New York: New York University Press.

Read, C., Zhang, Y., Nie, H., & Ding, B. (1986). The ability to manipulate speech sounds depends on knowing alphabetic writing. *Cognition, 55*, 151-218.

Reed, M.A. (1989). Speech perception and the discrimination of brief auditory cues in reading disabled children. *Journal of Experimental Child Psychology, 48*(2), 270-292.

Rescorla, L., Roberts, J., & Dahlsgaard, K. (1997). Late talkers at 2: Outcome at age 3. *Journal of Speech, Language and Hearing Research, 40*(3), 556-566.

Rice, M.L. (2000). Grammatical symptoms of specific language impairment. In D. Bishop & Leonard (Eds.), *Speech and language impairments in children: Causes, characteristics, intervention and outcome* (pp. 17-34). Hove, UK: Psychology Press.

Rice, M.L., & Wexler, K. (1996). Toward tense as a clinical marker of specific language impairment in English-speaking children. *Journal of Speech and Hearing Research, 39*, 1239-1257.

Rice, M.L., Oetting, J.B., Marquis, J., Bode, J., & Pae, S. (1994). Frequency of input effects on word comprehension of children with specific language impairment. *Journal of Speech and Hearing Research, 37*, 106-122.

Rice, M.L., Taylor, C.L., & Zubrick, S.R. (2008). Language outcomes of 7-year-old children with or without a history of late language emergence at 24 months. *Journal of Speech, Language and Hearing Research, 51*(2), 394-407.

Rice, M.L., Wexler, K., & Cleave, P.L. (1995). Specific language impairment as a period of extended optional infinitive. *Journal of Speech and Hearing Research, 38*, 850-863.

Rice, M.L., Wexler, K., & Hershberger, S. (1998). Tense over time: The longitudinal course of tense acquisition in children with specific language impairment. *Journal of Speech and Hearing Research, 41*(6), 1412-1431.

Rice, M.L., Wexler, K., & Redmond, S.M. (1999). Grammaticality judgments of an extended optional infinitive grammar: Evidence from English-speaking children with specific language impairment. *Journal of Speech, Language and Hearing Research, 42, 943-961.

Richardson, U., Leppänen, P., Leiwo, W., & Lyytinen, H. (2003). Speech perception differs in infants at familial risk for dyslexia as early as six months of age. *Developmental Neuropsychology, 23*, 385-394.

Ricketts, J., Nation, K., & Bishop, D.V. (2007). Vocabulary is important for some, but not all reading skills. *Scientific Studies of Reading, 11*, 235-257.

Rochelle, K., & Talcott, J. (2006). Impaired balance in developmental dyslexia? A meta-analysis of contending evidence. *Journal of Child Psychology and Psychiatry, 47*, 1159-1166.

Romani, C., Ward, J., & Olson, A. (1999). Developmental surface dysgraphia: What is the underlying congitive impairment? *Quarterly Journal of Experimental Psychology, 52*, 97-128.

Roodenrys, S., Hulme, C., & Brown, G. (1993). The development of short-term memory span: Separable effects of speech rate and long-term memory. *Journal of Experimental Child Psychology, 56*, 431-442.

Rourke, B.P. (1989). *Nonverbal learning disabilities. The syndrome and the model.* New York: Guilford Press.

Rourke, B.P. (1995). *Syndrome of nonverbal learning disabilities: Neuro-developmental manifestations.* New York: Guildford Press.

Rutter, M. (2002). The interplay of nature, nurture, and developmental influences: The challenge ahead for mental health. *Archives of General Psychiatry, 59*, 996-1000.

Rutter, M. (2005a). Environmentally mediated risks for psychopathology: Research strategies and findings. *Journal of the American Academy of Child and Adolescent Psychiatry, 44*, 3-18.

Rutter, M. (2005b). *Genes and behavior.* Oxford: Blackwell.

Rutter, M. (2006). Implications of resilience concepts for scientific understanding. *Annals of the New York Academy of Sciences, 1094*, 1-12.

Rutter, M., & Maughan, B. (2002). School effectiveness findings 1979-2002. *Journal of School Psychology, 40*, 451-475.

Rutter, M., & Maughan, B. (2005). Dyslexia: 1965-2005. *Behavioural and Cognitive Psychotherapy, 33*, 389-402.

Rutter, M., & Mawhood, L. (1991). The long-term psychosocial sequelae of specific develop- mental disorders of speech and language. In M. Rutter & P. Casaer (Eds.), *Biological risk factors for psychosocial disorders* (pp. 233-259). Cambridge, UK: Cambridge University Press.

Rutter, M., & Redshaw, J. (1991). Annotation: Growing up as a twin: Twin-singleton differences in psychological development. *Journal of Child Psychology and Psychiatry, 32*(6), 885-895.

Rutter, M., & Yule, W. (1975). The concept of specific reading retardation. *Journal of Child Psychology and Psychiatry, 16*, 181-197.

Rutter, M., Anderson-Wood, L., Beckett, C., Bredenkamp, D., Castle, J., Groothues, C., et al. (1999). Quasi-autistic patterns following severe early global privation. *Journal of Child Psychology and Psychiatry, 40*, 537-549.

Rutter, M., Bailey, A., & Lord, C. (2003). *SCQ: The Social Communication Questionnaire. Manual.* Los Angeles, CA: Western Psychological Services.

Rutter, M., Caspi, A., Fergusson, D., Horwood, L.J., Goodman, R., Maughan, B., et al. (2004). Sex differences in developmental reading disability: New findings from 4 epidemiological studies. *Journal of the American Medical Association, 291*, 2007-2012.

Rutter, M., Kim-Cohen, J., & Maughan, B. (2006). Continuities and discontinuities in psychopathology between childhood and adult life. *Journal of Child Psychology and Psychiatry, 47*, 276-295.

Sampson, G. (2005). *The 'language instinct' debate*. London: Continuum International. Scarborough, H.S. (1990). Very early language deficits in dyslexic children. *Child Development, 61*, 1728-1743.

Scarborough, H.S., & Dobrich, W. (1990). Development of children with early delay. *Journal of Speech and Hearing Research, 33*, 70-83.

Scientific Learning Corporation (1997), Retrieved August 31, 2008 from http://www.scilearn.com/

Scoville, W.B., & Milner, B. (1957). Loss of recent memory after bilateral hippocampal lesions. *Journal of Neurology, Neurosurgery and Psychiatry, 20*, 11-21.

Seidenberg, M.S., & McClelland, J. (1989). A distributed, developmental model of word recognition. *Psychological Review, 96*, 523-568.

Seigneuric, A., & Ehrlich, M.-F. (2005). Contribution of working memory capacity to children's reading comprehension: A longitudinal investigation. *Reading and Writing, 18*, 617-656.

Seigneuric, A., Ehrlich, M.F., Oakhill, J.V., & Yuill, N. (2000). Working memory resources and children's reading comprehension. *Reading and Writing, 13*, 81-103.

Semel, E.M., Wiig, E.H., & Secord, W. (1992). *Clinical evaluation of language fundamentals - revised*. San Antonio: Psychological Corporation.

Serniclaes, W., Van Heghe, S., Mousty, P., Carré, R., & Sprenger-Charolles, L. (2004). Allophonic mode of speech perception in dyslexia. *Journal of Experimental Child Psychology, 87*, 336-361.

Service, E. (1992). Phonology, working memory and foreign-language learning. *Quarterly Journal of Experimental Psychology, 45A*(1), 21-50.

Seymour, P.H.K. (2005). Early reading development in European orthographies. In M.J. Snowling & C. Hulme (Eds.), *The science of reading: A handbook* (pp. 296-315). Oxford: Blackwell.

Seymour, P.H.K., & Elder, L. (1986). Beginning reading without phonology. *Cognitive Neuropsychology, 1*, 43-82.

Shallice, T. (1988). *From neuropsychology to mental structure*. Cambridge, UK: Cambridge University Press.

Shankweiler, D., Liberman, I.Y., Mark, L.S., Fowler, C.A., & Fischer, F.W. (1979). The speech code and learning to read. *Journal of Experimental Psychology: Human Learning and Memory, 5*, 531-545.

Share, D.L., McGee, R., McKenzie, D., Williams, S., & Silva, P.A. (1987). Further evidence relating to the distinction between specific reading retardation and general reading back- wardness. *British Journal of Developmental Psychology, 5*, 35-44.

Shaywitz, S.E., Escobar, M.D., Shaywitz, B.A., Fletcher, J.M., & Makugh, R. (1992). Evidence that dyslexia may represent the lower tail of a normal distribution of reading ability. *New England Journal of Medicine, 326*, 145-150.

Shaywitz, S.E., Shaywitz, B.A., Pugh, K.R., Fulbright, R.K., Constable, R.T., Mencl, W.E., et al. (1998). Functional disruption in the organization of the brain for reading in dyslexia. *Proceedings of the National Academy of Sciences of the USA, 95*, 2636-2641.

Shipley, B. (2000). *Cause and correlation in biology*. Cambridge, UK: Cambridge University Press.

Shrout, P., & Bolger, N. (2002). Mediation in experimental and nonexperimental studies: New procedures and recommendations. *Psychological Methods, 7*, 422-445.

Silani, G., Frith, U., Demonet, J.-F., Fazio, F., Perani, D.C., Price, C., et al. (2005). Brain abnormalities underlying altered activation in dyslexia: A voxel based morphometric study. *Brain, 128*, 2453-2461.

Skuse, D. (1993). Extreme deprivation in childhood. In D. Bishop & K. Mogford (Eds.), *Language development in exceptional circumstances* (pp. 29-46). Hove, UK: Lawrence Erlbaum Associates.

SLI Consortium (2002). A genome wide scan identifies two novel loci involved in specific language impairment. *American Journal of Human Genetics, 70*, 384-398.

SLI Consortium (2004). Highly significant linkage to SLI1 locus in an expanded sample of individuals affected by Specific Language Impairment (SLI). *American Journal of Human Genetics, 94*, 1225-1238.

Snowling, M.J. (1981). Phonemic deficits in developmental dyslexia. *Psychological Research, 43*, 219-234.

Snowling, M.J. (2000). *Dyslexia* (2nd ed.). Oxford: Blackwell.

Snowling, M.J. (2006). Nonword repetition and language learning disorders: A developmental contingency framework. *Applied Psycholinguistics, 27*, 587-591.

Snowling, M.J. (2008). Specific disorders and broader phenotypes: The case of dyslexia. *Quarterly Journal of Experimental Psychology, 61*, 142-156.

Snowling, M.J., & Hulme, C. (1994). The development of phonological skills in children. *Philosophical Transactions of the Royal Society B, 346*, 21-26.

Snowling, M.J., & Hulme, C. (2005). Learning to read with a language impairment. In M.J. Snowling & C. Hulme (Eds.), *The science of reading: A handbook* (pp. 397-412). Oxford: Blackwell.

Snowling, M.J., & Hulme, C. (2006). Language skills, learning to read and reading intervention. *London Review of Education, 4*, 63-76.

Snowling, M.J., Adams, J.W., Bishop, D.V.M., & Stothard, S.E. (2001). Educational attain- ments of school leavers with a preschool history of speech-language impairments. *International Journal of Language and Communication Disorders, 36*(2), 173-183.

Snowling, M.J., Bishop, D.V.M., & Stothard, S.E. (2000). Is pre-school language impair- ment a risk factor for dyslexia in adolescence? *Journal of Child Psychology and Psychiatry, 41*, 587-600.

Snowling, M.J., Bishop, D.V.M., Stothard, S.E., Chipchase, B., & Kaplan, C. (2006). Psycho-social outcomes at 15 years of children with a pre-history of speech-language impairment. *Journal of Child Psychology and Child Psychiatry, 47*, 759-765.

Snowling, M.J., Bryant, P.E., & Hulme, C. (1996). Theoretical and methodological pitfalls in making comparisons between developmental and acquired dyslexia: Some comments on A. Castles and M. Coltheart (1993). *Reading and Writing, 8*, 443-451.

Snowling, M.J., Chiat, S., & Hulme, C. (1991). Words, non-words and phonological processes: some comments on Gathercole, Willis, Emslie and Baddeley. *Applied Psycholinguistics, 12*, 369-373.

Snowling, M.J., Gallagher, A., & Frith, U. (2003). Family risk of dyslexia is continuous: Individual differences in the precursors of reading skill. *Child Development, 74*, 358-373.

Snowling, M.J., Goulandris, N., Bowlby, M., & Howell, P. (1986). Segmentation and speech perception in normal and dyslexic readers. *Journal of Experimental Child Psychology, 41*, 409-507.

Snowling, M.J., Van Wagtendonk, B., & Stafford, C. (1988). Object-naming deficits in devel- opmental dyslexia. *Journal of Research in Reading, 11*, 67-85.

Sperber, D., & Wilson, D. (1995). *Relevance: communication and cognition* (2nd ed.). Oxford: Blackwell.

Spinath, F.M., Price, T.S., Dale, P.S., & Plomin, R. (2004). The genetic and environmental origins of language disability and ability. *Child Development, 75*, 445-454.

Stanovich, K.E. (1994). Does dyslexia exist? *Journal of Child Psychology and Psychiatry, 35*(4), 579-595.

Stanovich, K.E., & Siegel, L.S. (1994). The phenotypic performance profile of reading-disabled children: A regression-based test of the phonological-core variable-difference model. *Journal of Educational Psychology, 86*, 24-53.

Stanovich, K.E., Siegel, L.S., & Gottardo, A. (1997). Converging evidence for phonological and surface subtypes of reading disability. *Journal of Educational Psychology, 89*, 114-127.

Stark, R.E., Bernstein, L.E., Condino, R., Bender, M., Tallal, P., & Catts, H. (1984). Four-year follow-up study of language impaired children. *Annals of Dyslexia, 34*, 49-68.

Stein, C.M., Schick, H., Terry Taylor, L., Shnberg, C., Millard, A., Kundtz-Kluge, K., et al. (2004). Pleiotropic effects of a chromosome 3 locus on speech-sound disorder and reading. *American Journal of Human Genetics, 74*, 283-297.

Stevenson, J., & Fredman, G. (1990). The social environmental correlates of reading ability. *Journal of Child Psychology and Psychiatry and Allied Disciplines, 31*, 681-698.

Stone, C.A., & Sobel, M.E. (1990). The robustness of estimates of total indirect effects in covariance structure models estimated by maximum likelihood. *Psychometrika, 55*, 337-352.

Stothard, S.E., & Hulme, C. (1992). Reading comprehension difficulties in children: The role of language comprehension and working memory skills. *Reading and Writing, 4*, 245-256.

Stothard, S., & Hulme, C. (1995). A comparison of reading comprehension and decoding difficulties in children. *Journal of Child Psychology and Psychiatry, 36*(3), 399-408.

Stothard, S.E., Snowling, M.J., Bishop, D.V.M., Chipchase, B., & Kaplan, C. (1998). Language impaired pre-schoolers: A follow-up in adolescence. *Journal of Speech, Language and Hearing Research, 41*, 407-418.

Stromswold, K. (2001). The heritability of language: A review and meta-analysis of twin, adoption, and linkage studies. *Language Acquisition, 77*, 647-723.

Swan, D., & Goswami, U. (1997a). Phonological awareness deficits in developmental dyslexia and the phonological representations hypothesis. *Journal of Experimental Child Psychology, 60*, 334-353.

Swan, D., & Goswami, U. (1997b). Picture naming deficits in developmental dyslexia: The phonological representations hypothesis. *Brain and Language, 56*(3), 334-353.

Tallal, P. (1980). Auditory-temporal perception, phonics and reading disabilities in children. *Brain and Language, 9*, 182-198.

Tallal, P., & Piercy, M. (1973). Developmental aphasia: impaired rate of non-verbal processing as a function of sensory modality. *Neuropsychologia, 11*, 389-398.

Tallal, P., & Piercy, M. (1974). Developmental aphasia: Rate of auditory processing and selective impairment of consonant perception. *Neuropsychologia, 12*, 83-93.

Tallal, P., & Stark, R.E. (1982). Perceptual/motor profiles of reading impaired children with or without concomitant oral language deficits. *Annals of Dyslexia, 32*, 163-176.

Tallal, P., Miller, S.L., Bedi, G., Byma, G., Wang, X., Nagarajan, S.S., et al. (1996). Language comprehension in language-learning impaired children improved with acoustically modified speech. *Science, 271*, 81-84.

Taylor, E. (2006). Hyperkinetic disorders. In C. Gillberg, R. Harrington, & H.-C. Steinhausen (Eds.), *A clinician's handbook of child and adolescent psychiatry* (pp. 489-521). Cambridge, UK: Cambridge University Press.

Temple, C.M., & Carney, R.A. (1993). Intellectual functioning of children with Turner syn- drome: A comparison of behavioural phenotypes. *Developmental Medicine and Child Neurology, 35*, 691-698.

Temple, C.M., & Marshall, J. (1983). A case study of a developmental phonological dyslexia. *British Journal of Psychology, 74*, 517-533.

Temple, C.V. (1997). *Developmental cognitive neuropsychology*. Hove, UK: Psychology Press.

Thapar, A., Langley, K., Asherson, P., & Till, M. (2007). Gene-environment interplay in attention-deficit hyperactivity disorder and the importance of a developmental perspective. *British Journal of Psychiatry, 190*(1), 1-3.

Thomas, M. (2005). Characterising compensation. *Cortex, 41*, 434-442.

Thorpe, K., Rutter, M., & Greenwood, R. (2003). Twins as a natural experiment to study the causes of mild language delay: II: Family interaction risk factors. *Journal of Child Psychology and Psychiatry, 44*(3), 342-355.

Tomasello, M. (2000). Acquiring syntax is not what you think. In D.V.M. Bishop & L.B. Leonard (Eds.), *Speech and language impairments in children* (pp. 1-16). Hove, UK: Psychology Press.

Tomasello, M. (2003). *Constructing a language: A usage-based theory of language acquisition*. Cambridge, MA: Harvard University Press.

Tomblin, J.B., & Buckwalter, P. (1998). The heritability of poor language achievement among twins. *Journal of Speech and Hearing Research, 41*, 188-199.

Tomblin, J.B., Freese, P.R., & Records, N.L. (1992). Diagnosing specific language impairment in adults for the purpose of pedigree analysis. *Journal of Speech and Hearing Research, 35*, 832-843.

Tomblin, J.B., Records, N.L., Buckwalter, Zhang, X., Smith, E., & O'Brien, M. (1997). Prevalence of specific language impairment in kindergarten children. *Journal of Speech and Hearing Research, 40*, 1245-1260.

Tomblin, J.B., Records, N.L., & Zhang, X. (1996). A system for the diagnosis of specific language impairment in kindergarten children. *Journal of Speech and Hearing Research, 39*, 1284-1294.

Tonnquist-Uhlen, I. (1996). Topography of auditory evoked long-latency potentials in children with severe language impairment: The T-complex. *Acta Oto-Laryngologic (Stockholm) 689*, 680-689.

Torgesen, J.K. (2001). The theory and practice of intervention: Comparing outcomes from prevention and remediation studies. In A. Fawcett & R. Nicolson (Eds.), *Dyslexia: Theory and good practice* (pp. 185-201). London: David Fulton Publishers.

Torgesen, J.K., Alexander, A.W., Wagner, R.K., Rashotte, C.A., Voeller, K., Conway, T., et al. (2001). Intensive remedial instruction for children with severe reading disabilities: Immediate and long-term outcomes from two instructional approaches. *Journal of Learning Disabilities, 34*, 33-58.

Tramo, M.J., Shah, G.D., & Braida, L.D. (2002). Functional role of auditory cortex in frequency processing and pitch perception. *Journal of Neurophysiology, 87*, 122-139.

Treiman, R., & Breaux, A.M. (1982). Common phoneme an overall similarity relations among spoken syllables: Their use by children and adults. *Journal of Psycholinguistic Research, 11*(6), 569-598.

Tunmer, W.E. (1989). The role of language related factors in reading disability. In D. Shankweiler & I.Y. Liberman (Eds.), *Phonology and reading disability: Solving the reading puzzle. International Academy for Research in Learning Disabilities Monograph* (pp. 91-132) Ann Arbur: University of Michigan Press.

Ullman, M.T., & Pierpont, E.I. (2005). Specific language impairment is not specific to language: The procedural deficit hypothesis. *Cortex, 41*, 399-433.

Valdois, S., Bosse, M.-L., & Tainturier, M.-J. (2004). The cognitive deficits responsible for developmental dyslexia: Review of evidence for a selective visual attentional disorder. *Dyslexia, 10*, 339-363.

van den Broek, P., Young, M., Tzeng, Y., & Linderholm, T. (1999). The landscape model of reading: Inferences and the on-line construction of a memory representation. In I. van Oostendorp & S.R. Goldman (Eds.), *The construction of mental representations during reading* (pp. 71-98). Mahwah, NJ: Lawrence Erlbaum Associates.

van der Lely, H.K.J. (1994). Canonical linking rules: Forward versus linking in normally developing and specifically language-impaired children. *Cognition, 51*, 29-72.

van der Lely, H.K.J. (2005). Domain-specific cognitive systems: Insight from GrammaticalSLI. *Trends in Cognitive Science, 9*, 53-59.

van der Lely, H.K.J., & Harris, M. (1990). Comprehension of reversible sentences in specifically language impaired children. *Journal of Speech and Hearing Disorders, 55*, 101-117.

van der Lely, H.K.J., & Stollwerk, L. (1997). Binding theory and specifically language impaired children. *Cognition, 62*, 245-290.

van der Lely, H.K.J., Rosen, S., & McClelland, A. (1998). Evidence for grammar specific deficit in children. *Current Biology, 8*(23), 1253-1258.

Van Ijzendoorn, M.H., & Bus, A.G. (1994). Meta-analytic confirmation of the nonword reading deficit in developmental dyslexia. *Reading Research Quarterly, 29*, 266-275.

Van Orden, G.C., Pennington, B.F., & Stone, G.O. (2001). What do double dissociations prove? *Cognitive Science, 25*, 111-172.

van Weerdenburg, M., Verhoeven, L., & van Balkom, H. (2006). Towards a typology of specific language impairment. *Journal of Child Psychology & Psychiatry, 47*, 176-189.

Vargha-Khadem, F., Watkins, K.E., Price, C.J., Ashburner, J., Alcock, K., & Connelly, A., et al. (1998). Neural basis of an inherited speech and language disorder. *Proceedings of the National Academy of Science USA, 95*, 12695-12700.

Vellutino, F.R. (1979). *Dyslexia: Research and Theory*: MIT Press.

Vellutino, F.R., Scanlon, D.M., & Spearing, D. (1995). Semantic and phonological coding in poor and normal readers. *Journal of Experimental Child Psychology, 59*, 76-123.

Viding, E., & Frith, U. (2006). Genes for violence lurk in the brain. Commentary. *Proceedings of the National Academy of Sciences, 103*, 6085-6086.

Waddington, C. (1966). *Principles of development and differentiation*. New York: MacMillan.

Wagner, R.K., Torgesen, J.K., & Rashotte, C.A. (1994). Development of reading-related phonological processing abilities: Evidence of bi-directional causality from a latent variable longitudinal study. *Developmental Psychology, 30*, 73-87.

Walker, I., & Hulme, C. (1999). Concrete words are easier to recall than abstract: Evidence for a semantic contribution to short-term serial recall. *Journal of Experimental Psychology: Learning, Memory, and Cognition, 25*, 1256-1271.

Warrington, E., & Shallice, T. (1969). The selective impairment of auditory verbal short-term memory. *Brain, 92*, 885-896.

Watkins, K., Vargha-Khadem, F., Ashburner, J., Passingham, R., Connelly, A., Friston, K.J., et al. (2002). MRI analysis of an inherited speech and language disorder: structural brain abnormalities. *Brain, 125*, 465-478.

Wechsler, D. (1993). The Wechsler Objective Reading Dimensions. New York: The Psychological Corporation.

Wexler, K. (1994). *Optional Infinitives, head movement, and economy of derivations*. Cambridge: Cambridge University Press.

Whitehurst, G.J., & Lonigan, C.J. (1998). Child Development and Emergent Literacy. *Child Development, 69*(3), 848-872.

Willcutt, E., & Pennington, B. (2000). Comorbidity of reading disability and attention-deficit/ hyperactivity disorder: Differences by gender and subtype. *Journal of Learning Disabilities, 33*, 179-191.

Wimmer, H. (1996). The non-word reading deficit in developmental dyslexia: Evidence from children learning to read German. *Journal of Experimental Child Psychology, 61*, 80-90.

Wimmer, H., & Goswami, U. (1994). The influence of orthographic consistency on reading development: Word recognition in English and German. *Cognition, 51*, 91-103.

Wimmer, H., Mayringer, H., & Landerl, K. (1998). Poor reading: A deficit in skill-automati- zation or a phonological deficit? *Scientific Studies of Reading, 2*(4), 321-340.

Windfuhr, K. (1998). *Verbal learning, phonological processing and reading skills in normal and dyslexic readers*. Unpublished PhD thesis, University of York.

Windfuhr, K., & Snowling, M.J. (2001). The relationship between paired associate learning and phonological skills in normally developing readers. *Journal of Experimental Child Psychology, 80*, 160-173.

Wise, B.W., Ring, J., & Olson, R.K. (1999). Training phonological awareness with and without explicit attention to articulation. *Journal of Experimental Child Psychology, 72*, 271-304.

Witton, C., Talcott, J.B., Hansen, P.C., Richardson, A.J., Griffiths, T.D., Rees, A., et al. (1998). Sensitivity to dynamic auditory and visual stimuli predicts nonword reading ability in both dyslexic and normal readers. *Current Biology, 8*, 791-797.

Witton, C., Stein, J.F., Stoodley, C.J., Rosner, B.S., & Talcott, J.B. (2002). Separate influ- ences of acoustic AM and FM sensitivity on the phonological decoding skills of impaired and normal readers. *Journal of Cognitive Neuroscience, 14*(6), 866-874.

Wolf, M., & Bowers, P.G. (1999). The double-deficit hypothesis for the developmental dys- lexias. *Journal of Educational Psychology, 91*(3), 415-438.

World Health Organization (1993). *The ICD-10 classification for mental and behavioural disorders: Diagnostic criteria for research*. Geneva: World Health Organization.

Wright, B.A., Lombardino, L.J., King, W.M., Puranik, C.S., Leonard, C.M., & Merzenich, M. (1997). Deficits in auditory temporal and spectral resolution in language-impaired children. *Nature, 387*, 176-178.

Wright, S. (1920). The relative importance of heredity and environment in determining the pie- bald pattern of guinea pigs. *Proceedings of the National Academy of Science, 6*, 320-332.

Wright, S. (1921). Correlation and causation. *Journal of Agricultural Research, 20*, 557-585.

Wulfeck, B., & Bates, E. (1995). *Grammatical sensitivity in children with language impairment*. San Diego: Center for Research in Language, University of California.

Yuill, N., & Oakhill, J. (1988). Effects of inference training on poor reading comprehension. *Applied Cognitive Psychology, 2*, 33-45.

Yule, W., Rutter, M., Berger, M., & Thompson, J. (1974). Over and under achievement in reading: Distribution in the general population. *British Journal of Educational Psychology, 44*, 1-12.

Zammit, S., Allebeck, P., Andreasson, S., Lundberg, I., & Lewis, G. (2002). Self reported cannabis use as a risk factor for schizophrenia in Swedish conscripts of 1969: Historical cohort study. *British Medical Journal, 325*(7374), 1199.

索　引

アルファベット

Clinical Evaluation of Language Fundamentals（CELF）　68, 124
DAMP（deficits in attention, motor control and perception）　170-2
DNA　6-10, 28-9, 72, 158, 188, 191
HM（患者）　patient HM, HM（patient）　16-7
KF（患者）　patient KF, KF（patient）　16-7
Neale Analysis of Reading Ability（NARA）　88, 110, 113, 120, 194
RAN課題　rapid automatized naming（RAN）41, 57, 60, 65, 69, 79-81, 118, 195
RNA　6-7
Simple View of Reading model　88-90, 115, 122
TROG　101, 125
WISC検査　125

ア　行

アスペルガー症候群　Asperger syndrome　168-71, 191
アルファベットステージ（読み発達の）　alphabetic stage　40
アルファベット方略　alphabetic strategies　40
異音　allophones　64, 129
異種の障害の併存、異型併存　heterotypic comorbidity　173
一卵性双生児（MZ）　monozygotic（MZ）twins　7-9, 71, 117, 157, 194
遺伝的要因　genetic factors　9-10, 71-2, 117-8, 166, 183
遺伝的リスク要因　genetic risk factors　77, 119, 157, 166-7, 176-7
遺伝率　heritability　9, 72, 117, 151, 181-3, 193
遺伝率推定、遺伝率の推定値　heritability estimates　9, 117, 181
意味　semantics　88, 97, 122, 129, 162
意味経路　semantic pathway　47-8, 78, 96, 122
意味／語用障害　semantic/pragmatic disorder　136-7, 168-9, 196
意味システム　semantic system　20, 52, 98
意味的欠陥　semantic deficits　105
意味表象　semantic representations　47, 52, 57, 91, 98, 106, 122, 152, 155-6
意味方略　lexical strategies　49
因果モデル　causal model/modeling　4-5, 97
ウィリアムズ症候群　Williams syndrome　170
ウェルニッケ野　Wernicke's area　73-4, 76, 165
エンドフェノタイプ、中間表現型　endophenotypes　185, 193
横断研究　cross-sectional studies　25-6, 75, 113, 127
音韻　phonology　135-7, 142
音韻意識　phonological awareness　41-2, 45, 54-5, 59-60, 65, 68, 72, 84, 99, 113, 175, 195
音韻経路　phonological pathway　46-8, 53, 78, 96, 122
音韻失読　phonological dyslexia　49, 51
音韻障害、音韻の障害　phonological disorder/deficits　38, 48, 51, 53-4, 57, 60-1, 65-71, 76-8, 80-2, 97, 123, 137, 140, 174, 176, 178, 186
音韻処理　phonological processing　41, 54-5, 65-6, 73, 76, 80, 119, 151, 159, 177
音韻スキル　phonological skiills　25-6, 33, 41-2, 48, 54, 59-60, 63, 67-8, 70-1, 76, 82-4, 97-8, 103, 118, 121, 125, 130, 170, 176-7, 185-7
音韻表象　phonological representation　42, 46-8, 52, 56-9, 61, 64-6, 75, 77-80, 151-2, 155
音節　syllable　41-2, 55, 58, 62, 64-6, 69, 131, 149
オンセット　onset　41-2, 44, 55, 195
音素　phoneme　41-5, 47, 52, 61, 64-6, 68, 77-80, 82-5, 97, 129, 150 189, 195
音素意識　phoneme awareness　43-5, 52, 55, 60, 63, 66, 69, 73, 81, 83-6, 90, 175, 195

カ　行

介入　intervention　23, 26, 33, 35, 82-5,119-20, 122, 160-3, 180-1, 187, 189
海馬　hippocampus　16-7
解剖学的リスク指標　anatomical risk index（ARI）　118-9, 159
カテゴリー知覚　categorical perception　62
環境的リスク要因　environmental risk factors　166-7, 176-7, 183
環境要因、環境的要因　environmental factors　72-3, 79, 117, 158, 162, 166-7, 172, 177, 180, 182-3, 185
喚語困難　word-finding problems　1, 135-6
感受性期　sensitive period　22
感情、情動　emotion　4-6, 94, 154
規則化エラー　regularization error　49
規則語　regular word　49, 51, 140, 156
機能的磁気共鳴画像法　functional MRI（fMRI）　12, 76, 193

索　引

脚韻　rhyme　42, 84, 150
虐待　maltreatment　4-5, 10, 29, 166-7
協調運動　motor coordination　35, 128, 171
クラスター分析　cluster analysis　137
形態素　morphene　63, 89-90, 129, 138, 141, 144-6, 154-5, 185, 194
形態素生成　morphological generation　89
形態統辞論　morphosyntax　138
形態論　morphology　89, 129, 135, 137, 140
ケースコントロール研究（症例対照研究）case-control studies　26, 184
結節性硬化症　tuberous sclerosis　166
結束的な推論　cohesive inferences　88, 107, 191
言語障害　language impairment　35, 39, 65, 103-4, 117, 119, 124-8, 135, 137, 147-52, 157-60, 165, 168, 173, 175-8, 180
言語的短期記憶、言語性短期記憶　verbal short-term memory　41, 57, 60, 81, 196
言語の語用障害、語用障害　pragmatic language impairment（PLI）　137, 168-9, 172
言語理解　language/linguistic comprehension　48, 52, 73, 88-92, 94, 98, 101-3, 105, 118-9, 122, 134-6, 161, 165, 169
語彙　vacabulary　43-4, 56, 63, 75, 89-91, 97, 101, 106-7, 112, 115, 124, 129, 131, 133-40, 145, 147, 151-4, 157-8, 160, 162, 165, 168, 179, 189
語彙知識　vocabulary knowledge　43, 60, 89-90, 103, 107, 110, 117, 121, 131, 149, 152-3
語彙の発達　vocabulary development　115, 131, 135, 151, 161, 166
行為障害　conduct disorder　3-6, 8-10, 29, 35, 166, 192
構音障害、語音障害　speech sound disorder（SSD）　174-5, 196
構音速度　articulation rate　57-60
効果量　effect size　49-50, 69, 103, 150, 192
後成説　epigenesis　10-1, 193
口頭言語　oral language　21, 52, 60-1, 63, 65-9, 77-8, 97, 100-1, 103, 113, 115, 119, 123, 127-8, 176-7
後頭葉　occipital lobe　15, 74
広汎性発達障害　pevasive developmental disorder　124
コーダ　coda　41
「心の理論」　Theory of Mind　92, 94, 196
呼称　confrontation naming, naming　12, 41, 44, 52, 55-7, 59-60, 64, 66, 74-5, 102, 125, 147, 151
コネクショニストモデル　connectionist models　45-7, 78-9, 192
コミュニケーション障害　communication disorders　123, 168, 191

語用　pragmaitics　88, 92, 94, 129-30, 137
語用言語障害　→　言語の語用障害
語用的スキル　pragmatic skills　92, 97
コロラド研究、コロラド双生児研究　Corolado Twin Study　71

サ　行

視覚的注意障害　Visual Attention Deficit　70
次元的、次元　dimensional, dimension　9, 23, 35, 166-7, 169, 171, 174, 176, 178-9, 184-6
事象関連電位　event-related potentials（ERPs）12, 105-6, 150, 193
自動化／小脳障害理論　Automatization/Cerebellar Deficit Thoery　70-1
自閉症スペクトラム障害、自閉症　autism, autism spectrum disorders　1-2, 35, 94, 124, 128, 137, 167, 169, 191
島　insula　74, 76
社会的障害　social impairment　167
集団研究　group studies　24, 26, 87, 103, 170
縦断研究　longitudinal studies　25-6, 31, 35, 42-3, 60, 67, 76, 89, 113-5, 122, 127, 171-2, 175, 183-5, 194
受容言語スキル　receptive language skills　136, 161
受容-表出混合性言語障害　expressive-receptive disorder　123, 127
照応的指示　anaphoric reference　91, 101
障害のリスクのある　at-risk　84-5, 182, 185
状況モデル　situation model　92, 95, 196
書記素　grapheme　42, 47-8, 52, 78-80, 82-3, 193
事例研究　case studies　15, 24, 26
神経生物学的障害　neurobiological disorder　123
迅速的聴覚処理（障害）　rapid auditory processing（difficulties）　161
心理化　mentalizing　92
推論　inferences　16, 18, 24, 33, 35, 68, 88, 91-2, 95, 98, 103, 107-11, 115, 118, 121, 160, 163
ステージモデル（読み発達の）　stage models　39-40, 42
スピーチと言語の問題　speech-language difficulties　125, 175
スピーチの障害　speech impairment　127, 137, 174-6
スピーチの知覚　speech perception　27, 52, 57, 60-70, 130-2
生活年齢マッチデザイン　chronological-age（CA）-matched design　54
精神疾患　psychiatric disorder　127
精神疾患の診断・統計マニュアル（DSM-IV）

Diagnostic and Statistical Manual of Mental disorders　2-3, 36, 38, 87, 123, 167, 169, 192
精緻化推論力　elaborative inferences　88
生得の　innate　10
染色体　chromosome　2, 72-3, 80-1, 157-8, 162, 191
前頭葉　frontal lobe　74-6, 193
双生児　twins　7-9, 71-2, 117, 151, 157, 178-9, 182-3, 185
双生児研究　twin studies　8-9, 71, 118, 157, 179
側頭頭頂皮質/ネットワーク　temporoparietal cortex/networks　76, 80
側頭平面　planum temporale　74, 119, 159
側頭葉、側頭皮質　temporal lobe/cortex　15, 74-5

タ 行

ターナー症候群　Turner syndrome　170
対照（統制）群　comparison/control groups　26-7
単一事例研究　single case studies　24-26
単一の遺伝子による疾患　single-gene disorders　166
短期記憶　short-term memory　16-7, 41, 57-8, 60, 80, 98, 151, 158
単語認識、単語の認識　word recognition　25, 38, 40, 43, 47, 49, 51, 90, 95-7, 114-5, 117-8, 121-2, 147, 175
単語の記憶容量　word span　41
知的障害　mental retardation　2-3, 22
注意　attention　2, 18, 26, 57, 63, 69-71, 85, 94, 99, 127, 131, 150, 164, 168, 170-1, 177-8
注意欠如多動性障害　Attention Deficit Hyperactivity Disorder（ADHD）　34-5, 39
聴覚障害　deafness　15, 18, 21, 123, 165
聴覚的復唱課題　Auditory Repetition Task（ART）　67-9, 148-9, 151
聴覚的理解　language comprehension　92, 96, 103, 115-8, 121-2, 125
長期記憶　long-term memory　16-7, 49, 57
対連合、マッピング　association, mapping　48, 78-9, 95, 147, 152, 162
対連合学習　paired-associate learning　48, 59, 195
ディープな（書記体系）　deep（orthography）　44
ディコーディング、音声化　decoding　36, 38, 48-9, 72-3, 75-6, 80, 83, 87-91, 95-98, 103, 114, 118, 120-2, 164, 168, 176, 192
ディスクレパンシー定義　discrepancy definition　37
テキストベース　textbase　92, 108-9

手続き障害仮説　prodedual deficit hypothesis　160
頭韻　alliteration　42, 84
動作性IQ　performance IQ　1, 65, 115, 127, 170
統辞意識　syntactic awareness　89
同種の障害の併存、同型併存　homotypic comorbidity　173, 193
統辞論　syntax　129, 196
頭頂葉　parietal lobe/cortex　74-5, 171
透明な（書記体系）　transparent（orthography）　44, 196
読解　reading comprehension　36, 73, 82-3, 87-107, 110-22, 125-6, 159, 170, 176
読解困難児　poor comprehenders　87, 91-2, 94-107, 110-5, 118-22
トライアングルモデル　triangle model　46-8, 52-3, 78, 83, 96-7, 122

ナ 行

ナラティブ　narrative　102, 104, 124-5, 137, 140, 152, 189
二重乖離　double dissociation　15-6
二卵性双生児（DZ）　dizygotic（DZ）twins　8-9, 71-2, 117, 157, 192
認知能力　cognitive ability, IQ　37, 79, 113, 117, 170
脳磁図　magnetoencephalography（MEG）　12, 194
脳電図　electroenchephalography（EEG）　12, 194

ハ 行

剥奪　deprivation　22, 123, 167, 180
パス図　path diagram　28-30, 35, 43, 53, 61, 67, 70, 90, 98, 116, 187-8, 195
発達性協調運動障害　developmental coordination disorder（DCD）　1, 39, 168, 170, 172-3, 179-80, 183, 186
発話産生、スピーチの産生　speech production　52, 56, 58-9, 73, 137, 175, 179
発話処理、スピーチの処理　speech processing　59, 61, 65, 75, 77
発話速度　speech rate　58-9, 147
話すのが遅い子たち　late talkers　134-5
ハンチントン病　Huntington's desease　166-7
非言語性知的能力　nonverbal intellectual capacity　123
非言語性能力　nonverbal ability　123
非言語的学習の困難さ　nonverbal learning difficulty（NLD）　169-72
左上側頭皮質　left superior temporal cortex　74

索　引

左前頭弁蓋部　left frontal operculum　75
左前頭葉　left frontal lobe　73, 165
左側頭葉　left temporal lobe　73, 75
左半球　left hemisphere　74, 76-7, 159, 165
左半球の運動前野　left hemisphere premotor cortex　75
左紡錘状回前部　left anterior fusiform　74
左紡錘状回中央部　left mid-fusiform　74
表出性言語障害　expressive disorder　123, 175, 193
表出言語スキル　expressive language skills　103, 136
表層失読　surface dyslexiaq　49, 51
フェニルケトン尿症　phenylketonuria（PKU）　11
フォニック　phonic　40, 49, 51, 82-3, 85
不規則語　irregular word　51, 140, 148, 156
符号化　coding　4-6, 44, 47, 98, 122, 155
不透明な（書記体系）　opaque（orthography）　44, 195
ブローカ野　Broca's area　73-5, 159, 165
分子遺伝学　molecular genetic approaches/studies　8-9, 72, 157, 194
文法　grammar
　文法規則　grammatical rule(s)　91, 138, 144-6, 154
　文法障害・文法的障害　grammatical difficulties/deficits/impairments　138-9, 158, 166
　文法スキル　grammatical skill　63, 90, 97, 103, 179
　文法能力　grammatical competence　133, 135, 138, 161
　文法発達　grammatical development　135
併存、併存症　comorbidity　34-5, 39, 77, 85, 127-8, 158-60, 163, 169, 173-4, 176-80, 184, 186, 190, 192
母音　vowel　41-2, 44, 62, 64, 148, 155
ポジトロン断層法　positron emission tomography（PET）　12
補償　compensation　167-8, 178
発端者　proband(s)　71-2, 195
ポリジーン遺伝　polygenic inheritance　77, 179

マ　行

マクロ構造　macro structure　91-2
マッピング　→　対連合

ミクロ構造　micro structure　91-2
メタ分析　meta-analysis　48-50, 71, 91, 119, 194
メチルフェニデート（リタリン）　methylphenidate（Ritalin）　189, 194
文字知識　letter knowledge　42-3, 60, 189
文字表象　orthographic representation　40, 44, 72
文字名　letter-name　1, 40, 48
モジュール、モジュラリティ、モジュール性、モジュールシステム　modularity, modular system　13-21, 52, 62, 138, 156, 172, 177, 189-90
（読解）モニタリング　（comprehension）monitoring　94, 111, 113, 116, 118-9, 122, 192
モノアミンオキシダーゼインヒビターA（MAOA）　monoamine oxidase inhibitor A（MAOA）　4, 10
物語スキーマ　story schema　92-3, 196

ヤ　行

有病率　prevalence　37, 87, 123-4
読み年齢マッチデザイン　reading-age（RA）-matched design　54, 196
読みの正確さ　reading accuracy　36-9, 52, 81, 83-4, 194

ラ　行

ライム　rime　41-2, 55, 196
ランダム化比較試験　randomized controlled designs/trials　32, 187
離断　disconnection　76
流暢に、流暢性　fluent, fluency　36, 38-9, 44, 73, 80-1, 95, 105, 123
領域特化　domain specific　17
量的形質遺伝子座　quantitative trait loci（QTLs）/locus（QTL）　10, 72, 158, 195
臨界期　critical period　22
臨界年齢　critical age　22, 176
例外語　exception word　47, 49, 78-9, 96, 115, 193

ワ　行

ワーキングメモリ　working memory　76, 92, 94, 98-100, 106, 110-1, 150-1, 197

訳者一覧

◆監訳
原　　惠子（はら　けいこ）
上智大学大学院言語科学研究科言語聴覚研究コース　准教授
言語聴覚士、臨床発達心理士、特別支援教育士スーパーバイザー（S.E.N.S-SV）

◆訳者（訳出順）
原　　惠子（はら　けいこ）〔序文、日本語の翻訳に寄せて、第1章、第2章、第5章〕

長並　真美（ながなみ　まみ）〔第1章〕
東京都立志村学園教諭（担当教科　英語）

大石　敬子（おおいし　のりこ）〔第3章〕
元宇都宮大学教授、日本LD学会名誉会員
言語聴覚士

今井裕弥子（いまい　ゆみこ）〔第3章〕
国立研究開発法人国立成育医療研究センターリハビリテーション科
言語聴覚士

石坂　郁代（いしざか　いくよ）〔第4章〕
北里大学医療衛生学部リハビリテーション学科言語聴覚療法学専攻　教授
言語聴覚士

◆翻訳協力者
鈴木　真澄（すずき　ますみ）〔第3章〕
言語聴覚士

水戸　陽子（みずと　ようこ）〔第4章〕
北里大学医療衛生学部リハビリテーション学科言語聴覚療法学専攻　助手
言語聴覚士

◆医事監修
加藤　醇子（かとう　じゅんこ）
クリニック・かとう院長
医師

発達的視点からことばの障害を考える
―ディスレクシア・読解障害・SLI―

2016年6月30日　第1版第1刷発行
2017年12月20日　　　　　第2刷発行

著　者：チャールズ・ヒューム
　　　　マーガレット・J・スノウリング
監　訳：原　　　恵　子
共　訳：大　石　敬　子
　　　　原　　　恵　子
　　　　石　坂　郁　代
　　　　今　井　裕弥子
　　　　長　並　真　美

発行者：髙　祖　敏　明
発　行：Sophia University Press
　　　　上　智　大　学　出　版
〒102-8554　東京都千代田区紀尾井町7-1
URL：http://www.sophia.ac.jp/

制作・発売　㈱ぎょうせい
〒136-8575　東京都江東区新木場1-18-11
TEL　03-6892-6666　FAX　03-6892-6925
フリーコール　0120-953-431
〈検印省略〉　　URL：https://gyosei.jp

2016, Printed in Japan
印刷・製本　ぎょうせいデジタル㈱
ISBN978-4-324-09819-6
(5300230-00-000)
[略号：(上智) ことばの障害]
NDC 分類 378

Sophia University Press

　上智大学は、その基本理念の一つとして、
「本学は、その特色を活かして、キリスト教とその文化を研究する機会を提供する。これと同時に、思想の多様性を認め、各種の思想の学問的研究を奨励する」と謳っている。
　大学は、この学問的成果を学術書として発表する「独自の場」を保有することが望まれる。どのような学問的成果を世に発信しうるかは、その大学の学問的水準・評価と深く関わりを持つ。
　上智大学は、(1) 高度な水準にある学術書、(2) キリスト教ヒューマニズムに関連する優れた作品、(3) 啓蒙的問題提起の書、(4) 学問研究への導入となる特色ある教科書等、個人の研究のみならず、共同の研究成果を刊行することによって、文化の創造に寄与し、大学の発展とその歴史に貢献する。

Sophia University Press

One of the fundamental ideals of Sophia University is "to embody the university's special characteristics by offering opportunities to study Christianity and Christian culture. At the same time, recognizing the diversity of thought, the university encourages academic research on a wide variety of world views."

The Sophia University Press was established to provide an independent base for the publication of scholarly research. The publications of our press are a guide to the level of research at Sophia, and one of the factors in the public evaluation of our activities.

Sophia University Press publishes books that (1) meet high academic standards; (2) are related to our university's founding spirit of Christian humanism; (3) are on important issues of interest to a broad general public; and (4) textbooks and introductions to the various academic disciplines. We publish works by individual scholars as well as the results of collaborative research projects that contribute to general cultural development and the advancement of the university.

Developmental Disorders of
Language Learning and Cognition

by Charles Hulme and Margaret J. Snowling

translated by Noriko Oishi, Keiko Hara, Ikuyo Ishizaka,
Yumiko Imai, and Mami Naganami

published by Sophia University Press

production & sales agency : GYOSEI Corporation, Tokyo
ISBN978-4-324-09819-6
order : https://gyosei.jp